高等职业教育创新型系列教材

数字直播营销

主　编　王晓明　陈　华
副主编　徐　征　闫　亮
　　　　尹飞霄　李忠美
参　编　许晓芹　葛佳佳
　　　　章靖毓　郑烜斌

北京理工大学出版社
BEIJING INSTITUTE OF TECHNOLOGY PRESS

内 容 简 介

在数字经济背景下,本书结合直播营销发展新热点,围绕数字直播营销这一主题编写。项目一介绍了数字直播营销的相关概念与发展历史、数字直播营销平台及其特点以及数字直播营销从业人员要求,项目二、三、四、五则对数字直播营销的思路、策划与筹备、实施与执行、复盘与提升进行了说明,项目六、七、八使用丰富的案例对数字直播营销进行展示。案例贯穿了本书的基本知识点,同时每个项目附有知识技能结构图与课后习题,加深读者对数字直播营销的理解。

版权专有　侵权必究

图书在版编目（CIP）数据

数字直播营销 / 王晓明,陈华主编. --北京：北京理工大学出版社,2021.9（2021.11 重印）
　ISBN 978-7-5763-0299-8

Ⅰ.①数… Ⅱ.①王… ②陈… Ⅲ.①网络营销-高等学校-教材 Ⅳ.①F713.365.2

中国版本图书馆 CIP 数据核字（2021）第 182468 号

出版发行 / 北京理工大学出版社有限责任公司	
社　　址 / 北京市海淀区中关村南大街 5 号	
邮　　编 / 100081	
电　　话 / （010）68914775（总编室）	
（010）82562903（教材售后服务热线）	
（010）68944723（其他图书服务热线）	
网　　址 / http://www.bitpress.com.cn	
经　　销 / 全国各地新华书店	
印　　刷 / 三河市天利华印刷装订有限公司	
开　　本 / 787 毫米×1092 毫米　1/16	
印　　张 / 15	责任编辑 / 徐艳君
字　　数 / 346 千字	文案编辑 / 徐艳君
版　　次 / 2021 年 9 月第 1 版　2021 年 11 月第 2 次印刷	责任校对 / 周瑞红
定　　价 / 45.00 元	责任印制 / 施胜娟

图书出现印装质量问题，请拨打售后服务热线，本社负责调换

前　言

数字化是信息技术发展的高级阶段，是数字经济的主要驱动力。数字营销是信息时代的产物，伴随着整个社会的营销与传播系统迈向数字网络社会，以人工智能、区块链、云平台、大数据、人工智能等为核心的数字技术越来越成为当代数字营销的主导性力量。国内高校已经注重顺应数字营销行业的实际需求，致力于建立数字营销创意人才的培养方案，完善市场营销学科体系，构建融入数字技术学习的高职教育体系。学习数字营销，可以掌握数字技术与市场营销有机融合的基本原理和基本方法，掌握计算机网络技术和数据分析技能，同时培养出符合企业需求和市场发展的数字营销人才，最终更进一步推动数字经济的健康、快速、可持续发展。

高等职业教育是以培养面向基层、面向生产服务第一线的技能型专门人才为目标的教育，本书在编写过程中，本着以能力为本位、以就业为导向的指导思想，从学生的实际出发，结合行业特征和企业需求，针对数字营销的特点，以理论知识够用为度，通过案例教育、任务教学、软件教学、实训教学的方式，侧重于培养学生的互联网技术应用和数据处理分析技能，从而提升学生分析问题、解决问题的能力。本书的内容编写具有以下特点：

一是理论体系的完整性。将数字技术的应用与市场营销实现有机融合的历史脉络、发展背景、市场效果、人才需求、应用情景和行业前景进行科学系统的论证，将数字技术应用能力的培养、市场营销方法的培育、创新创意理念的塑造贯穿整本书，为市场营销、广告学、传播学等专业的开设提供较为完备的理论基础。

二是内容难易适中。针对高等职业教育的教学目标、教学方式和学生群体特征，在数字营销内容的概括阐述、科学论证、情景应用和问题分析等方面做到了通俗易懂，简单明了。

三是教育过程注重理论联系实际。针对企业在产品和服务营销过程中遇到的实际案例提出问题、分析问题，将数字营销的情境化应用纳入各个章节中，根据数字营销基本原理和方法，解决现实中企业遇到的问题。

四是注重学生技能的提高。通过理论教学与实训教学相结合的方式，以软件平台教学、实训操作教学的课堂教学方式，一方面巩固理论知识的学习，另一方面强化数字营销技能的实际应用，真正锻炼学生解决企业实际问题的能力。

在编写过程中，作者参考了大量的文献资料，在此谨向原作者表示衷心的感谢！同时也得到了河南工业职业技术学院徐征、福建船政交通职业学院陈华、苏州经贸职业技术学院李忠美、黑龙江职业学院闫亮、江苏一鼎堂软件科技有限公司执行董事郑烜斌等人的积极参与和大力支持，在此致以衷心的感谢！

由于编者水平有限，书中难免会出现谬误和不妥之处，恳请各位专家、同行和广大读者不吝批评指正。

目 录

模块一 实践篇

项目一 数字直播营销概述 ………………………………………………… 3

任务一 数字直播营销的概念 …………………………………………… 6
一、数字化的概念及发展 ……………………………………………… 7
二、数字营销的概念及发展 …………………………………………… 9
三、直播营销的基础概念 ……………………………………………… 11
四、直播营销的主要特点 ……………………………………………… 12

任务二 数字直播的发展历史 …………………………………………… 14
一、图文直播阶段 ……………………………………………………… 15
二、秀场直播阶段 ……………………………………………………… 16
三、游戏直播阶段 ……………………………………………………… 17
四、移动直播阶段 ……………………………………………………… 18
五、直播发展趋势 ……………………………………………………… 20

任务三 主流直播平台及其特点 ………………………………………… 22
一、综合类直播平台及其特点 ………………………………………… 22
二、游戏类直播平台及其特点 ………………………………………… 23
三、秀场类直播平台及其特点 ………………………………………… 24
四、商务类直播平台及其特点 ………………………………………… 24
五、教育类直播平台及其特点 ………………………………………… 26

任务四 数字直播营销从业人员要求 …………………………………… 28
一、职业道德要求 ……………………………………………………… 29
二、职业素养要求 ……………………………………………………… 29
三、知识技能要求 ……………………………………………………… 29

项目二　数字直播营销的思路 ·· 35

任务一　数字直播营销的流程 ·· 36
一、前期准备 ·· 37
二、方案设计 ·· 37
三、统筹策划 ·· 38
四、直播执行 ·· 38
五、后期传播 ·· 38
六、效果评估 ·· 39

任务二　数字直播营销目标分析 ······································ 40
一、数字直播产品分析 ·· 42
二、数字直播用户分析 ·· 43
三、企业营销目标分析 ·· 43

任务三　数字直播营销的基本方式及核心要素 ·························· 45
一、数字直播营销的基本方式 ·· 45
二、数字直播营销方式的选择 ·· 47
三、数字直播营销的核心要素 ·· 49

任务四　数字直播营销策略组合 ······································ 51
一、数字直播营销策略要素 ·· 51
二、数字直播营销主流模式 ·· 54

项目三　数字直播营销的策划与筹备 ·································· 58

任务一　数字直播活动执行模型 ······································ 60
一、数字直播活动预热 ·· 61
二、数字直播活动实时跟进 ·· 63

任务二　数字直播营销方案执行规划 ·································· 64
一、数字直播营销操盘规划 ·· 65
二、数字直播营销跟进规划 ·· 73
三、数字直播营销宣传规划 ·· 83

任务三　数字直播营销的选品与规划 ·································· 88
一、数字直播营销的选品标准 ·· 90
二、数字直播营销的选品技巧 ·· 95
三、直播间产品的配置与管理 ·· 97

项目四　数字直播营销的实施与执行 ·································· 103

任务一　数字直播营销的前期准备 ···································· 105
一、数字直播营销前的思考 ·· 106
二、数字直播营销前的准备 ·· 107

任务二　数字直播营销的预热引流与转化 ······························ 109

一、认识常用引流工具 ………………………………………………… 110
　　二、设计引流账号 ……………………………………………………… 113
　　三、规避直播易被限流的操作 ………………………………………… 114
　　四、数字直播营销的转化 ……………………………………………… 116
　任务三　数字直播营销的内容设计 ………………………………………… 118
　　一、数字直播营销的主题规划 ………………………………………… 118
　　二、数字直播营销的脚本策划 ………………………………………… 120
　任务四　数字直播营销的话术技巧 ………………………………………… 124
　　一、欢迎话术 …………………………………………………………… 125
　　二、关注话术 …………………………………………………………… 125
　　三、感谢话术 …………………………………………………………… 126
　　四、互动话术 …………………………………………………………… 127
　　五、追单话术 …………………………………………………………… 127
　　六、下播话术 …………………………………………………………… 127
　任务五　数字直播营销的危机公关 ………………………………………… 128
　　一、直播中的硬件问题 ………………………………………………… 129
　　二、直播中产品链接的常见问题 ……………………………………… 130
　　三、直播中遇到恶意评论 ……………………………………………… 131

项目五　数字直播营销的复盘与提升 …………………………………… 133

　任务一　数字直播营销的订单处理 ………………………………………… 134
　　一、数字直播营销订单类型 …………………………………………… 136
　　二、数字直播营销订单处理过程 ……………………………………… 138
　任务二　数字直播营销的售后服务技巧 …………………………………… 140
　　一、案例分析 …………………………………………………………… 140
　　二、数字直播营销售后服务的作用 …………………………………… 141
　　三、数字直播营销售后服务的技巧 …………………………………… 143
　任务三　数字直播营销的复盘 ……………………………………………… 145
　　一、数字直播营销复盘的步骤和具体项目 …………………………… 147
　　二、数字直播营销的复盘数据 ………………………………………… 149
　　三、数字直播营销的经验总结 ………………………………………… 149

模块二　案例篇

项目六　电商类数字直播营销 …………………………………………… 155

　任务一　淘宝直播 …………………………………………………………… 157
　　一、淘宝直播的用户画像分析 ………………………………………… 157
　　二、淘宝直播的优势 …………………………………………………… 158

三、淘宝直播案例 158

　任务二　快手直播 164
　　一、快手直播的用户画像分析 165
　　二、快手直播的优势 165
　　三、快手直播案例 166

　任务三　抖音直播 171
　　一、抖音直播的用户画像分析 172
　　二、抖音直播的优势 172
　　三、抖音直播案例 173

项目七　发布会类数字直播营销 183

　任务一　2021 中国房地产数字化营销白皮书线上发布会 186
　任务二　云时代下看大秀——2021 春夏时装发布与数字化营销 189
　任务三　预见 2021·赋能医药数字营销暨医百科技产品发布会 192
　任务四　华为创新选择，打造全新直播发布会营销 195

项目八　互动营销类数字直播营销 197

　任务一　衣品天成 24 小时直播+内容营销 198
　　一、营销背景 199
　　二、营销目标 199
　　三、营销创意 199
　　四、营销过程 200
　　五、效果反馈 203

　任务二　宝马 X1 音乐秀直播+广告植入营销 204
　　一、营销背景 205
　　二、营销目标 205
　　三、营销创意 205
　　四、营销过程 207
　　五、效果反馈 208

　任务三　兰蔻与签约明星约会直播+互动营销 210
　　一、营销背景 211
　　二、营销目标 211
　　三、营销创意 211
　　四、营销过程 212
　　五、效果反馈 214

　任务四　"百事巨星演唱会"直播+个人 IP 营销 214
　　一、营销背景 215
　　二、营销目标 215
　　三、营销创意 216

四、营销过程 …………………………………………………………… 216
　　五、效果反馈 …………………………………………………………… 218

参考文献 ………………………………………………………………………… 220

附录　直播营销策划与实施实验手册 ……………………………………… 222

模块一
实 践 篇

项目一　数字直播营销概述

【项目介绍】

项目通过对数字直播营销的相关概念及发展历程的介绍，使学生从内涵、外延、特点等方面对数字直播营销中涉及的各种理论点有较为清晰的理性认识，通过各种典型案例及简要分析让学生能够对数字直播营销的各种形式有较为清晰的感性认识，在此基础上提出了从事相关行业所需的知识技能和素质需求，让学生更为清晰地了解想成为数字直播营销从业人员应该从哪些方面去提高自己。通过项目学习学生能够做好充分的理论知识、素质能力准备，为以后从事本行业打下良好的基础。

【知识目标】

1. 了解数字直播营销的相关概念和发展历程；
2. 熟悉数字直播营销平台的分类及各自特点；
3. 理解对数字直播营销从业人员的职业要求。

【技能目标】

1. 能够根据需求选择合适的数字直播营销平台；
2. 能够根据数字直播营销平台特点分析其盈利模式；
3. 能够根据数字直播营销平台的发展判断未来的发展方向。

【素质目标】

1. 提高学生的职业素养和创新精神；
2. 增强学生参与社会活动的积极性和主动性；
3. 运用所学技能积极进行党团活动直播宣传。

思维导图

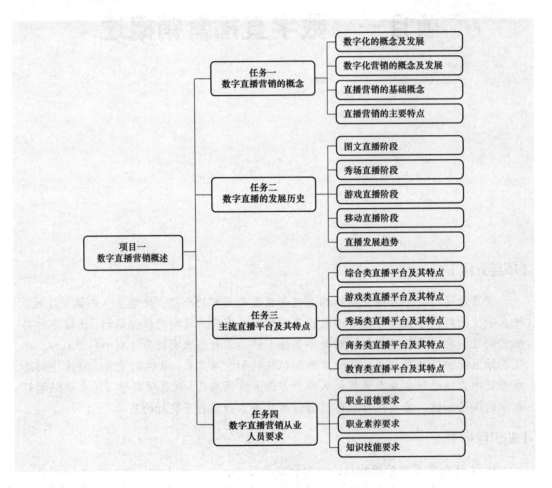

数字直播营销揭秘：营销高手某品牌的 25 倍速增长逻辑

"云想衣裳花想容，春风拂槛露华浓"，诗词歌赋中的东方美人明眸善睐，眼波流转，让人心生向往，这也是许多国产美妆品牌每每打出"古法养颜""东方美肌"招牌的原因，而成立于 2017 年的美妆品牌某品牌的表现尤为抢眼。

某品牌 2017 年诞生于杭州，其名字中的"花"指的是其"东方彩妆，以花养妆"的品牌理念。从名不见经传到进入彩妆"亿元俱乐部"，某品牌只用了两年的时间。2019 年是某品牌的爆发之年，年销售额高达 11.3 亿元，同比 2018 年暴增 25 倍。华创商社提供的淘数据显示：2019 年某品牌首战"双十一"，网站成交总额（GMV）高达 2.2 亿元；2020

年"6·18",某品牌超过完美日记,以总成交额 2.35 亿元登顶;今年疫情期间,某品牌在天猫一季度的成交额达 4.58 亿元,相比上一季度增长 644%。如表 1-1 所示。

表 1-1 某品牌在天猫彩妆销售节的销售额

时间	内容
2019 年 11 月 11 日	销售额达 2.2 亿元,彩妆销售 TOP10,在国产彩妆品牌中仅次于完美日记
2019 年全年	销售额达 11.3 亿元,同比 2018 年销售额 4 319 万元增长了 25 倍
2020 年 6 月 18 日	超过完美日记,在天猫以总成交额 2.35 亿元登顶
2021 年第一季度	平台成交额达 4.58 亿元,增长 644%

微热点大数据研究院的数据显示,在统计时段内,某品牌超过自然堂、百雀羚等老牌国产美妆品牌,热度高达 10.5,仅次于完美日记,位居第二。

那么某品牌如何成为"国货之光",为什么拥有如此高的热度和销量?其与完美日记又有怎样的区别呢?

记忆点单品"出圈"带动销量

某品牌第一款"出圈"的美妆单品是散粉。2019 年 3 月,某品牌散粉第一次出现在某网红的直播间。截至 10 月 15 日,在小红书上"某品牌+散粉"拥有 8 981 条笔记。其在去年"双十一"突破 70 万销量的空气散粉是由珍珠、桃花、山茶花和蚕丝研磨而成的,柔焦空气的妆感被命名为"玉女桃花妆"。而以苗银为灵感,融合了图腾文化的新包装"某品牌×苗族印象"高定经典版定妆散粉,截至目前在天猫旗舰店售出 41.8 万件,成为所有热销单品中的第一名。

除散粉以外,某品牌瞄准了进入门槛相对较低而需求较大的口红。2019 年 4 月推出明星产品"花隐星穹雕花口红",以上乘的花瓣为原料制作而成,复刻微雕工艺,创新性地将"杜鹃花鸟图"等雕刻到了口红膏体上。根据华创商社的数据,从 2019 年 4 月到 9 月的 5 个月时间内,某品牌雕花口红登上淘宝口红单品前十,月销量达 10 万件以上。而后某品牌又在 2020 年七夕佳节将雕花口红的外壳做成同心锁样式,并推出复刻明代诗文密码锁工艺的齐眉同心妆匣,专注东方美学,在颜值上下足了功夫。

微热点大数据研究院的数据显示:2020 年全网数据中,某品牌最热门的单品为口红,热度为 0.88;其次是眉笔,因七夕"张敞画眉"的典故被网友热议;2019 年大热的眼影盘与粉饼热度则保持在 0.45 左右。值得注意的是,与完美日记的平价路线不同,某品牌单品均价为 153 元,与美宝莲持平,而完美日记单品均价仅有 55 元,趋向走高端路线的某品牌或有更高的盈利空间。

联名营销,品牌升格

联名营销是某品牌升格的利器。从与泸州老窖联合推出"某品牌×泸州老窖·桃花醉"限量定制礼盒,到纽约时装周中推出与三泽梦合作的联名汉服,与盖娅传说亮相中国国际时装周,再到邀请某网红担任首席推荐官,拍摄时尚芭莎大片,探访苗寨获取非遗灵感打造"苗族印象"高定系列,某品牌试图树立"东方美学"的品牌形象,向中高端彩妆市场发力的野心可见一斑。

而在代言人上，某品牌选择了四位既贴合品牌气质，又能带动销量的明星。比如，让拥有强劲带货能力的某网红担任首席推荐官，对内容和话题度进行深耕，联合摄影师陈漫为某网红拍摄时尚芭莎大片，共访苗寨寻找苗银非遗灵感获得人民日报报道。微热点大数据研究院数据显示，2020年"某品牌+某网红"的媒体报道声量高达17 394条，话题度极高。而新近合作的歌手周深，以一首灵动的古风作品《大鱼》走红，独特的嗓音受到大众的青睐，某品牌还在微博推出"花遇周深 一往情深"的话题，引发粉丝广泛讨论。而杜鹃和鞠婧祎，前者是气质超模，后者被誉为"四千年"古装美人，都极其符合某品牌"东方美肌"的品牌气质。

某品牌的直播之道

某网红的深度合作一直是某品牌营销中不可忽视的亮点。美妆是高度依赖"种草"的行业，在某网红的直播间，某品牌的蜜粉"拍封面大片都离不开"、三角眉笔是"国货中的三好学生"、雕花口红有"中国工匠的感觉"、苗银高定系列是"很多外国品牌都做不出来的东西"等金句频出，很多用户正是从某网红认识了某品牌，而其中一部分则成为黏性用户。

基于以往良好的合作基础，今年某网红与某品牌的互动与融合也更加紧密。微热点大数据研究院的数据显示，从9月30日"某品牌苗族印象"宣传片发布，到10月8日《非一般非遗》走进苗寨节目发布，被人民日报报道，再到10月17日某网红和苗族鼓舞传承人阿朵的"苗寨印象"专场直播，微博热度与事件走势基本吻合，并在节目发布和直播中达到热度峰值。10月21日某网红直播间再次推荐某品牌的苗银粉饼、散粉等，使得品牌的影响力进一步扩大。

在关键词云图中，"好看""东方""颜值""苗寨""非遗工艺""抢"等被网友热议。网友的观点主要集中在对苗银非遗技法的赞叹，对"某品牌苗族印象"高定系列产品外观的评价，直播间抢购体验的分享等。比如网友@凯西北七说："某品牌的苗族典藏礼盒质感高级，诚意之作我买到了，好开心。"

近年来，美妆行业的竞争趋于白热化，国产美妆"黑马"不断涌现，借助直播、社交媒体营销与电商渠道的深度融合打造了一个又一个"国潮爆款"。某品牌针对个性化彩妆圈层和市场，利用明星、直播带货带来大量流量，与其他品牌联名进行品牌升级，探索出一条属于自己的东方美妆道路。

任务一　数字直播营销的概念

【任务描述】了解数字化、数字化营销的概念及发展，理解直播营销的概念及特点。

【任务分析】通过对书中所提到的概念和案例进行阅读理解，结合国家近期发布的相关文件内容精神，学生了解数字直播营销中所涉及的相关概念，以及数字化、数字化营销的发展历程，理解直播行业发展的现状及未来。

 相关知识

 一、数字化的概念及发展

数字化是信息技术发展的高级阶段,是数字经济的主要驱动力。随着新一代数字技术的快速发展,各行各业利用数字技术创造了越来越多的价值,加快推动了各行业的数字化变革。数字技术革命推动了人类的数字化变革,孕育出一种新的经济形态——数字经济,数字化成为数字经济的核心驱动力。

2020年5月13日下午,国家发改委官网发布"数字化转型伙伴行动"倡议。倡议提出,政府和社会各界联合起来,共同构建"政府引导—平台赋能—龙头引领—机构支撑—多元服务"的联合推进机制,以带动中小微企业数字化转型为重点,在更大范围、更深程度推行普惠性"上云用数赋智"服务,提升转型服务供给能力,加快打造数字化企业,构建数字化产业链,培育数字化生态,形成"数字引领、抗击疫情、携手创新、普惠共赢"的数字化生态共同体,支撑经济高质量发展。

以习近平同志为核心的党中央高度重视数字化发展,明确提出数字中国战略。党的十九届五中全会通过的《中共中央关于制定国民经济和社会发展第十四个五年规划和二〇三五年远景目标的建议》,明确提出要"加快数字化发展",并对此作出了系统部署。这是党中央站在战略和全局的高度,科学把握发展规律,着眼实现高质量发展和建设社会主义现代化强国作出的重大战略决策。

拓展案例

腾讯云支撑线下零售全场景,永辉超市实现全链路数字化部署

永辉超市是国内500强企业,也是中国大陆首批将生鲜农产品引进现代超市的流通企业之一,更是国家级"流通"及"农业产业化"双龙头企业。同时,永辉也是积极拥抱数字化的零售企业,一直在积极引领行业创新。面对快速变化的消费需求和零售升级的大趋势,永辉需要数字化创新,以更科学地支持业务发展和运营决策。在门店管理、会员体系搭建、消费者洞察、O2O业务拓展等细分场景中,永辉希望通过大数据和AI,为企业经营带来更多数字化运营方面的提升。

经过与腾讯云的全方位交流,最后腾讯云为永辉带来了"全链路数字化部署"方案,串联线下零售全场景以助力永辉智慧化升级。具体而言,这个方案主要在六个维度助力永辉的数字化升级:

优化门店运营:通过大数据分析套件获取消费者在门店的游逛行为,为门店陈列、导购服务等提供数字化工具。

门店商品:基于永辉生活门店进行会员选品优化,深入洞察人货关系,关联消费者画像和商品偏好。

智慧门店打造:通过数据加工与分析,对商圈及门店的热销商品和顾客偏好进行数据

化展示。

消费者门店全链路研究：构建消费者在店外停留、进店游逛和交易明细等线下门店全链路行为研究。

线下营销指导：提供精准潜客分布，为地推营销地理位置选择提供科学指导。

会员研究：对永辉消费会员进行分类研究，深度分析消费行为。

通过全链路数字化部署，永辉获得更多的科学工具以支持日常业务决策，实现门店管理成本降低、试点门店的销量提升、消费者数字化洞察等，全面拥抱智慧化升级。

（一）数字化的概念及内涵

1. 数字化的概念

数字化的概念分为狭义的数字化和广义的数字化。狭义的数字化主要是利用数字技术，对具体业务、场景的数字化改造，更关注数字技术本身对业务的降本增效作用。广义的数字化，则是利用数字技术，对企业、政府等各类组织的业务模式、运营方式，进行系统化、整体性的变革，更关注数字技术对组织的整个体系的赋能和重塑。

狭义的数字化是指利用信息系统、各类传感器、机器视觉等信息通信技术，将物理世界中复杂多变的数据、信息、知识，转变为一系列二进制代码，引入计算机内部，形成可识别、可存储、可计算的数字、数据，再以这些数字、数据建立起相关的数据模型，进行统一处理、分析、应用，这就是数字化的基本过程。

广义的数字化是指通过利用互联网、大数据、人工智能、区块链、人工智能等新一代信息技术，对企业、政府等各类主体的战略、架构、运营、管理、生产、营销等各个层面，进行系统性的、全面的变革，强调的是数字技术对整个组织的重塑，数字技术能力不再只是单纯地解决降本增效问题，而成为赋能模式创新和业务突破的核心力量。

2. 数字化的内涵

与传统的信息化相比，无论是狭义的数字化，还是广义的数字化，均是在信息化高速发展的基础上诞生和发展的；与传统信息化条块化服务业务的方式不同，数字化更多的是对业务和商业模式的系统性变革、重塑。

（1）数字化打通了企业信息孤岛，释放了数据价值

信息化是充分利用信息系统，将企业的生产过程、事务处理、现金流动、客户交互等业务过程，加工生成相关数据、信息、知识来支持业务的效率提升，更多的是一种条块分割、烟囱式的应用；而数字化则是利用新一代技术，通过对业务数据的实时获取、网络协同、智能应用，打通了企业数据孤岛，让数据在企业系统内自由流动，数据价值得以充分发挥。

（2）数字化以数据为主要生产要素

数字化，以数据作为企业核心生产要素，要求将企业中所有的业务、生产、营销、客户等有价值的人、事、物全部转变为数字存储的数据，形成可存储、可计算、可分析的数据、信息、知识，并和企业获取的外部数据集合在一起，通过对这些数据的实时分析、计算、应用来指导企业生产、运营等各项业务。

（3）数字化变革了企业生产关系，提升了企业生产力

数字化让企业从传统生产要素，转向以数据为生产要素，从传统部门分工转向网络协

同的生产关系，从传统层级驱动转向以数据智能化应用为核心驱动的方式，让生产力得到指数级提升，使企业能够实时洞察各类动态业务中的一切信息，实时做出最优决策，使企业资源合理配置，适应瞬息万变的市场经济竞争环境，实现最大的经济效益。

（二）数字化的发展

数字化的演进历史，基本上是由定义性的计算产品的发展和规律而驱动的。从2 600多年前的珠算，到近代的个人电脑、互联网、移动互联网，直到现在的物联网，数字化的本质是大规模的信息处理，针对我们想要解决的任务来提高效益，达到人类能力没法触及的一些想要解决的任务和产生的效益。数字化是用技术推动人类社会进步的一个重要途径，技术的本质是针对人类的需求来改变自然现象，从而达到人类的目的。技术本身像大自然一样不断在进化，任何一个技术永远是以前技术组合成自相似的结构，技术进化的驱动力是不断找到新的组合，不断应用新的科学，不断满足人类的需求。

就企业而言，数字化不是一个目标，而是一个实现发展的方法和措施。我们将这种数字化从无到有的过程称为数字化转型（Digital Transformation），即组织通过不断的创新来适应数字化时代，并持续壮大和盈利。数字化转型并不是像单个项目一样的一次性事件，而是一趟"在路上"的旅程——随着时间的推移渐渐展开，奔向一个未知的、未得到定义的终点。随着数字化进程的推进，组织动态地调整自身，以应对数字化时代下的机遇和挑战。

数字化转型是建立在数字化转换、数字化升级基础上，进一步触及公司核心业务，以新建一种商业模式为目标的高层次转型。数字化转型是开发数字化技术及支持能力，以新建一个富有活力的数字化商业模式。

数字化转型表明，企业需要对其业务进行系统性的、彻底的（或重大的和完全的）重新定义——不仅仅是对信息技术，而是对组织活动、流程、业务模式和员工能力的方方面面进行重新定义。数字化转型是一个组织借助数字化技术和数字业务让商业模式发生重大变化的过程，其目的是提高企业组合的绩效。数字化转型是一个重要且持续的变化过程，要求组织采取新的、不同于当前立场的方法，这不是一种简单的、渐进的改变，而是一种拥有深远意义的改变。

 ## 二、数字营销的概念及发展

1. 数字营销的概念

所谓数字营销，就是指借助于互联网络、通信技术和数字交互式媒体来实现营销目标的一种营销方式。数字营销将尽可能地利用先进的计算机网络技术，以便最有效、最低成本地谋求新的市场的开拓和新的消费者的挖掘。

数字营销是基于明确的数据库对象，通过数字化多媒体渠道，比如电话、短信、邮件、网络平台等，实现营销精准化、营销效果可量化、营销内容数据化的一种高层次营销活动。

在数字经济时代，传统企业实现数字化时，必须把数字营销作为一个重要的方面来关注，变革原本不能满足需要的营销思想、模式和策略，实现新的营销方式。与数字管理、生产制造一道，数字营销作为一个热点，将成为数字企业的三个重要组成部分之一。数字营销不仅仅是一种技术手段的革命，而且包含了更深层次的观念革命。它是目标营销、直接营销、分散营销、客户导向营销、双向互动营销、远程或全球营销、虚拟营销、无纸化交易、客户参与式营销的综合。数字营销赋予了营销组合以新的内涵，其功能主要有信息交换、网上购买、网上出版、电子货币、网上广告、企业公关等，它是数字经济时代企业的主要营销方式和发展趋势。

2. 数字化营销的特点

（1）集成性

数字营销实现了前台与后台的紧密集成，这种集成是快速响应客户个性化需求的基础，可实现由商品信息至收款、售后服务一气呵成，因此它是一种全程的营销渠道。另外，企业可以借助互联网将不同传播渠道的营销活动进行统一设计规划和协调实施，避免不同传播渠道的内容不一致而产生的消极影响。

（2）个性化服务

数字营销按照客户的需求提供个性化的产品，还可跟踪每个客户的消费习惯和爱好，推荐相关产品。网络上的促销是一种低成本与人性化的营销方式。

（3）更丰富的产品信息

互联网可以提供当前产品详尽的规格、技术指标、保修信息、使用方法等，甚至对常见的问题提供解答，用户可以方便地通过互联网查找产品、价格、品牌等信息。

（4）更大的选择空间

数字营销将不受货架和库存的限制，提供巨大的产品展示和销售的舞台，给客户提供几乎无限的选择空间。

（5）更低廉的成本优势

在网上发布信息，代价有限；将产品直接向客户推销，可缩短分销环节；发布的信息谁都可以自主地索取，可拓宽销售范围。这样可以节省促销费用，从而降低成本，使产品具有价格竞争力。前来访问的大多是对此类产品感兴趣的客户，受众准确，避免了许多无用的信息传递，也可节省费用；还可根据订货情况来调整库存量，降低库存费用。

（6）更灵活的市场

营销产品的种类、价格和营销手段等可根据客户的需求、竞争环境或库存情况及时调整，网络能超越时空限制与多媒体声光功能范畴，真正发挥营销人员的创新作用。

3. 数字营销的发展

随着互联网技术的不断发展，新媒体、短视频、5G等技术的加入，数字营销现已成为现代企业运营的必备技能。在数字化的广阔背景下，数字营销将会向以下这些方向发展，为企业提供新的营销思维：

① 数字营销重建了商业与品牌的新逻辑。原来是以品牌为核心竞争力进行发展，现在演变成一种"以消费者需求为中心"的需求新方式。

② 在互联网时代重新打造产品的生产环节与销售环节。数字营销可以让生产者和销售者结合到一起，让任何热点都成为推广的好源头，让传播速度更快。

③ 数字营销重新定义了新消费模式。消费模式从原来的"走街串巷式的销售"转化为"线上"，由原来的自发性需求转向了"引导式"需求。

④ 全新的娱乐营销。进入新一代的粉丝经济时代，多种销售方式可以齐头并进，让娱乐产业更丰富多彩，让各类营销更加自然真实。

⑤ 人工智能和 VR 技术加强数字营销的新格局。互联网进入新的时代，智能化的技术让营销数字化，让消费者"感同身受"，更智能化的需求匹配成为营销的关键。

随着数字营销各种形式的快速发展，数字直播营销成了最为"吸睛"的一种数字化营销模式，为企业创造了大量的价值，并且衍生出了众多的数字营销新模式，推动了多个行业和多项技术的发展，造就了我国数字直播营销的新时代。

 三、直播营销的基础概念

2016 年是我国的"直播元年"，随着互联网技术日新月异的发展，各式各样的直播平台犹如雨后春笋般兴起，直播以压倒性的优势占据了创投圈第一热门的位置且久居不下，大大小小的网络直播平台（如图 1-1 所示）蓬勃兴起，直播发展以"燎原之势"吸引了大批投资者的加入。众多当红网络主播疯狂吸金的直播到底是什么呢？为什么会有如此大的魅力？

图 1-1 常见直播平台

（一）直播的定义

《广播电视辞典》中将直播定义为"广播电视节目的后期合成、播出同时进行的播出方式，按播出场合可分为现场直播和播音室或演播室直播等形式"。随着互联网技术的发展，直播的概念有了新的拓展。网络直播是一种新兴的网络社交方式，网络直播平台也成为一种崭新的社交媒体，它是一种即时性、直观性、互动性较强的媒体平台，充分展示了网络媒体的优势。

网络直播是基于互联网平台，将现场直播以视讯方式上传，以供用户进入网站观看的传播形式，视频信息的采集、发布、收看可同时进行。凭借互联网的传播速度快、内容直观、无地域限制、交互性强等特点，网络直播带来的推广效果，较传统的传播方式明显增强。

（二）直播营销的定义和流程

1. 直播营销的定义

所谓直播营销就是指企业以直播平台为载体进行营销活动，是在直播现场随着事件的发生发展进程同时制作和播出的营销方式。该营销方式以直播平台为载体，使企业达到获得品牌提升或销量增长的目的。由于直播本身带有强烈的社交性质，因此社交也成为直播营销的重点。

直播营销通常包括场景、人物、产品、创意四大要素。第一是场景，企业需要用直播搭建营销场景，让受众仿佛置身其中；第二是人物，主播和嘉宾是直播的主角，他们的定位需要与目标受众相匹配，并友好地引导观众互动转发和购买；第三是产品，企业需要巧妙地将产品植入主播台词、道具、互动之中，从而达到将企业营销植入直播的目的；第四是创意，受众对于常规的购物直播、晚会直播等已经审美疲劳，新鲜的户外直播、吃播、美妆播、生存播等都可以成为直播营销的加分项。

2. 直播营销的流程

常见直播流程如图1-2所示，具体内容详见本书项目二。

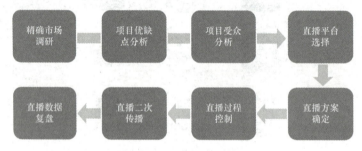

图1-2 直播营销流程

四、直播营销的主要特点

（一）直播营销的主要特点

相对传统的营销来说，直播营销可以使企业在呈现产品价值和实现价值交换中支付更低的营销成本，收获更快捷的营销覆盖，凸显出更直接的营销效果，收到更有效的营销反馈，如图1-3所示。

1. 更低的营销成本

传统广告营销方式的成本越来越高，楼宇广告、车体广告、电视广告的费用从几十万元到上百万元不等。网络营销刚兴起时，企业可以用较低的成本获取客户、销售产品；但随着淘宝、百度等平台用户增加，无论搜索引擎广告还是电商首页广告、直通车等的营销成本都开始变高，部分自媒体"大号"的软文广告甚至超过50万元。而直播营销对场地、物料等需求较少，是目前成本较低的营销形式之一。

项目一　数字直播营销概述

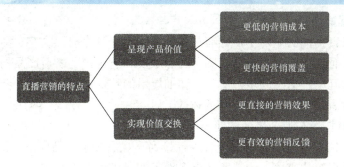

图1-3　直播营销的特点

小米公司总经理雷军曾多次在自己的办公室开展直播营销，通过十几家视频网站和手机直播App，以及自家的"小米直播"App发布其生态线上的产品。采用线上直播的形式，无须租借会议场地，无须准备户外宣传，无须进行会场布置，所花费的成本仅是水、电、网络使用费和十余台手机在直播过程的损耗而已，甚至可以称之为"零成本"。

2. 更快捷的营销覆盖

消费者在网站浏览产品图文或在网店翻看产品参数时，需要在大脑中自行构建场景。而直播营销完全可以将主播试吃、试玩、试用等过程直观地展示在消费者面前，更快捷地将消费者带入营销所需场景。同时平台直播没有地域和时间限制，只要有手机等设备，随时随地都可观看、参与和下单。

3. 更直接的营销效果

消费者在购买产品时往往会受环境影响，由于"看到很多人都下单了""感觉主播使用这款产品效果不错"等原因而直接下单。因此在设计直播营销时，企业可以重点策划主播台词、优惠政策、促销活动，同时反复测试与优化在线下单页面，以收获更好的营销效果。

4. 更有效的营销反馈

在产品已经成型的前提条件下，企业营销的重点是呈现产品价值、实现价值交换；但为了持续优化产品及营销过程，企业需要注重营销反馈，了解客户意见。由于直播互动是双向的，主播将直播内容呈现给消费者的同时，消费者也可以通过弹幕的形式分享体验；因此企业可以借助直播，一方面，收到已经用过产品的客户的使用反馈，另一方面，收获现场消费者的观看反馈，便于下一次直播营销时修正。

（二）直播营销的获客过程

几乎对于所有的行业来说，营销都是至关重要的，不同行业有不同的营销方式，其中利用直播营销可以给企业带来巨大的利益。直播营销的获客过程如图1-4所示。

图1-4　直播营销的获客过程

1. 准确捕捉好奇心

消费者进入直播间必定对于产品有一定的好奇心,这个时候文字、图片、录播视频过于冰冷和短暂,而直播更有身临其境感。若想激发和满足消费者对产品的好奇心,则要充分运用直播实时互动,信息同步,全方位详细展示的特性,实现与消费者时间与空间信息的同步,为消费者带来更为真实详尽的体验。

2. 消融品牌与潜在消费者间的距离

运用直播营销全方位实时与消费者进行最为直观的关于产品生产、品牌打造、企业文化塑造、生产流程等的交流,让消费者更多地了解品牌的理念和产品的细节,这样就自然而然地拉近了品牌与潜在消费者间的距离,消融了之前存在的距离感。

3. 身临其境制造沉浸感

营销宣传环节的消费者契合问题一直是商家头疼的问题,而直播营销恰恰能解决这个问题。运用直播营销特有的信息、实时共享性和直播服务过程,如产品景观特色、实力硬件设施(如酒店房间配置、景区实景观测等),让消费者感受到具体的细节,为消费者打造身临其境的场景化体验,从而可以制造沉浸感,让消费者共享感官盛宴,实现辐射范围的最大化。

4. 发出转化信号

通过前期的引导,在直播的过程中根据实际情况实时加入价格折扣、满减满折满送、限时限量销售、抽奖等常见促销方式,向消费者发出下单转化信号,从而引发沉浸其中的消费者快速下单购买,实现直播转化,达到促进产品或服务销售的目的。

完成表 1-2。

表 1-2 数字直播营销的相关概念及其内容描述

概念	核心描述	主要表现形式	对应产业	商业形式
数字化				
数字营销				
直播				
直播营销				
数字直播营销				

任务二 数字直播的发展历史

【任务描述】了解数字直播的发展历史、在各个历史阶段的典型直播形式及其特点。

【任务分析】通过对数字直播发展历史及各个阶段主要表现形式的学习，学生了解各种直播形态的主要特点、所适用的范围及主要的盈利模式，根据数字直播营销的发展历史更合理地判断现在常见的直播形式的生命周期及未来数字直播营销的发展方向。

网络速度、硬件水平和网民基数是影响数字直播发展的主要因素，受这些因素的制约，互联网直播行业的发展历史分为四个阶段，包括图文直播阶段、秀场直播阶段、游戏直播阶段及移动直播阶段，如图1-5所示。

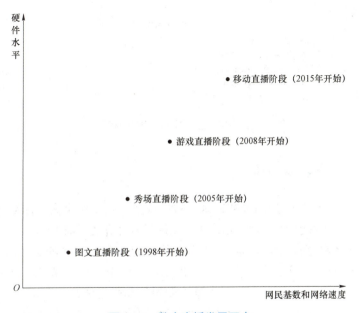

图1-5　数字直播发展历史

一、图文直播阶段

在互联网普及的初期，以拨号与宽带上网为主，网速普遍比较慢，网民上网以聊天看新闻、逛论坛为主。这一时期的直播形式，仅支持文字或图片，网民通过论坛追帖、即时聊天工具分享等形式，了解事件的最新进展情况。至今部分直播网站还保留图文直播形式，如图1-6所示。

图文直播脱胎于原有的聊天室。其优点是不需要很强的硬件和带宽的支撑，信息采集和发布技术含量不高，也不需要专门的软件平台或者App，通过网页等即可发布和浏览，相关内容可以前后滚动观看；缺点是表现形式比较单一，只能给出主要信息，不能展现太多细节，对用户来说缺乏沉浸感和吸引力。图文直播多用于比赛或新闻现场报道，同时配上现场采集的图片，以增强直播现场的直观感受。

图1-6 虎扑体育的图文直播

二、秀场直播阶段

秀场直播是"网红"一词的最初来源。秀场直播一般是指个人或团队在某些网络平台展现自己某些技术或者能力，以引来用户观看并获得好评的直播形式。秀场是指个人或者团队得以展示自己能力的一个空间，它强调的不只是空间，更多的是才艺。

秀场直播从2005年开始在国内兴起。2005年"9158"网站成立，其业务模式以文化娱乐为主，"9158"平台上汇集了大量"草根明星"和平民偶像，逐步发展成为网络红人、歌手、草根明星的发源地之一。2006年，"六间房"网站成立，与"9158"网站一起共同成为视频直播的早期主流平台，如图1-7所示。

图1-7 "六间房"直播秀场

目前我国秀场直播正在有序发展,也造就了诸如冯提莫、摩登兄弟等网红达人。随着短视频和直播带货等其他平台的快速崛起,秀场直播平台在保持自己原有业务的同时也慢慢地开始寻找自己的发展思路,逐步走向细分市场。图1-8为国内十大秀场直播排名。

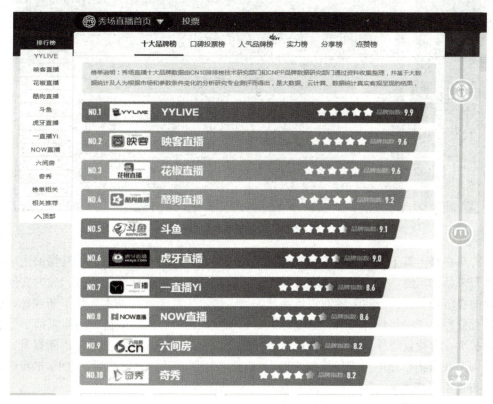

图1-8　国内十大秀场直播排名

秀场直播因其"造星"能力明显,吸引了大批的网络主播入驻,各式各样的主播又吸引了众多对某一方面才艺有偏好的观众,所以它目前仍具有较大流量。其优点为:成为主播的门槛较低,依据偏好容易形成社群,便于有针对性地开展商业性活动;传播性和社交性较强,拉近了主播与观众的距离,增强了参与度。由于目前各平台对主播和观众的规范化存在一些不足,造成了诸如内容良莠不齐、打赏数额过大等不良现象。目前秀场直播用户普遍向头部公司靠拢,形成了以YY、映客、花椒为首的秀场直播"三巨头"。

三、游戏直播阶段

随着计算机硬件的发展,网民可以打开计算机,进行多线操作,"一边听语音直播,一边玩游戏"的形式开始出现,游戏直播开始兴起,与此同时国内外一系列游戏直播平台开始出现。

2008年主打语音直播的YY语音面市,并受到游戏玩家的推崇,在早期网游领域,使用YY游戏、YY语音进行游戏沟通,成为游戏爱好者默认的共识。2011年Twitch.TV被Justin.TV分离,独立成为首家游戏直播平台,主打游戏直播及互动。随后2013年YY游戏直播(如图1-9所示)上线,2014年斗鱼直播上线,国内PC端游戏直播平台初具规模。

图 1-9 YY 游戏直播

  游戏直播丰富了人们的文化精神生活，是一种全新的游戏参与方式。直播的出现，给游戏带来新的机遇，促进了相关产业的整合，构建了多元的行业盈利模式，成为文创领域重要的经济增长点。伴随着游戏市场高速发展，资本大量涌入和技术环境不断成熟，游戏直播行业经历了多年快速增长，已经迈入成熟的发展阶段。同时受益于网络直播平台的影响力扩大，游戏直播作为传播游戏内容的新媒介，在游戏产业链中的地位不断提升。近年来我国游戏直播市场用户规模持续增长，到 2018 年增长开始逐渐放缓，2019 年我国游戏直播市场用户规模为 3.0 亿人，相比 2018 年增长了 0.9 亿人。

  近年来我国游戏直播市场实际销售收入快速增长。2018 年我国游戏直播市场实际销售收入为 75.3 亿元，同比增长 109.7%；2019 年我国游戏直播市场实际销售收入增速放缓，但仍处于较高水平，实际销售收入为 112.1 亿元，同比增长 48.9%。随着虎牙、斗鱼等直播平台的进一步发展，其他领域的企业如视频平台快手、哔哩哔哩也持续布局游戏直播，为这一产业的发展注入动力，未来市场发展潜力巨大。

四、移动直播阶段

  据统计，截至 2020 年 12 月，我国网民规模达 9.89 亿人，其中移动网络用户为 9.21 亿人，占我国网民人数的 93.1%，手机上网成为我国网民的主要上网方式。随着科技和技术的进步，"随走、随看、随播"的移动视频直播的时代已经到来。移动端硬件水平的不断提升，直播类 App 的大量开发，无线网络的大范围覆盖，4G、5G 技术的进一步成熟，为移动直播的发展提供了必备的技术条件；带宽费用的降低，降低了直播平台的运营成本和直播行业的门槛，越来越多的网民开始通过移动端接触视频直播。

  2020 年 4 月 1 日，曾是新东方英语老师、锤子科技创始人的罗永浩首秀抖音直播带货，在念错厂家名称、转场还不自然的直播首战中，罗永浩及其团队最终创造了 1.1 亿元的支付交易总额，如图 1-10 所示。

图 1-10 罗永浩直播

2021 年 2 月 5 日,"短视频第一股"快手以超过 2 000 亿美元的市值登陆港交所,这家以短视频内容成名的公司,已是国内最大的直播公司,其直播收入一度占其总收入的 95%。

2020 年年初,突如其来的新冠疫情导致人们被迫居家,线下商业陷入凋敝期,门店关门、农产品滞销,面对大量井喷式的产品和服务,居家隔离的人们,其消费需求却日趋饱和。于是乎,直播带货横空出世,除去一些成名在外的网红带货主播,几乎每一位县长、区长和企业家都走进直播间,为自家的产品或品牌摇旗助威,在罗永浩、董明珠和李彦宏同一时间段直播的当晚,媒体甚至用"三大佬同框带货"来记录这一晚。而这背后,则是直播带货创造的、被不断刷新的交易额纪录:2020 年"双十一"期间,淘宝直播诞生了 28 个成交额超 1 亿元的直播间;2020 年 11 月 12 日,抖音电商对外公布"双十一"销售战报,最终成交额破 187 亿元;2020 年 11 月 1 日"双十一"启动之日,淘宝直播某网红的销售额为 3.1 亿元,另一网红的销售额为 4.3 亿元;2020 年前三季度,快手电商创造的 GMV 达到 2 041 亿元,仅第三季度的 GMV 就达到 945 亿。图 1-11 为网络红人直播带货。

图 1-11 网络红人直播带货

移动直播信息传递效率高、强大的实时互动性和用户体验感、强大的真实性和变现能力，使得无论是淘宝、京东、拼多多这些主流电商平台，还是抖音、快手这些"短视频＋直播"的平台，在移动直播中通过带货创造了产品销售的奇迹，同时也见证了中国电子商务和移动直播的蓬勃发展。

随着移动直播的高速发展，原来的互联网巨头也纷纷进军直播行业。2020年9月，微信视频号首度上马直播功能，并且在流量端给予重要扶持，甚至在朋友圈顶部开放流量入口，由此引发了直播界不小的震动。紧接着微信视频号直播也迅速和微信小商店打通，以方便视频号博主带货，而有的博主已经创造了单场破千万元的交易额纪录。同样是2020年，百度拿下欢聚时代（YY）的国内直播业务，交易金额达到36亿美元，为百度未来在移动直播行业的发展做好了铺垫。

在低时延的5G商用化条件下，数据传输之前的时延将缩短至1毫秒内，用户几乎不会再感受到直播过程中的卡顿、时延等问题，而央视、虎牙直播等内容方已经测试过5G环境下的新闻和户外直播。

技术条件日趋成熟，意味着消费习惯也在不断深入，在制作视频内容的过程中，直播也将迎来伴生性的风口，但这一波技术红利之下很难再诞生纯直播的平台型玩家，而是进一步发挥直播的工具和技术属性，最终将"移动直播"变成内容平台的标配。

五、直播发展趋势

相关数据显示，2020年我国在线直播用户突破5亿，直播可以说是近几年互联网领域最热门的行业之一，开发制作直播平台也成为备受各大开发商青睐的项目。有人说直播结束了野蛮生长时代，开始进入大浪淘沙的阶段，但从总体的形势上来看，直播产业呈现出了以下的发展趋势：

（一）直播细分化

随着直播的进一步发展，直播平台想要脱颖而出，必将走向"专门化"。如果一个平台除了能给用户带来欢乐，还能给用户分享专业的知识和技能，那么它的价值会逐渐提高。因此细分化将成为直播行业发展的一大突出特点。

（二）直播丰富化

随着直播的发展，优质内容成为直播的核心竞争力。在当下"内容为王"的时代，人们对于娱乐内容的要求也不断严格，所以想要长久发展，必须有优质内容做支撑，这也是每个直播平台的核心竞争力。

（三）直播开放化

借助网红和网红经济，直播平台能够吸引和留住更多的用户，同时直播平台也试图将自身打造成网红孵化平台，由此网红和直播平台便形成了一种交互强化共生共融的关系。但从直播平台的角度来看，过于依赖网红的发展模式，显然弱化了平台本身的价值，也不利于直播产业的良性发展，因此平台应该从封闭单一走向开放综合，通过开放性的平台生态容纳更多的基础场景。

（四）企业定制化

对于一些大企业来讲，定制专属的直播平台，费用并不比运营平台的成本高，而且定制专属的直播平台更有利于企业自身的营销，尤其是财经类等需要用户高黏度的行业，定制直播平台可以满足用户多方面的需求。

（五）直播高科技化

随着 VR 技术的不断突破并融入更多的行业领域和场景中，VR 产业革命的大潮已经来临，直播与 VR 技术有着天然的契合性，自然也成为 VR 技术应用的重要方向。随着 VR 终端设备的普及和用户市场的开拓，VR 直播将逐步渗透到新闻事件、演唱会、体育、比赛、游戏等各种直播场景，成为社交直播平台的标配，从而推动互联网直播进入全新的 VR 直播时代。

拓展案例

VR 直播案例

当直播与 VR 相遇，碰撞出了下一个蓝海市场：VR 直播。VR 直播，是虚拟现实与直播的结合。VR 直播与观看传统电视相比，最大的区别是让观众身临其境来到现场，实时全方位体验。根据高盛最新研究报告预测，到 2025 年，VR 的市场规模有望达到 800 亿美元，乐观情况下可以达到 1 820 亿美元。

2019 年 10 月 1 日，联通与央视共同携手，开展"国庆阅兵＋双 G（千兆家宽＋5G）＋VR 直播"活动，给人们带来近乎"现场观看"的体验。2019 年央视春晚采用"5G＋VR"进行实时直播。为了完成这次首创性的直播，央视联合中国联通、中国移动和华为公司，采用了 8K VR 全景直播相机 Obsidian 与基于 5G 网络的直播软件系统 Kandao Live 8K，打造全景预览央视春晚候播大厅和 VR 直播连线长春、深圳分会场的融媒体电视节目新形式。

中央广播电视总台"2020 年春节联欢晚会"实现历史上首次春晚画面全程 VR 播出；首次为 VR 春晚的"V"赋予更丰富的定义：VIP 的"V"，带给观众置身现场的体验，获得第一排 VIP 观众的 360 度视角；首次架设隐藏于高科技舞台高点之上的 VR 机位，观众通过触控屏幕或转动手机，自由转换观看春晚的角度。用创新技术、独家多视角 VR 视频和直播态相结合的新形式，为观众呈现一场 VR 春晚，实现全媒体时代视听新表达，展现新时代春晚的魅力、活力和创新力。

完成表 1-3。

表1-3 数字直播营销的发展历史及未来发展趋势

直播形式	主要适用范围	核心技术	主要年份	主要盈利模式
图文直播			年— 年	
秀场直播			年— 年	
游戏直播			年— 年	
移动直播			年— 年	
未来一				
未来二				

任务三 主流直播平台及其特点

【任务描述】了解主流直播平台及其主要特点，每个平台的主要用户群体及主要的盈利模式。

【任务分析】通过主流直播平台的学习，学生了解每个类型的直播平台的技术需求、主要的用户群体、主要的盈利模式和优缺点，并在此基础上了解广大网民对未来直播平台的需求及可以用作营销的发力点。

直播平台是直播产业链中不可缺少的一部分，它为直播提供了内容的输入和输出的接口。从多个 PC 端和移动端软件市场来看，在线直播类平台软件已经成为软件市场最火爆的类目之一。根据平台的主要职能和内容进行分类，则可分为综合类直播平台、游戏类直播平台、秀场类直播平台、商务类直播平台、教育类直播平台等。各分类之间没有明确的界限，只是表示该平台的主打内容，实际上大多数平台为了迎合资本和用户的需求，都是"一专多能"的，极少只有单一属性，会出现既有游戏主播又有秀场直播，既有教育直播又有生活直播等的多维度定位。

一、综合类直播平台及其特点

综合类直播平台通常包含比较多的直播类目，用户进入平台后可根据自己的偏好，选择相对应的类目。一般来说综合类直播平台包括游戏直播、生活直播、户外直播、秀场直播等，此类直播平台最为典型的有 YY 直播（如图 1-12 所示）、哔哩哔哩、龙珠直播、花椒直播等。

图1-12 综合类直播平台代表——YY直播

综合类直播平台因为涵盖内容多,每个主播或者用户都能从中找到自己需求的内容,所以用户群体数量较大,能够满足寻找各类商品的用户的需求。因为体量较大,所以对于平台方的资金实力、软硬件水平、技术水平、运营水平以及平台管理规范等都具有较高的要求。

二、游戏类直播平台及其特点

游戏类直播平台是以PC或者手机端游戏的实时直播为主要内容,聚集了很多的游戏高手和游戏爱好者的平台。这类平台一般具有比较高的凝聚力和相对规律的活动时间,相对而言更容易依托各类"公会"形成社群。游戏行业一直是巨头们青睐的对象,特别是电竞在全球的发展带来大量的资本涌入。国内现在的游戏类直播用户主要集中在斗鱼TV、虎牙直播、战旗TV(如图1-13所示)、龙珠直播、火猫等平台。近年来互联网巨头不断加快国内电竞游戏类直播的布局,游戏类直播平台成为巨头们争夺的焦点。

后疫情时代游戏直播用户黏性显著提升,AI等新技术的进一步发展,使得真人主播、虚拟主播和AI主播互相赋能、优势互补,共同打造全新的游戏主播生态。游戏直播版权保护问题、营收模式单一问题、竞争格局繁杂问题目前已基本解决;行业逐渐趋于饱和的现状要求平台内容不断多元化,在游戏直播和电竞赛事之外,不断衍生娱乐、秀场、电商、陪玩等内容模式,搭建多元化内容生态。

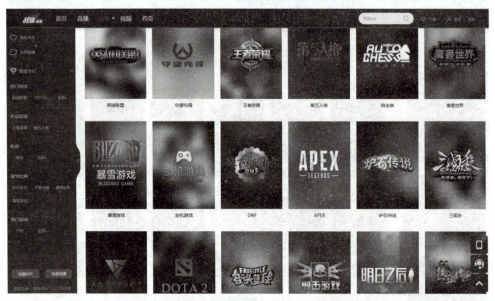

图1–13 游戏类直播平台代表——战旗TV

三、秀场类直播平台及其特点

秀场类直播平台是指为个人或团队展现自己某些技术或者能力，以引来用户观看并获得好评和相应报酬的平台。因为秀场类直播平台进入门槛不高，设备用量少，场景布置简单，比较容易获取粉丝的关注，所以很多有"明星梦"的个人或者团体都会选择秀场类直播平台作为自己出道的第一站。同时，由于秀场直播平台具有很强的交互性和娱乐性，所以不断有新的网民进入，形成了比较大的秀场直播活动主体。秀场类直播的典型平台有YY直播、映客直播、六间房直播等。

秀场类直播平台在人气"爆棚"之下也有一定的隐患。一是著作权问题。中国音乐协会选取10首歌曲向花椒直播索赔30万元，引起了人们对秀场直播中版权的关注。二是才艺表演的"底线"问题。为了迎合部分粉丝喜好，部分主播在平台直播过程中胡乱篡改经典、语言粗俗、着装不当、行为举止不庄重等备受行业专家批判。从2016年至今，《互联网直播服务管理规定》《网络表演经营活动管理办法》等法规相继出台，分别从不同层面对网络直播环境和网络直播行为进行规范和约束，以净化秀场类直播平台的环境。

四、商务类直播平台及其特点

商务类直播平台主要以电商平台为依托，在其销售形式中加入"直播"的形式（如图1–14所示），与购买者互动，达到商品销售的目的，例如淘宝、京东、拼多多等。2016年3月，作为电商直播首创者的"蘑菇街"率先上线视频直播功能。之后的5月，淘宝网推出了"淘宝直播"，随后综合电商、跨境电商、母婴电商等纷纷跳入直播大潮。2020年5月，人民日报报道，一季度全国网络零售市场运行基本平稳，"宅经济"成为市场热点；商务部大数据监测显示，一季度各电商平台开展各类直播超过400万场。截至2020

年6月，电商直播、短视频及网络购物用户规模较3月增长均超过5%，电商直播用户规模达3.09亿，较2020年3月增长4 430万，规模增速达16.7%，成为上半年互联网最快的经济增长点。

图1-14 电商平台直播

商务类直播平台改变了原有电商平台固有的"直通车""钻展"等网络推广模式，形成了全新的、可互动的直播销售模式，在降低商家运营成本的基础上又增加了销量，因此成为电商平台经济新的亮点。

商务类直播平台很好地解决了用户"不出门"和"逛街"的关系，由于其生动性、直观性、交互性和"代入"感，使得用户有更好的购物体验。主播讲解有针对性，产品的展现形式更加真实，加之网红的影响力和庞大的粉丝量，让交易变得更为简单直接和高效。尤其是对于服装类、美妆类等消费频次较高的商品而言，主播的试穿、试用体验能够将效果很好地呈现在用户面前，用户潜意识会套用在自己身上，提高转化率。

商务类直播平台能够变现的前提是有足够多的流量，而商务类直播平台多数搭建在成熟的电商平台之上，自带流量入口，从运营角度看，实现的路径更短；购物的场景化，破除了传统电商单向的、静态的（图片、价格、模特、优惠信息）表现形式，提供了更多维度的互动（主播对话、聊天、弹幕）；泛娱乐化产业，自带媒体属性，可以很快聚拢大量潜在用户，所以转化率和销售效率相对较高。同时商务类直播平台经常会聘请有一定影响力的人，例如"县长直播"、雷军、董明珠、影视明星等，主播明星的影响力，自带品牌效应，从而建立起用户对于品牌的信任感，提升转化率和销售量，增加收益。

拓展案例

受疫情影响，2020年的开年显得并不顺利，不少商家、品牌陷入停摆状态，复工投产成为关乎生死的大事。也是在这个情况下，直播带货成了唯一的救命稻草。

在郑州，传统批发市场锦荣商贸城的商家纷纷拿起手机，人生中第一次尝试直播带货；在临沂，因为工人们没办法正常上班，快手主播陶子发动家人齐上阵，希望能尽快把货发出去。

除此之外，不少线下厂家也把直播当成重要的销售渠道。2月19日，淘宝发布的一组数据显示，厂家直接上淘宝直播卖货的数量同比增长了50%。其中，服饰、美妆、家居3个行业的线下门店直播最为活跃。

以居然之家为例，从2月1日起加码线上直播，以卖场为单位，实现了规模化直播。据居然之家介绍，截至3月15日，共有308家门店开启直播，日均开播门店数稳定在260多家，日均观看人数超6.2万人，日均新增粉丝1.4万人，日均引导订单数超3 600笔。居然之家尝试规模化直播带货是很多品牌自救的缩影。商家的自救也得到来自政府部门、平台官方的扶持激励。

4月20日，习近平在陕西考察脱贫攻坚工作时，走进"秦岭天下"直播间，和直播带货的村民一起交流。他说："电商在农副产品的推销方面，是非常重要的，是大有可为的。"

除此之外，由"央视Boys"组成的"国家队"阵容也先后入场。4月6日，央视主持人朱广权与某网红组成"小朱配琦"，这场"为湖北拼单"的公益直播，累计观看次数1.22亿，带货金额超4 014万元。此后，央视又与一些头部主播、佟丽娅等一线明星举办了多场带货直播。

五、教育类直播平台及其特点

教育类直播平台是指以互联网为媒介，利用多媒体以及其他数字化手段进行的教师和学生之间模拟面对面的实时互动教学活动。传统的在线教育大多以微课、慕课的形式出现，内容以视频、图片、文字为主，虽然内容丰富但互动性不强，无法做到实时答疑与讲解，因此教育类直播平台应运而生。目前教育类直播平台可简单分为学历教育类，以学而思网校（如图1-15所示）、猿辅导为代表；职业教育类，以腾讯课堂、环球网校为代表；培训考试类，以新东方在线为代表。自2020年年初开始，由于疫情的影响，大量资本涌入教育直播行业，互联网巨头们斥巨资搭建自己的教育直播平台，阿里巴巴、字节跳动等纷纷开发教育直播内容。2020年8月，猿辅导获高瓴资本、腾讯等领投的G轮投资10亿美元；作业帮获得方源资本、老虎基金领投，红杉中国等新老股东跟投的E轮融资7.5亿美元。

教育类直播平台由于用户群体大，需求多为刚性，普遍发展较快。平台地扩大了学生自主学习的范围，让学习方式更加自由自主，同时便于教师更加方便灵活地教学，除了不再受空间的限制，还可以依照学生的自身需要定制课程，这些优势使其用户规模越来越大。教育类平台需要加强自身建设，一方面要建立相对完善的软件和硬件系统，缩短网络延迟，保持课堂的连续性，另一方面需要强化教师的筛选和管理，保证教学高质高效。

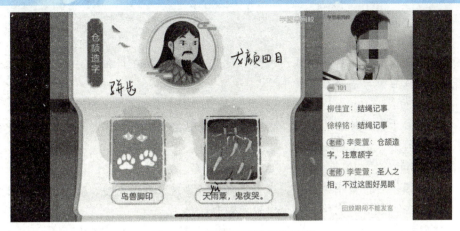

图 1-15 学而思网校直播课堂

拓展知识

直播平台常见的 10 种盈利模式

1. 打赏模式（常见模式）

用户付费充值买礼物送给主播，平台将礼物转化成虚拟币，主播对虚拟币提现，由平台抽成。如果主播隶属于某个工会，则由工会和直播平台统一结算，主播获取的是工资和部分抽成。这是最常见的直播类产品盈利模式。

2. 广告模式（常见模式）

直播平台负责在 App 中（包括 Banner、直播广告图等）、直播室中或直播礼物中植入广告主广告，按展示/点击或购买情况与广告主结算费用。

3. 导购模式

一般电商类直播产品/竞拍类产品采用该盈利模式。主播有自己的店铺（淘宝店、微店等），或者有店铺需要主播进行营销推广，主播在直播时，推荐店铺商品，用户直接一键购买或者加入购物车，直播同时有优惠或参与竞拍，最终主播与直播平台按照既定比例分成。

4. 付费直播

付费直播可以有两种模式：一种是主播开通直播需要付费，由直播平台提供更高级的直播服务；另一种是用户看直播需要付费，由主播设置入场费用，平台和主播分成。另外，付费模式还可分为按场次收费、按分钟计费等，方便主播选择适合自己的直播方式，合理增加自己的直播营收。

5. 会员增值服务

会员可分主播和用户两类，可分别在付费成为会员后，收获专属特权。

6. 游戏联运

该种模式常见于游戏直播平台。游戏厂商希望直播时嵌入游戏入口，用户在观看直播时如果通过入口点击、下载了游戏，则平台和厂商进行分成。同时，游戏直播平台还可以进行游戏周边商品及游戏道具商品推荐，直播的同时销售游戏周边商品，增加游戏平台营收,由主播、平台及厂商进行分成。

7. 主播/节目付费推广

该种模式类似广告位售卖模式。主播可付费让平台提供推广位,对主播进行曝光,平台按曝光量和观看量与主播结算费用。

8. 版权发行

该种模式属于内容的二次利用。直播平台可将直播内容沉淀保护起来,以版权售卖的方式提供给发行方,由发行方对内容进行二次加工。

9. 企业宣传

企业向直播平台付费申请直播,或需要直播平台提供技术支持,直播平台替企业进行会议宣传等服务,最后还会给企业提供观看数据。

10. 付费教育

该种模式为在线教育类产品的商业模式,利用直播平台售卖课程,学生付费学习,直播平台最终和学校/教师分成。在教育平台还可售卖其他相关商品,增加教育平台的其他营收。如方维直播平台的某些直播客户,既教授音乐课程,又销售各种相关乐器。

以上几种模式,既可独立使用,也可混用。总之,直播本质上是一种流量变现渠道,和新闻、电商、视频、工具等产品一样,其对用户的价值就是,让用户发现自己的兴趣点,支持喜欢的主播,消费他们的内容。对于直播平台而言,其商业目标就是探寻用户访问路径,挖掘流量价值。

完成表1-4。

表1-4 直播平台的对比

直播平台	典型平台	优缺点	盈利模式	营销点
综合类直播平台				
游戏类直播平台				
秀场类直播平台				
商务类直播平台				
教育类直播平台				

任务四 数字直播营销从业人员要求

【任务描述】明确数字直播营销从业人员的职业道德、职业素养、知识技能的要求。

【任务分析】通过本任务的学习,学生能明确数字直播营销从业人员的基本要求,从而达到从事本行业所需的各项要求。

一、职业道德要求

① 具有正确的世界观、人生观、价值观。坚决拥护中国共产党领导，树立中国特色社会主义共同理想，践行社会主义核心价值观，具有深厚的爱国情感、国家认同感、中华民族自豪感；崇尚宪法，遵守法律，遵规守纪；具有社会责任感和参与意识。

② 具有良好的职业道德和职业素养。崇德向善、诚实守信、爱岗敬业，具有精益求精的工匠精神；忠于岗位、忠于团队、忠于客户，平等互信，童叟无欺。

③ 具有较强的集体意识和团队合作精神。能够进行有效的人际沟通和协作，具有较强的责任感和使命感，能够主动完成团队相关工作，并承担相应的责任。

④ 具有良好的身心素质。具有健康的体魄和心理、健全的人格，勤于学习，勤于工作，勇于奋斗、乐观向上，具有良好的生活习惯、行为习惯和自我管理能力。

⑤ 爱岗敬业，具有精益求精的工匠精神。尊重劳动、热爱劳动，具有较强的业务能力；具有进取精神，能够积极进行创新，并具有一定的抗压和面对挫折不屈不挠的坚毅品性。

二、职业素养要求

直播营销从业人员在进行直播营销过程中，应具备知政治、懂直播、懂营销、敢担当、善创新的基本素质：

① 践行社会主义核心价值观，理解直播营销行业的社会功能及价值。

② 熟知平台规范，掌握直播商品质量评估及应急预案的相关知识。

③ 具备直播商品及活动的策划组织、沟通协调能力以及责任使命感。

④ 遵循直播间程序管理制度、各类直播岗位专项工作管理制度。

⑤ 不断创新服务管理模式，弘扬网络直播主旋律，传播网络直播正能量，推进网络诚信，提升整体服务质量。

⑥ 具备良好的职业素养、道德素养和政治素养。

三、知识技能要求

① 了解《中华人民共和国广告法》《中华人民共和国电子商务法》《网络信息内容生态治理规定》《网络短视频平台管理规范》。

② 了解网络营销基础知识内容、电子商务基础知识，具备话题敏感性及关键性节日营销策划的能力；能够撰写直播脚本，掌握直播营销的使用方法，明白平台营销活动规则。

③ 熟悉直播平台特点，掌握直播节奏和过程，能够全面、生动、真实地展示及介绍商品；掌握直播技巧、沟通技巧、口播技巧；掌握梳理和提炼商品卖点的能力，可形成表单。

④ 具备短视频内容营销策划的能力，能够熟练使用数据分析平台及软件，掌握直播数据分析能力，根据数据优化直播内容。

⑤ 掌握直播间使用方法，熟练操作直播、后台商品上下架、直播抽奖等；掌握直播前引流预热、直播间管理，有效处理直播间应急情况。

⑥ 具备爆款商品的辨别及分析能力，有敏感度，了解品牌爆款打造、纳新、清仓等模式；掌握各平台直播PC端使用及OBS推流；具备商务拓展能力，具备良好的沟通能力。

针对自己的实际情况填写表1–5，并在课程始末两个时间进行对比，判断自己从本课程中收获了什么。

表1–5 自我评分

职业要求	课程初期自我评分（满分10分）	课程结束自我评分（满分10分）	增量
（一）职业道德要求			
1			
2			
3			
4			
5			
（二）职业素养要求			
1			
2			
3			
4			
5			
6			
（三）知识技能要求			
1			
2			
3			
4			
5			
其他收获			
合计			

拓展知识

BD（Business Development）即商务拓展，是指根据公司的发展来制订跨行业的发展计划并予以执行，和上游及平行的合作伙伴建立畅通的合作渠道，和相关政府、协会等机构沟通以寻求支持并争取资源。BD 可以理解为"广义的市场"，或者"战略市场"。

拓展，就是在原有关系上加深关系。BD 的关键点在于，什么时候拓展、从哪方面拓展、以什么形式拓展才能取得良好的效果，简单归纳就是：时间、切入点、体现形式。这几点就是区分一个 BD 好坏的关键。

课堂讨论

2019 中国平台主播职业报告

2020 年 1 月 8 日，国内领先的移动社交平台陌陌发布了《2019 主播职业报告》，通过对近万名移动网络用户、主播的抽样调查发现：33.6%的"95 后"每天看直播超 2 小时；近八成用户会为直播付费，24.1%的职业主播月收入过万；11.8%的"95 后"主播为父母买房。

一、主播群体的年龄呈明显年轻化，北方职业主播占比最高

根据 CNNIC 数据，截至 2019 年 6 月，我国手机网民规模达 8.47 亿，网民手机上网比例高达 99.1%。《2019 主播职业报告》显示，主播群体的年龄呈明显年轻化趋势。2019 年，受访主播中，有 33.4%为职业主播，"95 后"主播中近半数为职业主播，职业主播占比为 49%，"90 后"主播中职业主播占比为 38.3%。从事主播这一职业的人群也具有明显的区域特征，北方地区职业主播远多于南方地区职业主播。职业主播占比最高的 10 个省（直辖市）是黑龙江、吉林、辽宁、重庆、甘肃、广西、天津、湖南、贵州、广东。

二、近八成用户为直播付费，24.1%职业主播月收入过万

调查显示，82.2%的"95 后"在直播中每月进行付费，"95 后"中 29.6%月均打赏超过 500 元，21.6%月均打赏 1 000 元以上。经济越发达的沿海省市用户，越爱在直播中付费。全国范围内在直播中月消费 1 000 元以上的 TOP10 省（自治区、直辖市）为福建、上海、广东、浙江、北京、江西、江苏、四川、内蒙古、安徽，月均消费 1 000 元以上，占比分别为 27.8%、27.3%、26.4%、25.8%、24.0%、24.0%、22.9%、21.6%、20.5%、20.2%。

相反，北方内陆城市用户不喜欢在直播中付费，全国范围内最不爱在直播中付费的 TOP10 省（自治区、直辖市）为吉林、辽宁、贵州、海南、内蒙古、黑龙江、广西、宁夏、河南、甘肃，不刷礼物的占比分别为 31.2%、30.3%、29.7%、29.4%、28.3%、27.8%、27.3%、26.7%、25.85、25.6%。

《2019 主播职业报告》显示，职业主播中收入过万的占比为 24.1%，较 2018 年的

21%略有提升，女性职业主播收入过万的占比比男性职业主播略高。根据抽样调查数据，年纪越轻、学历越高的主播，高收入占比越高。12.6%的"90后"主播月收入过万，15.5%的"95后"主播月收入过万。在收入过万元的主播中，高学历占比较高。月收入过万主播中，大专学历占10%，本科学历占18.1%，硕士以上学历占25.4%，其中16.9%硕士及以上学历主播收入在5万元以上。在高收入主播地理区域分布上，南方省市高收入主播占比较高。月收入万元主播占比最高的TOP10省（直辖市）为湖南、福建、湖北、浙江、贵州、山东、云南、安徽、辽宁、北京，其占比分别为20.0%、16.7%、14.6%、12.5%、11.1%、10.9%、10.9%、10.6%、10.3%、10.3%。

三、26.9%职业主播从业时间超两年，硕士学历主播职业生命最长

受访主播中，超过两成的主播从事这一职业的时间超过两年，26.9%职业主播直播时间超过两年。由于学历越高的主播收入越高，所以高学历主播的职业稳定性也就越强。本科学历主播直播两年以上的占比为22.8%，硕士及以上学历主播直播两年以上的占比为31%，均远高于平均水平。

从业时间超过两年的主播其所在省（自治区、直辖市）以北方为主，其中职业主播从业时间超过两年的占比最高的TOP10（自治区、直辖市）为内蒙古、黑龙江、山东、陕西、吉林、北京、湖北、江西、安徽、湖北，其占比分别为：28.8%、27.3%、26.6%、26.6%、24.4%、24.3%、22.3%、22.1%、21.8%、19.8%。

四、职业主播社会认可度提高，69%主播获家人或伴侣支持

报告显示，全国范围内，对于主播职业认可度最高的TOP10省（直辖市）为云南、福建、湖南、广东、浙江、天津、上海、广西、江西、山东，其占比分别为86.4%、84.5%、83.3%、83.2%、82.0%、82.0%、80.5%、80.2%、80.0%、79.3%。

关于职业主播认可度的数据与观众相吻合。69%的主播得到了家人或伴侣的支持，74.2%的女性主播得到了家人或伴侣的支持，82.8%的职业主播获得了家人或伴侣的支持，兼职主播获得家人或伴侣支持的占比为62.7%。年纪越轻，家人或伴侣的认可程度越高。"80后"主播获得家人或伴侣支持的仅为66.8%，"85后"这一比例为70.3%，"90后"为72.4%，"95后"高达75.9%。

在家人或伴侣对主播职业的认可度方面，北方地区相对开放，南方地区相对保守。全国范围内，对主播职业态度最开放的TOP10省（自治区、直辖市）为辽宁、吉林、天津、黑龙江、贵州、甘肃、内蒙古、山东、河北、湖南，支持率分别为83.0%、82.2%、80.6%、78.8%、78.2%、77.8%、76.9%、75.1%、73.7%、72.6%。

对主播职业态度最保守的TOP10省（自治区、直辖市）为广西、新疆、上海、江苏、湖北、福建、北京、陕西、浙江、四川，不支持率分别为42.5%、37.5%、37.0%、37.0%、36.6%、36.4%、35.9%、35.8%、34.5%、33.5%。

讨论：如果你作为主播，应该具备什么样的知识、素质和能力，应该如何进行职业生涯规划？

国庆阅兵+双 G+VR 直播

70 年风雨兼程，70 载沧桑巨变。今年的 70 周年国庆是我国综合国力的彰显，也凝聚着每一个中华儿女的中国梦。在这场举世瞩目的大阅兵背后，是许多个普通人长达数月的无休奋斗，成就了一项又一项令人啧啧称奇的"黑科技"。其中，5G+4K、双 G（5G+千兆家宽）+VR 的现场超高清视频直播，为广大观众带来了一场视听饕餮盛宴。2019 世界 5G 大会上，中国的科技公司以"极速 5G，联通未来"为口号，再次呈现 5G+4K+VR 技术，带观众重温 70 年国庆阅兵盛况，再续观礼激情。

同时，北京联通与央视共同携手，成功开展"国庆阅兵+双 G+VR 直播"活动。在北京联通的营业厅，借助于北京联通双 G 和云 VR 业务，众多用户通过 VR 直播获取了另一种近乎"现场观看"的全新体验。用户通过佩戴 VR 眼镜，以 360 度沉浸式观感欣赏了这一盛况，宛如亲临天安门阅兵现场。直播现场回传采用光纤确保稳定的大带宽和低时延，并增加 5G 做局部补充，从而确保了 VR 直播视频的良好体验。

这 70 年来，在党的正确领导下，中国从一个积贫积弱的国家，一跃成为当今世界第二大经济体，综合国力的历史性跨越世人瞩目。民族独立，国家富强，百姓安居乐业，科技水平领先全球。70 周年大阅兵不仅体现了我国强大的国力和军力，也充分展现了我国的科技实力。我们坚信，在以习近平同志为核心的党中央正确领导下，中华儿女必将在民族复兴的伟大征程上越走越远。

 同步测试

一、选择题

1. 下列不属于直播特性的是（　　）。

A. 真实性　　　　　　　　　　B. 适时性

C. 互动性　　　　　　　　　　D. 严肃性

2. 下列属于主播直播基本能力的是（　　）。

A. 语言表达能力　　　　　　　B. 商品讲解能力

C. 直播控场能力　　　　　　　D. 商品带货能力

3. 下列属于教育类直播平台的有（　　）。

A. 淘宝直播　　　　　　　　　B. 美拍

C. 陌陌　　　　　　　　　　　D. 猿辅导

4. 下列不属于直播平台盈利模式的是（　　）。

A. 打赏　　　　　　　　　　　B. 游戏联运

C. 付费教育　　　　　　　　　D. 平台推广

5. 直播的各种形式中，最适合大型比赛或者活动的是（　　）。

A. 图文直播　　　　　　　　　B. 视频录播

C. 现场直播　　　　　　　　　D. VR 直播

二、简答题

1. 简述综合类直播平台的常见盈利模式。
2. 游戏类主播应该具备什么样的知识素质和能力？
3. 简述移动直播应该具备的条件。

三、技能训练题

（一）实训背景

县长直播带货　助力农产品销售

"在地球'第三极'上的藏北草原，平均海拔超过 4 700 米的牦牛肉，补充我们的精力，滋养我们的身体。"坐在镜头前面，西藏自治区申扎县常务副县长王军强，当起了一名带货主播。不到两个小时，网络点击量超过 5 万人次，销售额近 20 万元。

新冠肺炎疫情发生以来，以县长群体为代表的许多政府官员，纷纷为农副产品"代言"，成为老百姓眼中的"带货员"。领导干部"披挂上阵"，带来了流量，带来了销量，也带来了问号："县长直播带货"到底能带多远？

为了直播"首秀"，这位来自中信银行的援藏干部，整整花了 6 天准备。"电商直播在西藏几乎是一个空白，需要解决冷链物流、网络技术和直播脚本等诸多问题。我们反复调试设备、联网测试、推敲脚本，直到直播前才完成细节方案。"

为了直播时更加自然，王军强还找来了知名网络主播的视频，观摩学习，对语言语速、表情手势等反复揣摩，力求使直播既充实又不流俗。

（二）实训目标

西藏自治区申扎县盛产牦牛肉，在党的扶贫政策指引下，申请了牦牛肉品牌，并建立了相对完善的生产和运输系统，已经满足电商销售的必备条件。为了销售已生产的牦牛肉，常务副县长王军强第一次当上了主播。请根据产品特性和主播角色，选择一个合理的数字直播平台并写出第一次直播的脚本。

项目一同步测试答案

项目二　数字直播营销的思路

【项目介绍】

　　数字直播营销活动是一项复杂的系统工程,需要思路清晰地安排相关事宜。充分的前期准备工作、科学的数字直播营销目标分析、合适的数字直播营销方式以及合理的数字直播营销策略组合是数字直播营销不可或缺的环节,事关数字直播营销活动的效果。

【知识目标】

1. 了解数字直播营销的操作流程和设计思路;
2. 掌握数字直播营销的分析方法和选择过程;
3. 熟悉数字直播营销的策略组合和主要模式。

【技能目标】

1. 能进行数字直播营销的项目分析和整体设计;
2. 学会数字直播营销方式的分析和选择;
3. 能对数字直播营销的策略进行灵活组合,并设计直播模式。

【素质目标】

1. 提高学生的创新意识和创造精神;
2. 增强学生的学习主动性和积极性;
3. 运用所学知识进行团学活动直播。

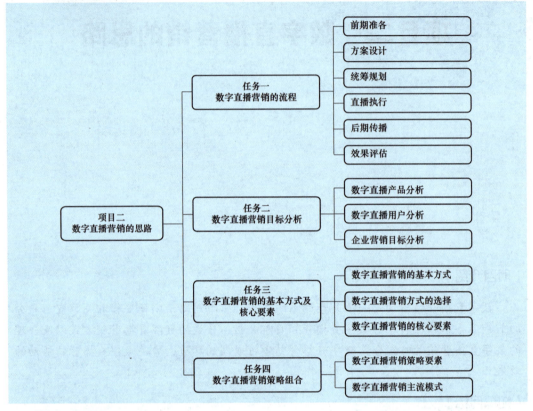

任务一　数字直播营销的流程

【任务描述】企业打算开展数字直播营销活动，但是无从下手，不清楚直播营销的流程。

【任务分析】熟悉数字直播营销的流程——六步法，即前期准备、整体设计、统筹策划、直播执行、后期传播和效果评估。

相关知识

数字直播营销是一项较为复杂的系统性工程，它不仅仅是一场简单的直播活动，虽然看起来只是几个人对着镜头说说话而已，但背后都有着精确的营销设计——要么通过数字直播营销提升企业品牌形象，要么利用数字直播营销促进产品销售。

如何将企业营销目标精心巧妙地嵌入数字直播营销的流程，通过数字直播营销来达到企业的营销目标，需要对数字直播营销的流程进行科学设计。一般而言，数字直播营销的流程设计主要包括六大操作环节或步骤（如图2-1所示），企业直播营销团队需要对每个环节进行策划，一个环节即一个步骤，用"六步法"设计数字直播营销，确保其完整性和有效性。

项目二 数字直播营销的思路

图2-1 数字直播营销的流程

一、前期准备

数字直播营销的第一大环节是前期准备,它需要进行以下几方面的相关工作:第一,精确的市场调研。企业在做任何决策前都需要进行市场调研,数字直播营销当然也不例外。数字直播营销是向用户推销产品或者个人,推销的前提是要深刻地了解用户需要什么、自己能够提供什么,了解同类产品的优势和不足,同时还要避免同质化的竞争。因此,只有精确地做好市场调研,才能为直播确定一个好的方向,才能做出真正让用户喜欢的营销方案。第二,项目优缺点分析。做直播营销,营销经费充足,人脉资源丰富,可以有效地实施任何想法,但对大多数企业来说,没有充足的资金和人脉储备,这时就需要充分地发挥自身的优点来弥补。一个好的项目不仅是人脉、财力的堆积,还需要充分地发挥自身的优点,才能达到意想不到的效果。第三,市场受众定位。市场定位是指根据竞争者现有产品在市场上所处的位置,针对消费者对该种产品的某种特征、属性和核心利益的重视程度,强有力地塑造出此企业产品与众不同的、给人印象深刻的、鲜明的个性或形象,并通过一套特定的营销策略组合把这种形象迅速、准确而又生动地传递给消费者,影响消费者对该产品的总体感觉。营销能够产生结果才是一个有价值的营销,受众是谁,他们能够接受什么,都需要做恰当的市场调研,找到合适的市场受众是做好整个数字直播营销的关键。

二、方案设计

数字直播营销的第二大环节是整体方案设计。在做营销方案之前,企业直播营销团队必须先从整体上厘清整体思路,把握方案设计关键点,然后有目的、有针对性地策划与执行。刚接触直播营销的新人往往存在一个认识误区,即认为"直播营销只不过是一场小活动而已,做好方案然后认真执行就够了";实际上,如果没有整体思路的指导、方案设计的科学把握,直播营销很可能只是好看、好玩而已,并没有达到企业的营销目的。

数字直播营销的整体方案设计需要包括三个部分,即目的分析、方式选择和策略组合,如图2-2所示。

(一)目的分析

通常企业营销的目的就是最大限度地实现企业的社会价值和其产品或服务的市场价值。为了实现这个目的,可以采用多样化的手段,而数字直播就是一种新兴起的手段。因此,可以说,直播只是手段,营销才是目的。对企业而言,数字直播营销是一种新型营销方式,因此企业直播营销不能只是简单的线上才艺表演或互

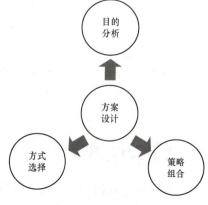

图2-2 方案设计内容

联网游戏分享，而是需要综合产品特色、目标用户、营销目标等各种因素，提炼出数字直播营销的目的。

（二）方式选择

确定直播目的后，企业直播营销团队需要对各种直播方式的优缺点、直播平台的受众、产品的特点、经费预算等，在颜值营销、明星营销、稀有营销、利他营销等方式中，选择其中的一种或多种进行组合。站在直播的风口浪尖，直播平台也越来越多，企业要根据直播类型选择合适的平台，比如游戏类直播在虎牙、斗鱼等这些平台比较受欢迎，购物直播就更适合抖音、淘宝等平台。

（三）策略组合

方式选择完毕后，企业需要对人物、场景、产品、创意模块进行组合，设计出最优的直播策略。其中直播人物主要包括主播、工作团队以及直播受众等；直播场景大致有四种方式，即门店直播、仓库直播、原产地直播和直播间搭建。不同的产品具有不同的特点、不同的销售方式，要选择适合直播的产品，提前做好卖点、定价、产品比例、引流款、爆款等的规划。直播是一项创意十足的活动，创意甚至决定直播活动的效果。

三、统筹策划

数字直播营销的第三大环节是策划筹备。好的数字直播营销需要"兵马未动粮草先行"。首先，撰写并完善直播营销方案。在整个方案设计中需要销售策划及广告策划的共同参与，让产品在营销和视觉效果之间恰到好处。在直播过程中，过度的营销往往会引起用户的反感，所以在设计直播方案时，如何把握视觉效果和营销方式，还需要不断商酌。其次，在直播开始前将直播过程中用到的软硬件测试好，并尽可能降低失误率，防止因为筹备疏忽而引起不良的直播效果。同时，为了确保直播当天的人气，直播营销团队还需要提前进行预热宣传，鼓励粉丝提前进入直播间，静候直播开场。

此外，在直播营销当中，企业应该就可能会遇到的困难和问题进行全面思考，从而制定不同情况的最佳应急预案，避免在直播当中遇到意外状况而没有相应的解决方案。

四、直播执行

数字直播营销的第四大环节是直播执行。前期筹备是为了现场执行更流畅，因为从用户的角度，只能看到数字直播现场，无法感知前期的筹备。

为了达到已经设定好的直播营销目的，主播及现场工作人员需要尽可能按照直播营销方案，将直播开场、直播互动、直播收尾等环节顺畅地推进，并确保直播的顺利完成。

五、后期传播

数字直播营销的第五大环节是后期传播。直播结束并不意味着营销结束，直播营销团队需要将直播涉及的图片、文字、视频等，继续利用互联网传播，让其抵达未观看现场直播的粉丝，让直播效果最大化。

六、效果评估

数字直播营销的最后一大环节是效果评估。直播后期传播完成后，直播营销团队需要进行复盘：一方面进行直播数据统计并与直播前的营销目的进行对比，判断直播效果；另一方面组织团队讨论，总结提炼出本场直播的经验与教训，做好团队经验备份，改进不足之处。

每一次直播营销结束后的总结与复盘，都可以作为直播营销团队的整体经验，为下一次直播营销提供优化依据或策划参考。

需要强调的是，直播营销的第五大环节"后期传播"与第六大环节"效果评估"虽然都是在现场直播活动结束后进行的，但是作为直播的组织者，必须在直播营销开始前就做好两方面的准备：

第一，提前设计数据收集路径。如淘宝店流量设置、网站分销链接生成、微信公众号后台问卷设计与设置等。

第二，提前安排统计人员。不少直播营销网站后台数据分析功能不够细化，因此一部分数据（如不同时间段的人气情况、不同环节下的互动情况等）需要人工统计，便于后续分析。

拓展案例

近年来，"双十一"已经成为消费者心目中的购物狂欢节。2016年11月10日，京东与360花椒直播合作，策划了一场从8:00—20:00共12小时的花椒直播秀。本次直播完全基于整体思路、策划筹备、直播执行后期传播和效果评估五大环节进行设计与推进，是一场非常成功的直播营销活动。

一、整体思路

策划一场直播活动需要把整体思路梳理清楚，因此本次活动从目的分析、方式选择、策略组合三个方面进行了梳理。

首先是目的分析。京东在"双十一"期间，想通过目前年轻人喜欢的有趣好玩的方式，吸引更多的用户眼球，提高销售转化率。

其次是方式选择。这场直播活动中，京东采取了颜值营销与明星营销相结合的方式，邀请了自带粉丝的京东CEO刘强东在花椒直播平台秀厨艺，同时宣传扶贫项目，以"不一样"的霸道CEO形象拉动品牌升级。为了满足更多粉丝的需求，京东还邀请了许多明星，奉上了一场12小时明星好看、好听、好玩的直播秀，用"不一样"的明星聚会引导用户在京东购物。

最后是策略组合。京东CEO刘强东在直播做菜的过程中，边制作边宣传京东产品，为京东"6·18"引流；与此同时，明星直播表演的各个环节中，同样通过不同的互动形式集中为京东引流。

二、策划筹备

策划这场直播前，京东从前期市场获悉方案再到执行，整个过程都在为2016年11月

10日的直播做准备。

方案核心是根据年轻人消费群体的消费习惯、追求个性以及意见领袖的关注等一系列特点，设计好玩、有趣的营销。采用直播这种新型营销方式，助力京东在"双十一"电商大战中，吸引更多用户眼球，提高销售转化率，达到品牌与效果兼顾的营销效果。

三、直播执行

第一步，预热阶段——产品矩阵聚合用户。

360拳头产品助阵京东花椒直播，凭借360导航、360浏览器、手机卫士等产品庞大的用户群及海量的数据支撑，为整体传播奠定基础，让京东花椒直播秀未播先火。

第二步，引爆阶段——霸道CEO、娱乐明星、网络红人齐上阵，浮窗按钮直接购买促转化。

首先是霸道CEO显温情。自带粉丝的京东CEO刘强东在花椒直播平台秀厨艺的同时宣传扶贫项目，"不一样"的霸道CEO拉动品牌升级。

其次是明星聚会送惊喜。12小时明星不间断直播，奉上好看、好听、好玩的直播同时，不断深化京东"双十一"的"简单一点、认真一点"的购物理念，更有幸运观众可以体验明星亲自上门送货，用"不一样"的明星聚会引导用户购物选京东。

再次是"网红"与粉丝贴屏互动。40位"网红"主播与网友贴屏互动，抽奖送券发礼物的同时讲述美妆、测评等购物心得，极大丰富了用户的购物参与感，用"不一样"的方式直接促进转化。

从次是花椒直播专属礼物定制深入沟通。针对京东"双十一"定制专属虚拟礼物、直播间Card等，当用户达出礼物后，全直播间用户可见；"网红"主播收到礼物后，可以多次口播，让京东"双十一"活动深入人心；通过京东礼物的发送，也让用户充分参与到营销活动中，打造更具有互动感的营销体验。

最后是京东浮窗按钮直接购买提升转化。在花椒直播间增加京东浮窗按钮，当直播节目激发用户购物需求时，用户可以直接通过上方按钮直达京东H5商城，实现直接下单。场景化的设计使产品能够多维度、全方位地展示，更容易让用户接受，更易提高转化率。

第三步，SNS推广，推波助澜。

通过花椒直播的微信、微博及400家大众媒体同步跟踪报道，达到持续传播的效果。

四、后期传播

后期传播中，京东与花椒主播在直播秀现场直播视频。具体可以在百度搜索"京东'双十一'直播秀"。

五、效果评估

直播在线点赞评论数已达2 150 000，京东小礼盒、京东JOY共派送超过6 790 000份。通过花椒直播的微信、微博及400家大众传媒同步跟踪报道，全面覆盖营销、科技、新闻门户、财经、央级媒体等媒体受众，二次传播覆盖人数超过7 500万。

任务二　数字直播营销目标分析

【任务描述】为提高企业直播营销效果，需要进行直播营销目标分析，那么如何科学地进行直播营销目标分析呢？

【任务分析】从产品本身特点进行产品分析；从用户行为特征进行用户画像；从企业营销目标寻找关键切入点。

任何一场直播营销都必须围绕营销目标开展，而直播营销目标分析则可以通过产品分析、用户分析、营销目标三个方面提炼，如图2-3所示。

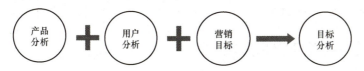

图2-3 数字直播营销目标分析

首先，产品分析需要从两方面考虑：一是产品本身的特点。不同的产品具有不同的物理或化学属性，不同的产品属性适合不同的营销方式。二是与竞品对比分析。竞品分析的内容可以由两方面构成——客观和主观。客观即从竞争对手或市场相关产品中，圈定一些需要考察的角度，得出真实的情况；此时，不需要加入任何个人的判断，应该用事实说话。主观是一种接近于用户过程模拟的结论，比如可以根据事实（或者个人情感），列出竞品或者自己产品的优势与不足。通过产品分析梳理出产品的特点、产品的优势与劣势，想方设法在优势上做文章，并尽量避免在直播平台暴露产品劣势。

直播营销活动产品选择要注意以下三点：一是质量。产品质量是企业的基础，同时也是营销的基础，当质量出现问题时去营销肯定只能起到反作用。二是供货周期。如果产品供货没有到位，很容易就会掉链子，有不少企业是因为供货问题被迫终止营销，这样肯定会严重影响企业的发展。三是价格。只有一手货源能更好地把控利润空间，可控产品利润营销起来也会更有底气。

其次，用户分析也就通常所说的用户画像，主要通过对用户线上线下行为的洞察，了解用户的需求特点，掌握用户的消费心理和消费行为，从而更好地满足用户需求。用户画像可以围绕产品进行人群细分，确定产品的核心人群，从而有助于确定产品定位，优化产品的功能点；同时，也可以帮助企业进行市场洞察、预估市场规模，从而辅助制定阶段性目标，指导重大决策，提升投入产出比（Return On Investment，ROI）；更有助于避免同质化，进行个性化营销。用户分析可以从其社会属性、心理属性、兴趣特征、消费特征、位置特征、设备特征、行为数据、社交数据等维度进行分析。社会属性包括年龄、性别、地域、血型、受教育程度、职业、收入、家庭状况、身高、体重等基本信息；心理属性包括性格、能力、气质、价值观、情感、思维等；兴趣特征包括浏览内容、收藏内容、阅读咨询、购买产品偏好等；消费特征是与消费相关的特征，通常以收入多少来划分；位置特征包括用户所处城市、居住区域、用户移动轨迹等；设备属性指使用的终端设备特征等，如手机品牌是安卓还是ISO系统，移动端还是PC端，使用4G、5G还是WiFi等；行为数据包括访问记录、访问时间、浏览路径等用户在网站的行为日志数据；社交数据指用户社交的相关数据，包括圈子、兴趣喜好、互动行为等。

借助用户分析深入挖掘出用户的需求,在直播策划时,围绕用户需求设计直播活动中的互动环节及主播的台词。

再次,直播营销目标分析需要寻找到企业自身年度或月度营销目标中与直播最契合的关键点。企业的营销目标通常包括整体战略目标、阶段性目标、市场目标、销售目标以及财务目标等,而直播营销团队无法只通过一场直播就完成所有营销目标,因此需要在直播营销策划前,找到企业营销目标的某方面,利用直播营销进行单点突破。

在完成以上产品、用户、目标三方面的梳理后,直播营销团队需要紧紧围绕这三方面要素,将直播目的用简要的语言概括出来,如:将 A 产品的 B 优势通过直播传达到 C 用户,最终实现直播销售 D 万元。

一、数字直播产品分析

直播活动的产品通常分为两大类(如图 2-4 所示):第一类是实物产品,如服装、护肤品、电子产品、手机、书籍等;第二类是虚拟产品,如网游、软件、在线课程、影视等。对参与直播的产品进行分析,有助于理解产品价值并提炼产品优势,进而加深屏幕前用户对产品的认识。

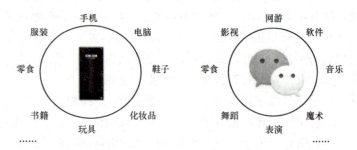

图 2-4 数字直播产品分析

直播产品可以从产品的物理属性和功能属性即"产品形态与成分""产品功能与效果"两个维度进行分析。

产品形态与成分包括产品外观、产品形状、产品尺寸、主要结构、构成成分等。例如,某款智能手机可能的优势包括"超大屏""芯片""超高像素""四摄像头""金属外壳""多种外壳颜色"等;再如,某款护肤品,可能的优势包括"纯天然""植物提炼""小体积便于携带"等。

产品功能与效果包括产品口味、容量、操作性能等。同样以手机和护肤品为例,某款手机可能的优势包括"充电五分钟通话两小时(电容量大)""人性化的操作系统""一键拍照""自动美颜"等;再如,某款护肤品,可能的优势包括"美白""补水""抗衰老"等。

需要强调的是,在进行产品分析并提炼产品优势时,必须结合"直播"这一特定的环境,寻找出通过直播可以展现的产品优势,而不能脱离直播去进行传统产品分析,即在直播平台,这款产品有哪些优势并如何展示出来?毕竟由于场景不同,同样的产品特点,在线下的优势可能会成为直播的劣势,相反在线下的劣势有可能会成为直播的优势。

直播营销团队在进行产品分析后，需要提炼产品关键词、产品亮点、产品性格，在直播策划时将产品信息巧妙植入直播环节，便于向直播用户传达。

首先是产品关键词，产品关键词通常会出现在主播口播中或直播道具上，因此需要用3~5个简练的词组概括产品，如"新款""卫衣""红色"等；其次是产品亮点，产品亮点通常会出现在嘉宾试用分享、直播预热活动、直播后期发酵中，因此需要将产品在直播场景下的优势进行提炼；再次是产品性格，产品性格需要与主播或嘉宾的人物设定一致，如主打"呵护"女性护肤品可以邀请暖男明星、主打"健康"的婴幼儿用品可以邀请奥运冠军辣妈等。

二、数字直播用户分析

正如企业营销活动一样，直播营销也需要对用户进行分析，主要原因有两方面：一方面直播平台的可选择性强，不吸引用户注意力的直播会直接造成用户关闭窗口，选择观看其他直播；另一方面为达到营销目的，直播营销团队必须想方设法让用户按照主播的引导去下单或分享，而巧妙的引导来自对用户的分析与判断。

用户分析主要由两部分组成，即属性特征分析和行为特征分析。

（一）用户属性特征分析

用户属性特征是用户分析的基础，而用户属性特征又包括固定属性和可变属性。

固定属性特征，即伴随用户一生的固定标签，如性别、民族、出生地等属性。可变属性特征，即短时间内用户保有的特定标签，如婚姻、收入、学历、年龄等。

（二）用户行为特征分析

策划一场好的直播营销活动，需要分析用户的行为特征，然后反向模拟用户行为路径，并在用户的每一步行为过程中设计营销卖点。此处的用户行为特征分析，特指直播场景下用户的行为特征。直播营销团队需要列出用户参与过程中可能会涉及的一系列动作，因为每一个动作都会影响最终的营销效果。

用户在互联网活跃的位置会直接决定直播前期广告投放位置，直播营销团队必须将有限的资源投放在用户出现较多的网站；用户的社会角色会直接决定直播稿的风格，对于"60后""70后""80后""90后""00后"，通常会有不同的用词习惯及语言习惯。

有效地分析用户并有针对性地设计直播，有助于直播过程中采取更好的沟通策略，从而达到期望的效果。

三、企业营销目标分析

直播营销的目标必须符合企业新媒体营销整体目标，而企业的新媒体营销又必须依托于企业的市场营销总目标。因此，在进行直播营销目标分析时，必须结合企业自身的营销目标。

在同一直播平台，不同的企业通常会有不同的营销目标；同一家企业，在不同的阶段或时期也会有不同的营销目标。因此，与直播营销对应的企业营销目标并非一成不变。直播营销团队在每次直播活动的策划前都需要专门进行目标分析,尤其是结合企业自身的营销目标,否则一切设置只是在"闭门造车",无法给企业带来实际的效益。

为使直播营销活动更加明确高效,更为了直播营销团队科学规范执行直播活动,提高直播活动的效果,建议企业采用"SMART"原则。结合 SMART 原则,在梳理企业自身的营销目标时要尽可能科学化、规范化和明确化,如图 2-5 所示。

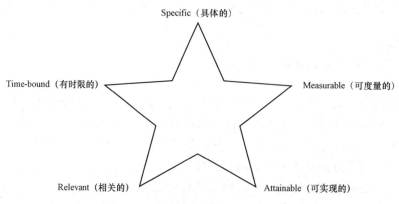

图 2-5　数字直播营销 SMART 原则

"SMART"原则不仅使直播营销团队成员更加明确高效地工作,也便于团队负责人对团队成员的工作有更清晰的了解与认识,并对其工作结果进行较为客观、公平和公正的评价与考核。

首先是具体的,指直播营销目标切中特定的营销目标,而不是笼统的。要用具体的语言清楚地说明要达成的直播营销目标,而不是模棱两可。如"用直播营销提升口碑"就不是具体目标,而"借助直播营销提升企业淘宝商家星级、京东店评价率及百度知道好评"则是具体的,让团队知道应该怎么做。直播营销目标设置要有项目、衡量标准、达成措施、完成期限以及资源要求,使考核人能够很清晰地看到营销计划要做哪些事情、计划完成到什么程度。

其次是可度量的,指直播营销目标是数量化或者行为化的,能够给出明确判断,能够测度的。应该有一组明确的数据,作为衡量是否达成直播营销目标的依据。如果制定的目标没有办法衡量,就无法判断这个目标是否实现。如"利用直播营销实现销售猛增"就不是可度量目标,因为"猛增"描述比较模糊,不能精确度量,而"利用直播营销实现 100 万元销售额"则是可度量的,"100 万元"是一个量化的数字。直播营销目标的衡量标准遵循"能量化的质化,不能量化的感化",使制定人与考核人有一个统一的、标准的、清晰的可度量的标尺,杜绝在目标设置中使用形容词等概念模糊、无法衡量的描述。对于目标的可衡量性应该首先从数量、质量、成本、时间、上级或客户的满意程度五个方面来进行;如果仍不能进行衡量,那么可考虑将目标细化,细化成分目标后再从以上五个方面衡量;如果仍不能衡量,还可以将完成目标的工作进行程序化,通过程序化使目标可衡量。

再次是可实现的,指直播营销目标在付出努力的情况下可以实现,避免设立过高或者过低的目标。目标太高的话容易打击人的积极性，太低又没有挑战性，最好是努力一下能够达到的，即所谓的"跳一跳摘桃子"。如上一次直播有 10 万人参加直播，这次将目标设定为"100 万人参加"则不太现实，而若定为"20 万人参加"或者"30 万人参加"等提升 2～3 倍的目标是有可能实现的。目标设置要坚持员工参与、上下左右沟通，使拟定的工作目标在组织及个人之间达成一致，既要使工作内容饱满，也要具有可达性，即可以制定跳起来"摘桃"的目标，不能制定跳起来"摘星星"的目标。

从次是相关的，指直播营销目标是与新媒体工作的其他目标是有关联的，如新媒体部门本身就有网站运营、网店推广、微信公众号运营等职能，直播营销目标设置为"网站流量 12 小时内提升 60%"是有相关性的，而"次品率由 10% 降低至 5%"是没有相关性的，直播无法帮助生产部门降低次品率，提升产品合格率。

最后是有时限的，指注重完成直播营销目标的设定期限。直播营销目标设置要具有时间限制，根据工作任务的权重、事情的轻重缓急，拟定出完成目标项目的时间要求，定期检查项目的完成进度，及时掌握项目进展的变化情况，以方便对下属进行及时的工作指导，以及根据工作计划的异常情况变化及时地调整工作计划。直播结束后，传播与发酵的时间通常不超过一周，其中 80% 左右的销量来自直播当天，因此"借助直播实现新产品销售 5 万件"是没有时限的，而"直播结束 48 小时内新产品销售 5 万件"则是有时限的。

因此，直播开始前，需要将企业营销目标按照 SMART 原则准确提炼出来，这样才能达到最佳的直播效果。

任务三　数字直播营销的基本方式及核心要素

【任务描述】尽管数字直播营销方式不断创新，要素不断变化，但基本方式和核心要素经久不衰，了解直播营销的基本方式和核心要素，结合产品、用户选择合适的直播方式和要素，开展直播带货活动。

【任务分析】了解直播营销常见的七种方式及其营销侧重点，并掌握各种方式的优缺点；结合产品和用户，选择直播营销方式，提高直播活动的精准性；运用直播核心要素精心设计直播营销活动。

 一、数字直播营销的基本方式

为了吸引用户观看直播，企业直播营销团队需要设计最吸引用户的直播吸引点，并结合前期宣传覆盖更多用户。根据"直播吸引点"划分，直播营销常见的方式共七种，包括颜值直播、明星直播、稀有直播、利他直播、才艺直播、对比营销和采访营销。企业在设计直播方案前，需要根据营销目标，选择最佳的一种或几种营销方式。

（一）颜值营销

直播经济中，"颜值就是生产力"已经越来越得到大家的共识，并且该说法已经得到越来越多的验证。颜值包括主播的外表形象，同时还包括产品的外观设计。颜值直播的主播多是帅气的男主播或靓丽的女主播，高颜值的容貌吸引着大量粉丝的围观与打赏，而大量粉丝围观带来的流量正是能够为品牌方带来曝光量的重要指标。因此，越来越多的企业在招聘新媒体营销团队成员或储备直播营销人员时，颜值成为非常重要的因素。

而且产品的颜值也非常重要。两个产品，在其他方面都相似的情况下，比较美观的那一个会完胜不美观的那一个，这几乎已经是一条放之四海皆准的公理，甚至在很多情况下，人们根本不会考虑"其他方面"，只要颜值不及格，其他方面一律不值得关注，看看土豪金 iPhone 的受欢迎程度就知道了。

（二）明星营销

明星经常会占据娱乐新闻头版，明星的一举一动都会受到粉丝的关注，因此当明星出现在直播中与粉丝互动时，会出现极热闹的直播场面。明星的营销适用于预算较为充足的项目，在明星筛选方面，尽量在预算范围内寻找最贴合产品及用户属性的明星进行合作。

（三）稀有营销

稀有营销适用于拥有独家信息渠道的企业，其包括独家冠名、知识版权、专利授权、唯一渠道方等。稀有产品往往备受用户追捧，而在直播中稀有营销不仅仅体现在直播镜头为用户带来的独特视角，更有助于利用稀有内容直接拉升直播室人气，对于企业而言也是最佳的曝光机会。

（四）利他营销

直播中常见的利他行为主要是知识的分享和传播，旨在帮助用户提升生活技能或动手能力。企业可以借助主播诚意的分享，传授产品使用技巧、分享生活知识等。利他营销主要适用于美妆护肤类及时装搭配类产品，如淘宝主播"潮女可可"经常使用某品牌的化妆品向用户展示化妆技巧，在让用户学习美妆知识的同时，增加产品曝光度。

（五）才艺营销

直播是才艺主播的展示舞台，无论主播才艺是否有名气，只要才艺过硬，就可以带来大量的粉丝围观，如古筝、钢琴、脱口秀等通过直播可以获取大量该才艺领域的忠实粉丝。才艺营销适用于围绕才艺所使用的工具产品，比如古筝才艺表演需要使用古筝，制作古筝的企业则可以与有古筝使用技能的直播达人合作，如花椒主播"琵琶小仙小蜜"经常使用某品牌琵琶进行表演。

（六）对比营销

有对比就会有优劣之分，而用户在进行购买时往往会偏向于购买更具优势的产品。当用户无法识别产品的优势时,企业可以通过与竞品或自身上一代产品的对比,直观展示差异化,以增强产品说服力。例如,王自如的 ZEALER 在测评手机时,经常会用 iPhone 作为参照标杆来测评手机性能。

(七)采访营销

采访营销指主播采访名人嘉宾、路人、专家等,以互动的形式,通过他人的立场阐述对产品的看法。采访名人嘉宾,有助于增加用户对产品的好感;而采访路人,有利于拉近他人与用户之间的距离,增强信赖感。例如,飞贷户外直播,通过采访路人"3 分钟能借到钱吗",路人的表现让用户感同身受,进而有利于推广飞贷的借贷服务。

二、数字直播营销方式的选择

企业直播营销团队在选择直播营销方式时,需要从用户角度挑选或组合出最佳的直播营销方式。从互联网用户的心理上看,从初次接触某企业或某产品直到产生购买行为,通常会经历听说、了解、判断和下单四个过程,如图 2-6 所示。

图 2-6 数字直播营销方式选择过程

首先,互联网用户会在朋友圈、百度搜索等渠道头一次听说某款产品,在内在原因和外界刺激的作用下,唤起用户的需求。其次,当用户的需求被唤起并决定为满足需求而购买听说过的产品后,往往会着手了解和收集各种有关的信息,以便进行评价比较,帮助自己做出决策。因此,用户会在产品的官网、官方自媒体平台进行充分了解。再次,用户会去问答平台、店铺评价区域进行分析判断,了解其他网友对于此产品的评价,对可供选择的产品进行分析对比和综合评价,从而缩小挑选范围。最后才是下单与付款,即进入决定购买阶段。一般来讲,用户有三种类型的购买行为:第一是试购,即少量购买尝试新产品;第二是重复购买,对于熟悉的品牌再次购买或者经常购买;第三次是连锁购买,即系列购买,指用户购买主要产品后对附属产品的购买。

对应互联网用户的以上四步,企业需要进行"埋雷"工作,该工作环环相扣,如图 2-7 所示。

图 2-7 数字直播营销方式的选择过程与重点工作

在用户可能会听说的渠道进行新产品推介会;在用户了解产品的平台重点描述产品;在用户进行判断的平台优化口碑与评价;在用户下单的平台设计台词及促销政策,促销订单达成。

因此，相对应的企业直播营销的重点工作即推新品、讲产品、提口碑、促销售。

对应以上七种不同的直播营销方式，直播活动中的重点各有不同，如表2-1所示。

表2-1 不同直播营销方式下的营销重点

方式	推新品	讲产品	提口碑	促销售
颜值营销	√	√		
明星营销	√		√	√
稀有营销	√	√	√	
利他营销	√			√
才艺营销	√			√
对比营销		√		√
采访营销			√	

颜值营销可以把推新品与讲产品作为直播重点，用颜值高的帅哥或美女进行新品展示或产品的详细讲解。

明星营销除讲产品外，其他三个重点都可以尝试。由于明星通常会引发粉丝追星热，"促销售"可以作为重中之重来设计。与颜值营销不同，明星一般不会有太多时间了解产品性能并对产品侃侃而谈，因此"讲产品"可以不作为明星营销的重点。

稀有营销常以发布会直播形式出现，现场可以展示新品、讲解现有产品，尤其是提升口碑。现场邀请粉丝谈感受、讲心得，是在侧面对产品质量与品牌进行背书。

利他营销与才艺营销的营销重点在"推新品"与"促销售"，通过现场展示或道具引申，向直播间用户展示新产品，达成直播销售。

对比营销的重点在于"讲产品"，通过对比，突出产品差异化优势，从而让用户对购买及使用更有信心。

采访营销通常以室外采访居多，对产品本身的展示与讲解较少，更多是通过被采访者之口说出产品的使用心得及感受，从而达到"提口碑"的作用。

需要特别注意的是，以上七种直播营销方式并不是相互独立的，将直播营销方式进行组合，可以强化营销重点，达到"1+1＞2"的效果。

拓展案例

伊利里约奥运的成功直播营销

2016年夏季里约奥运会，奥运名人在开赛第一天便开始迅速升温，各大品牌纷纷邀请明星运动员或前奥运冠军参与直播。与常规的明星营销不同，伊利采用了"明星营销＋颜值营销"的方式，强化产品口碑的同时提升了销量。

在以往的明星选择上，企业往往考虑的是明星人气，只要够大牌就好；而伊利却只将明星人气作为嘉宾选择的一个维度，其更看重的是明星本身气质与品牌形象的匹配度。也正是基于这个原则，伊利的三场直播明星嘉宾阵容一经曝光就让人眼前一亮。

第一场是典型的颜值营销，在 Byebye 君脱脂新品上市中，伊利选择了宁泽涛和 YIF 作为直播主角。考虑到 YIF 魔术师的身份，伊利在整场直播中加入了心灵探秘、隔空喝奶等大量魔术元素；又为运动员出身的宁泽涛量身定制了现场健身教学的环节。利用"颜值＋明星"的组合，顺利实现了"叫好又叫座"的直播目标。

第二场具有出色表现力的 Mike 隋，以"讲产品"为直播重点，生动而精准地诠释出了伊利几款牛奶产品的不同特色，产品形象呼之欲出。

第三场是伊利金领冠的直播，为伊利代言的是冠军妈妈杜丽。据伊利品牌方表示，选择杜丽，是因为杜丽对奥运梦想的坚持与金领冠专注母乳研究 14 年的坚持不谋而合。借助杜丽的爆棚人气，第三场直播将金领冠的品牌精神顺利覆盖众多消费者，突出了"提口碑""促销售"的营销重点。

伊利主办的这三场直播，共计超过 10 万用户观看，超过 3 000 万互动点赞，这也从侧面很好地印证了伊利在直播营销的方式组合上的成功。

三、数字直播营销的核心要素

（一）直播主播的选择

对于直播主播的选择，直播营销团队需要好好考量，慎重选择，不能随便就在大街上拎一个人来进行直播，要注意整个人的形象、气质是否符合直播主播的人设，其性格、习惯、口头禅、生活方式等都是需要认真打磨的元素，如图 2-8 所示。

图 2-8　典型主播

（二）带货产品与人的联系

直播带货的产品要进行社交化的升级和改造，要与人产生实质化的联系。要选择人们使用频率及次数比较多的产品，母婴类、美妆类及日常生活用品类的受欢迎程度比较高，也较容易提高直播带货的成交量。

（三）直播间场景的设置

直播间是最接近用户对产品和品牌生活方式幻想的承载。过于简单的直播间会让用户觉得你对这次直播不够重视，进而质疑产品的质量。直播间的设置不需要太奢华隆重，但要保证美观，起码看起来舒适，有继续观看的欲望，如图2-9所示。

图2-9 直播间场景设置

（四）品牌的承载功能

由于产品太具体，叙述它时无法表达很抽象的生活方式，这时候品牌的作用就产生了。只要品牌真实存在，就别把它看作一个简单的Logo，而要赋予它一个美好的幻想。

（五）精心设计直播内容

直播就好像主播在演戏，要有一个设定好的脚本。直播的内容要在主播的掌控之中，就类似于在拍戏，知道每一分钟都是编排好的，剧本的高潮在哪、低谷在哪，做到心中有数，如图2-10所示。

图2-10 直播内容设计

(六)小主播要带动大团队

直播赚钱已不算新鲜事,不赚钱才奇怪。同样要考虑怎么赚大钱,怎么把一个小主播的成功,变成整个团队的成功,这才是直播营销的难点所在。直播要想成功,无疑需要一个完善的团队来共同操作。直播团队中包括主播、招商、运营、编导等岗位,团队少则上百人,多则上千人,如图2-11所示。据传某知名带货主播的招商团队人数就将近200人,虽然具体的数字是否准确无从考证,但是从侧面反映出一个成功的直播间的运营团队肯定是各个岗位都非常完备的。

图2-11 某主播的工作团队

任务四 数字直播营销策略组合

【任务描述】企业准备开展数字直播营销活动,请你帮助企业设计一场直播营销活动。

【任务分析】了解数字直播营销策略的四大核心要素,即人物、场景、产品和创意;熟悉数字直播营销的主流模式;选择合适的直播营销模式并进行场景设计。

 一、数字直播营销策略要素

在梳理清楚直播目标并选择合适的直播方式后,企业直播营销团队需要设计直播营销的策略组合。直播营销的策略组合具有承上启下的作用,一方面可以更好地将上述直播营销目标落地,另一方面便于下一步直播方案的制作。

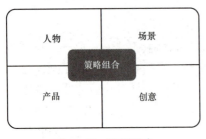

图 2-12 直播组合

人物、场景、产品和创意四部分的综合效果会影响直播的整体效果，因此在设计直播营销的策略组合时，要注意这四部分的有机结合，如图 2-12 所示。

（一）主播

主播作为直播营销的关键人物，具有十分重要的作用。主播形象很重要，主播形象是用户进入直播间的第一印象。

首先，个人形象的选择需要和整个直播间的氛围协调起来，这就是"人"和"场"的协调。比如：直播间是设在户外某个农产品的基地，那么主播就不适合西装革履的打扮；直播间设置的风格是可爱浪漫的，那么主播形象也可以适当增加一些小清新的元素进去。

其次，主播形象应该和产品相匹配，即"人"和"货"的协调。比如：做化妆护肤品直播的，主播个人的皮肤必须要与之相符合；做知识付费培训直播的，主播要体现一个专业性的形象。

最后，主播形象不光指的是服装这些外在形象，语言风格也是重要的一点。这个时候就不要强调做自我了，平时哪怕是比较内向的人，既然选择了做主播，该表现的时候就要大胆去表现。因为主播面对的是很多用户，直播间需要的是暖场，而不是冷冷清清的。适当的幽默肯定可以为主播加分，目的是让用户喜欢上主播。

（二）场景

场景是主播营销活动的主要空间，直播场景主要有四种类型：第一，门店直播。很多对自家门店装修有自信的实体店商家喜欢用门店直播，除了能卖货，还能直接向用户展示自家门店，让用户对门店环境产生兴趣，从而引流到线下门店消费。同时，门店的存在也能加深用户的信任。第二，仓库直播。仓库直播能够向用户展现商家产品供应链的实力，同时仓库干净舒适的环境也能给用户带来很好的感官感受，提升产品的面貌。第三，原产地直播。原产地直播更适合于农产品或者生鲜类产品，让用户直面原产地，能够让他们更加有感觉，同时相信食品的健康性、来源保障，直接促成交易。第四，直播间搭建。主题直播打造也是一种不错的方式，根据本次的直播内容去搭建相匹配的直播间，让用户更有代入感。当然对于这样的方式，如果场景想搭建得比较好，那么相对成本也会比前几种类型高一些，这种类型适合一些大直播。

但是不管在什么场景直播，都需要进行一定的布置。直播间布置主要是准备直播设备和背景墙的布置。一场直播，需要的设备主要有两部手机、手机支架、补光灯、声卡、麦克风等，这些设备根据自己的需要到淘宝、京东等平台购买。背景墙的布置也很关键，靠打赏的网红主播和卖货的主播，直播间背景风格是不一样的。比如：做知识付费直播的，背景可以用书架；做服装直播的，如果店面属于高端的，可以就在实体店，如果店面装修不算很好，可以单独用一个房间来做直播间。

（三）产品

产品是直播营销活动的载体。一场直播活动通常需要做好三类产品的分类：福利产品、主打爆款产品和高利润产品。福利产品是用来抽奖赠送和引流的；爆款产品是最具有性价比的产品，销量最大；高利润产品是直播间的明星产品，价位相对高，用来产生利润的。

针对三大类产品，每一类都要准备直播话术。每款产品的介绍、某款产品的价格对比、成交话术，这些都需要做好精心的设计。爆款产品都是具备超高价值超低价格，产品价值需要主播在直播间通过话术来塑造，除了产品本身属性带来的，增加一些附加价值也可以提升产品价值，比如知识、赠品、服务等。

（四）创意

创意是直播营销活动的灵魂。做好直播内容的创意策划，可以让直播内容变得更有创意、更有吸引用户的魅力。直播活动的创意主要从以下三方面考虑：

1. 提升直播的文化内容

现在的用户对直播内容的要求越来越高了，单纯的高颜值和低俗的内容已经很难满足用户，高质量、文化内涵深的直播内容必然会成为未来直播用户接受的主流。直播能够为用户带来强大的直观感受，所以用户通过直播营销的内容会非常清晰地看到企业形象和品牌形象。大多数用户在进行购买的时候，都会在自己的消费能力内尽可能选择"高端"的企业，因此，企业的直播营销必须为用户营造极具特色的文化氛围，并让用户能够感受到企业深厚的文化内涵。

2. 建立健全内容引导机制

健全的内容引导机制是创意直播内容能够执行的基础，无论是个人还是企业，都会在某种程度上决定直播营销在法律中、社会道德中的"生死"，所以一定要引起重视。因此，在进行直播营销内容的创意策划之前，必须建立健全内容引导机制，引导直播间和直播间的用户理性发言。首先，要尊重原创内容，加强版权意识；其次，即使是自己的原创内容，也不可反复使用；最后，直播内容的创意策划，要积极配合政府的相关政策。

3. 直播间的创意交互方式

直播内容的创意策划，不仅直接包含了直播营销想为用户展现的内容，也包含了直播间用户的交互方式。所谓的交互方式，指的就是互联网中交流和互动的方式。直播平台中的交互方式，主要指的是用户打赏的方式、留言的方式、发送弹幕的方式等。创意交互不仅是直播创意内容的重要环节，也是直播营销带动用户活跃度的绝佳方式。具有创意的交互方式不仅为直播内容带来创意特色，也能够将企业产品的特色通过交互为用户展现出来。

借助"人物""场景""产品"可以组成万能的策略模板，即什么样的人（用户）在什么场所（销售渠道）购买了该产品（直播中展示的产品），并在什么场所（使用场景）使用后获得了什么样的效果（产品功能及效果），而这个人物（用户）正在通过直播的形式把以上环节展示给屏幕前的用户看，让更多的人知道或购买（实现直播目的）。

这个万能的策略模板在套用中并非必须保留每一个环节，可以根据实际情况进行动态组合，但每一个环节都会对最终效果产生影响。

例如，发布会直播：其人（发布明星首批产品体验者）正在发布会现场（场所）通过直播的形式，向大家展示使用该产品后在什么方面有着什么样的效果或便利（使用场景及使用效果）。理财知识分享直播：某人（理财专家）正在家里/办公室里（场所）通过直播的形式，向大家讲解理财的基本知识（产品）及理财建议（产品），关于理财产品方面，投资多少额度在多长时间内获得多少收益（产品功能及效果）。

万能的直播策略组合优势在于能够迅速在脑海中搭建一个直播模型，而除了"人物""场景""产品"，"创意"对直播效果的影响更为关键。

趣味性内容的策划同样有章可循，利用、放大产品的亮点或功效，通过直接展示或间接对比的方式，可以达到增加直播活动趣味性、可看性的目的。

例如，一款高端手机，采用了双向摄像头设计，能拍出更漂亮的照片，因此可以策划户外运动直播秀，以突出在各场景下的摄像、拍照它都能够胜任；一款护肤品爆水霜，其成分特点是含水量特别高，能够保持皮肤水嫩，因此可以策划使用检验皮肤水分的仪器，直观地表现涂抹爆水霜前后的数值对比，同时又可以策划一瓶爆水霜涂在皮肤上，能够产生几克重量的水，来凸显这款产品含水量之高；一款手机，其特点是大屏幕，因此可以策划使用手机打乒乓球的环节。

二、数字直播营销主流模式

根据上述人物、场景、产品和创意四大因素，可以"玩转"很多直播模式，常见的几种模式如下：

（一）品牌+直播+明星

"品牌+直播+明星"在企业直播营销的所有模式中，属于相对成熟、方便执行、容易成功的一种模式。明星往往拥有庞大的粉丝圈，明星效应可以迅速抓住用户的注意力，进而产生巨大的流量。所以在大多数情况下，企业想要通过直播塑造品牌形象时，一般都会优先考虑拥有固定形象的明星。

不过需要注意的是，这种方式虽然见效快，但也有一定的缺陷。大部分明星很难留下影响较为深远的话题，而且明星直播已经被大量企业利用，用户对明星的好奇心被大量消磨之后，其产生的效益也会大量减少。因此，企业在利用这种直播模式进行营销活动的时候，要学会把握时机、适当利用。

（二）品牌+直播+企业日常

就像素颜照与PS之间的微妙关系一样，相比包装出来的各种宣传大片，用户有时反而对企业日常更感兴趣。直播可以让企业暂时放下对成本的顾虑，多角度向用户展示企业、展示品牌，以剑走偏锋的方式调动用户兴趣。

在直播时代，个人吃饭、购物等日常活动都可以作为宣传个人IP的直播内容，那么企业的日常同样也可以作为直播内容进行品牌宣传。

所谓的企业日常，指的是企业研发、生产产品的过程等，甚至企业开会的状态、员工的工作餐都可以。这些对于企业来说稀松平常，甚至还有点琐碎的小事，对于用户来说却是掩盖产品光环下的"机密"。因此，将企业日常挖掘出来，搬上直播平台也是一种可以吸引用户注意力的直播营销模式。

（三）品牌+直播+深互动

现在业界对于直播营销的探索还在进行中，但是有一点已经形成共识：直播最大的优势在于带给用户更直接更亲近的使用体验，甚至可以做到零距离互动。

但这一点实际上是最难以创新的一种直播营销玩法。因为直播本身就具有高效的互动性，所以企业想要让品牌通过直播平台与用户进一步"深互动"则需要极大的创新思维。但是，一旦企业对"品牌＋直播＋深互动"有了正确的创新思路，就会获得相当可观的成果。

（四）品牌+直播+发布

直播品牌发布向来不新鲜，这种模式多用于品牌新品发布会，通过新品发布会的直播吸引注意力。不论是乔布斯时代的苹果发布，还是罗永浩的锤子发布，都足够让众多粉丝守候在屏幕前。而直播平台上的发布直播也大不相同了，地点不再局限于会场，互动方式也更多样和有趣。

（五）品牌+平台+直播

相比各种组合形式，品牌＋平台＋直播的组合来得更为直接和实际。直播的出现为传统电商平台提供了锋利的新武器，促使其从产品导购向内容导购转型。若电商平台再别出心裁，融入一些营销创意，必将使这一武器更加锋利，为平台找到新的流量大入口。

思政空间

直播助农传佳话，脱贫攻坚献薄力

2020年的暑假，很多大学生受疫情影响纷纷宅在家里，但义乌工商职业技术学院的严同学却一刻都没闲着，她在浦江外婆家捣鼓起了直播，组建了春田花花团队，帮助村里果农销售了近一万斤"会呼吸"的葡萄，被大家昵称为"葡萄西施"，在当地被传为佳话。

一、市场调研，捕获直播商机

7月初放暑假时，严同学迫不及待地前往浦江去看望外婆，她发现外婆家所在的村里的葡萄园，今年葡萄收成特别好，外婆家就有1 000多斤葡萄，但葡萄销售成为一个大难题。

二、目标分析，尝试直播营销

"与外婆家一样，村里很多中青年也都外出工作，只剩下老人和小孩在家。"严同学联系了学校的创业导师。在导师的帮助下，她进行产品分析、客户分析和营销目标分析，尝试拍摄了一系列小视频，并在抖音、微信朋友圈开始发布。视频发布不久，就有几个朋友下单购买。但她并不满足于此，她坦言所拍摄短视频还比较粗糙，文案不够新颖，难以打动客户，她想帮老乡们销售更多葡萄。最后她决定采用当下热门的直播带货方式。

三、招募团队，选择适合的直播方式

在创业导师的鼓励下，严同学开始尝试直播。于是，她在班级微信群发出征集令，组成三人团队，并将其命名为"春田花花团队"。"春天田野里小花特别多，特别美。今年因为疫情，我们错过了很多春景，特别期待能在明年与大家一起欣赏春景。"严同学说，"春

田花花团队"这个名字寄予着大家的美好祝愿。

三人团队中，严同学主要负责视频拍摄，另外两人则一人负责文案策划，一人负责视频剪辑。有了团队支持，严同学的视频获得了更多点赞，葡萄销量也噌噌往上涨。

四、策略组合：主打"慢"生活，"会呼吸"的葡萄引发共鸣

尽管平时经常刷直播视频，但严同学第一次直播还是状况百出。原本以为直播就是陪网友聊聊天，但自己直播下来，她却感觉会经常"卡壳"。为此，她恶补葡萄知识。团队对该农场环境及葡萄生长条件进行了充分了解，她们还推出了"会呼吸"的葡萄。严同学认为，浦江纯净的空气、松软的沙土、甘甜的地下水是种植"会呼吸"的葡萄的必要条件，这里灵秀的山水孕育了独具特色的浦江葡萄。

直播间也成为严同学普及葡萄知识的主阵地。"浦江的葡农在长期实践中提出了控产提质的高效方法：一条藤蔓上连续的三株葡萄，只留下一株；每株葡萄的株型和大小也有讲究，长度不应超过18厘米，这样精确的标准才能使每株葡萄都充分地沐浴阳光，确保浦江葡萄在成熟期保持人们所喜欢的口感及甜度。"

为了尽量保证客户能品尝到"会呼吸"的葡萄，严同学鼓励客户通过直播订购的方式提前一天在直播间下单，第二天清早葡农才会根据订单数限量采摘；采摘当天再由顺丰生鲜将葡萄速递寄出，这样能保证葡萄的新鲜度，客户就可以品尝到"呼吸"的味道。

在果园里，还有不少被严同学的直播及短视频吸引来到浦江葡萄庄园实地感受葡萄采摘的外地游客，纷纷为葡萄的香甜口感点赞。他们表示，现场采摘体验的是一种收获的喜悦之情，但由于农场葡萄品质优良、采摘适时、配送迅速，使得在直播间下单的葡萄和现摘的口感其实差异不大，都是甜中带鲜、香甜满腔。他们在兴奋采摘之余也不忘拍下美照，发表在各类社交平台，为浦江的葡萄宣传代言，吸引更多游客前来游玩、购买葡萄。

同步测试

一、单选题

1. 数字直播营销操作流程的第一环节是（　　）。
   A. 前期准备　　　　　　　　B. 方案设计
   C. 统筹策划　　　　　　　　D. 效果评估

2. 数字直播营销操作流程的关键环节是（　　）。
   A. 前期准备　　　　　　　　B. 后期传播
   C. 直播执行　　　　　　　　D. 效果评估

3. SMART原则中，目标是数量化或者行为化的，能够给出明确判断，能够测度的是指（　　）。
   A. 有时限的　　　　　　　　B. 可度量的
   C. 可实现的　　　　　　　　D. 相关的

4. 下列不属于数字直播营销策略要素的是（　　）。
   A. 人物　　　　　　　　　　B. 企业
   C. 产品　　　　　　　　　　D. 创意

5. 直播营销活动的灵魂是（　　）。

A. 人物　　　　　　　　　　B. 场景
C. 产品　　　　　　　　　　D. 创意

二、简答题

1. 简述数字直播营销的流程——"六步法"。
2. 简述 SMART 原则。
3. 简述数字直播营销活动产品选择的注意事项。

三、技能训练题

根据本项目内容,简要设计一场数字直播营销活动。

项目二同步测试答案

项目三　数字直播营销的策划与筹备

【项目介绍】

　　数字直播营销活动并非一场简单的小型活动，如果没有清晰的数字直播营销方案做指导，数字直播营销活动很可能无法达到预期的营销目标，甚至无法顺利进行。因此在活动之前，直播营销团队必须先搭建活动的模型，厘清活动的思路，制定合理的直播营销方案，并对数字直播营销中的产品进行选择与规划，然后根据直播营销方案有目的、有针对性地开展直播营销活动。

【知识目标】

1. 数字直播活动执行模型；
2. 数字直播营销方案执行规划；
3. 数字直播营销的选品与规划。

【技能目标】

1. 能进行数字直播活动的整体设计；
2. 学会对数字直播营销的方案进行规划；
3. 熟悉数字直播营销中选品的基本策略。

【素质目标】

1. 提高学生的创新意识和团队精神；
2. 增强学生的学习主动性和积极性；
3. 运用所学知识策划一场直播活动。

项目三　数字直播营销的策划与筹备

**思维导图**

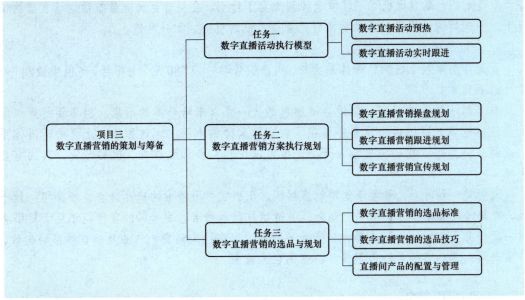

**案例导入**

罗老师首场带货直播反思

"有点啰唆，有点啰唆。"在罗老师的首场抖音直播带货中，他的助理一再做出这样的提醒。讲了四十多分钟，才姗姗来迟地推出三款产品，相比头部主播每 5 分钟必有一款吸睛产品，罗老师的"直播卖货"只能说是玩票。

事实上，罗老师在开始这个项目时，就已经知道自己不是带货的料，因此充满玩票的性质：他把这个项目的名字叫作"交个朋友"，称带货的过程"不怎么赚钱"。

说到底，罗老师还是看不上直播卖货的，估计也没怎么研究过李佳琦、薇娅、辛巴等人的直播间。在罗老师的直播中能够看到，他对于这首场直播的准备不那么充分，面对镜头他依然是生疏的，面对观众他依然是疏离的。其实，这场炒作已久的带货直播，一点也不像一个卖场，更像是一个罗老师讲产品的课堂，让直播中的每一秒都很尴尬。

1. 失败的选品

从罗老师带货直播首秀的选品来看，罗老师的选品团队似乎还没有摸清楚消费者的心理。第一款推出的产品是小米巨能写水笔。罗老师希望用这款便宜的产品开场练手。小米巨能写水笔在小米商城中的价格本来就是 9.99 元。罗老师在直播中以同样的价格卖这种笔，没有任何优惠，下单的消费者不是因为罗老师的带货力，而是冲着这种笔本身。

2. 失败的人设

大家都知道，李佳琦卖美妆，这是他长期树立的人设；薇娅卖女装，这也是属于她的人设。他们偶尔会在直播间里玩跨界，跨界的效果也非常好。但是，归根结底都有自己的主战场，这也是让公众记住李佳琦和薇娅的原因之一。没有自己主战场的带货主播，和开杂货铺的小老板没什么区别。

而罗老师没能在首场直播中树立起自己的带货人设，既卖笔，也卖小龙虾，还卖洗衣球，品类太杂，最后谁也记不住罗老师到底卖了什么。在抖音巨大流量推动这场直播的情况下，罗老师错过了通过选品树立自己直播人设的机会，十分可惜。

3. 失败的语言

罗老师用给人上课的话语体系卖货，或许能带动一些"80后"老粉丝，却很难撬动"95后"的消费者。

罗老师从新东方起家，能说会道敢忽悠是一直以来给外界的形象。但多年行走江湖的生涯也让罗老师的话语体系停留在了新东方老师的水平上。这种给人上课的话语体系可以做演讲，可以在公司里给人开会，也可以说相声参加脱口秀，但要带货，真的有点为难。

消费是一种冲动。看看李佳琦的直播间，几乎很少用精准的产品语言详细介绍一款产品，而是给人展示产品的效果、颜色，用情绪打动消费者。罗老师的直播花了巨大篇幅去讲一款产品，但始终面目冷静，一点也不激动，怎么让人消费？选品及语言体系的失败，让罗老师的首场直播带货秀浪费了抖音的巨大流量。

任务一　数字直播活动执行模型

【任务描述】了解数字直播活动应具备极强的规划性和针对性，明确常见的直播活动的预热方式，掌握数字直播活动的跟进方式。

【任务分析】通过对书中所提到的概念和案例的学习，学生掌握不同渠道的预热宣传方式以及设计素材的注意事项，掌握直播活动实时跟进的渠道和活动结束后的粉丝维护方式。

常规的直播活动通常比较随意，只是简单地对着摄像头聊天（如户外真人秀、室内直播）或进行屏幕分享（如游戏直播、比赛直播等）。这类直播活动完全以主播的随意聊天和随机应变为主，没必要进行专门的开场、互动、结束等活动策划。而企业的直播活动除了主播的随机应变，还需要进行相关的设计与演练，以达到营销预期。

从整体上看，数字直播活动包括直播前的策划与筹备、直播中的执行与把控、直播后的传播与发酵三大模块。不过这三大模块只是数字直播活动的整体思路，在细节层面每个模块又可以继续拆分与细化。单从数字直播活动执行模型来看，可以分为以下两个部分：

第一部分，数字直播活动预热；

第二部分，数字直播活动实时跟进。

一、数字直播活动预热

预热推广是活动开始前的必要工作,其目的是增强用户的记忆,防止用户忘记直播的具体时间,同时吸引用户。预热推广以预约活动为主,用户可以通过社交平台预热活动入口直接预约活动,这样当活动开始时,用户就可以及时获得提醒,观看直播。同时预热还要告诉用户具体直播的内容。例如可以通过产品和活动的"种草"去做预热,一般是提前三五天发预告短视频,在短视频的内容、文案、评论中加入直播日期、主题等信息,也可以在当天发预告短视频,在视频流量增加的过程中开启直播,导流直播间。数字直播活动预热的方式如图3-1所示。

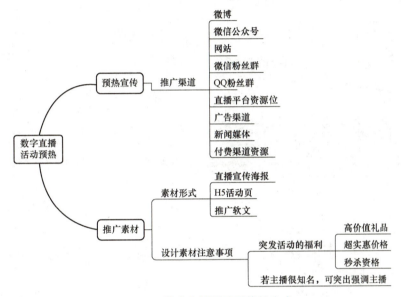

图3-1 数字直播活动预热的方式

拓展案例

李老师直播1小时,销售额110万
——预热宣传:如何撬动社群力量为你助攻

谈到预热、宣传、流量,大多数人的第一反应可能是找平台、投广告。然而,李老师把喜马拉雅"423全民听书"直播活动声势做得这么大,成绩做得这么好,这么多人来到直播间,其实并没有采用平台推流的手段,而是使用了社群的力量。

但很多人会想:我也有社群,为什么我撬不动,李老师却撬得动,而且威力还不小?其实这与李老师本人的身份、过往的成绩及处事风格有很大关系。李老师是DISC双证班社群创始人,DISC双证班在线下已超过90期,认证了500多名专业的讲师和顾问,遍布世界 500 强企业。而且在原来的社群中,李老师经常会帮助学员做很多事情,比如帮学员传课程,为学员的活动"站台"……

更重要的是,在开展本次直播活动前,李老师已在各种活动中取得了优异的成绩,与很多人建立了强信任关系。在本次喜马拉雅"423 全民听书"直播活动中,李老师的预热宣传阶段有以下 4 点值得学习:

1. 筛选同伴:用打造个人品牌的思维选伙伴

活动开始的前一周,李老师在公众号推送了一篇文章,从标题和配图可以看出都跟"英雄"相关,如图 3-2 所示。点开文章链接发现,其实在巧妙地把参与推广的人变成荣誉大使,实际上是赋予这件事情荣誉感。而且文章开篇就列出了参与本次挑战的直观的利益点:亲自陪同 3 周,卖课、卖资料、卖训练营,成熟的线下巡讲经验分享。这刚好契合当下直播变现的热潮,让人忍不住想报名。

图 3-2 活动前预热宣传

2. 引入竞争:用游戏化的设置做项目推进

如表 3-1 所示,设置门槛其实是为了筛选出认可自己的,对活动感兴趣且愿意投入时间、精力及有想法的人。

设置通关挑战，其实是引入游戏化机制，用游戏化思维竞争。在游戏中，每一位参与者都希望自己通过好的表现能有好的结果，从而激发参与者对活动的积极性。

表 3-1 设置门槛

门槛	具体要求
押金制	DISC 双证班及 A 班毕业生押金 2 500 元，其他被录取者 5 000 元
淘汰制	每周会有 1~2 次任务，完成的继续；没完成的待在原阶段的大群，群里会给复盘分享
申请制	如果有份 99 元的课，让你免费赠送给 50 个人，你会怎么做
限额制	4 月 17 日 18 点前提交有效，招募 80 位

3. 集中培训：用培训师的思维带队伍

很多企业也经常找人做推广，但只是讲课、照做，经常不落地。而李老师采用了任务式培训，充分发挥了他讲师的特质，在培训中植入推广，把培训拆成小任务，两天完成 6 次作业（如表 3-2 所示）；每次作业需打卡 3 次，第一次是原始输出，后两次是阅读别人的作业、更新自己的作业。

每份作业，只有完成第一次打卡，才能解锁李老师对这次作业的解读及阅读其他同学的作业，而且仔细观察会发现，前期所有的作业都是为了在喜马拉雅直播销售课程做练习铺垫。

表 3-2 设置作业

作业次数	作业题目
第一次	自我介绍
第二次	如果有一份 99 元的课，让你免费赠送给 50 个人，你会怎么做
第三次	25 场百人签售操盘，成功要素在哪里
第四次	25 场百人巡讲操盘，风险点及防控
第五次	平台（大咖）给机会，我怎么宣传自己
第六次	各种课程随我挑，我会怎么选

4. 活动预热：用社交传播的打法"造浪"（如表 3-3 所示）

表 3-3 活动预热

推文造浪	除了写好推文，在发布重点文章时需要提前组织一批铁粉，在评论区组织好评论，让别人觉得该活动的人气很旺，大家都在支持
社群造浪	DISC 双证班社群有 3 个特征：基数大、黏性强、影响力强。这些都是李老师多年沉淀的人脉关系，是本次活动的主要势能来源
朋友圈造浪	为每一个核心粉丝做海报，让他们扩散，营造"刷屏"级别的预热：看一张两张海报没感觉，但看到一群人都在发，你就觉得要参与

 二、数字直播活动实时跟进

一场好的直播，需要在第一时间将用户引入直播场景；接下来利用过程中的内容与互动,让用户喜欢本场直播、在直播间停留;最后在收尾时,让用户产生依依不舍的感觉,发出"这么快就结束了,还没看够呢""产品不错,我要买一个"等感慨。所以,做好直播的前期准备工作,并不代表就可以一劳永逸,直播开始后的工作也要格外重视。例如直播团队要在开启直播的同时,迅速将直播链接分享到各个社交平台,并确保链接的正确性。直播过程中出现问题在所难免,所以直播团队要实时监控直播间状况,维护好直播间秩序。直播结束后安排相关人员及时跟进中奖者,确保让用户获得良好的消费体验。数字直播活动实时跟进大致有以下的工作内容,如图3-3所示。

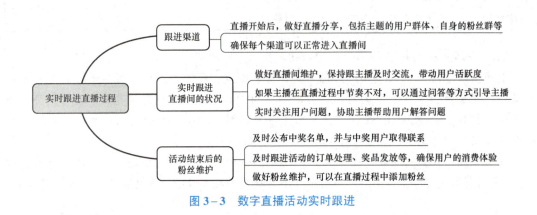

图3-3 数字直播活动实时跟进

任务二 数字直播营销方案执行规划

【任务描述】了解数字直播方案的执行规划的意义,明确直播方案规划包含的内容。

【任务分析】通过对数字直播方案执行规划的学习,学生了解数字直播营销操盘规划所包含的内容,掌握数字直播营销跟进规划的流程以及数字直播营销宣传规划常用的方法,学会如何对一场具体的直播活动进行方案规划。

拓展知识

一场成功的直播活动,在不同的阶段,需要不同的人员,如表3-4所示。

表3-4 直播人员的分工

阶段	人员	职责
前期	招商	负责招募合作商家与产品招商
	选品	负责筛选出直播间售卖的商品
	谈价	负责跟商家谈价,如优惠力度、赠品等
	货品管理	负责商品样品的存储管理、库存更新等
	执行策划	负责策划活动、玩法设计、脚本策划等

续表

阶段	人员	职责
中期	主播	负责介绍商品、播控节奏、粉丝互动等
	副播	协助主播直播，跟主播进行全方位配合
	助理	负责配合直播间的现场工作，如递商品等
	场控	负责控制商品上架、优惠券发放等
后期	数据运营	负责直播数据监测、分析、优化方案等
	店铺运营	负责配合直播做店铺运营、后期咨询等
	内容运营	负责直播前后的内容宣传、造势、运营等

相关知识

一、数字直播营销操盘规划

（一）确认直播方案

开展直播营销要有完整的营销思路，但仅靠思路是无法实现营销目标的。直播营销团队需要将抽象的思路转换成具象的文字表达，用方案的形式呈现出来，并将其传达给参与直播的所有人员，以保证直播活动的顺利进行。

直播方案一般用于直播营销团队的内部沟通，目的是用最精练的语言让参与直播的人员熟悉直播活动的流程和分工。直播方案要简明扼要，直达主题。完整的直播方案包括5部分内容，如表3-5所示。

表3-5 直播方案的主要内容

直播方案要点	说明
直播目标	明确直播需要实现的目标，包括期望吸引的用户人数、要完成的销售目标、需要推广的新品等
直播概述	对直播的整体思路进行简要的描述，包括直播的形式、直播平台、直播亮点、直播主题等
人员分工	对直播运营团队中的人员进行分组，包括道具组、渠道组、内容组、摄制组等，并明确人员的职责
时间节点	明确直播中各个时间节点，包括直播前期筹备的时间点、宣传预热的时间点、直播开始的时间点、直播结束的时间点等
预算控制	说明整场直播活动的预算情况，包括直播中各个环节的预算，以合理控制和协调预算

（二）筹备直播硬件

为了确保直播的顺利进行，在开始直播之前，直播运营团队需要筹备必要的硬件，包括场地选择、直播设备、直播辅助设备等。

1. 场地选择

直播营销场地分为室外场地和室内场地。常见的室外场地有公园、商场、广场、景区、游乐场、商品生产基地等，常见的室内场地有店铺、办公室、咖啡馆、发布会场地等。直播营销团队要根据直播营销活动策划的需要选择合适的直播场地，选定场地后要对场地进行适当的布置，为直播营销活动创造良好的直播环境。

2. 直播设备

在直播筹备阶段，直播营销团队一定要将直播使用到的电脑、手机、摄像头、灯光、网络等直播设备调试好，防止设备发生故障，影响直播活动的顺利进行。直播设备测试的注意事项如表3-6所示。

表3-6 直播设备测试的注意事项

注意事项	具体说明
确定摄像头摆放的位置最佳	直播营销活动有时需要全景直播，有时需要近景直播，为了保障画面成像效果，需要找到摄像头摆放的最佳位置
网络测试	网络测试既要测试网络连接的稳定性，又要测试网络传输速度
直播间测试	直播间测试包括直播间进入渠道测试、直播画面测试、声音采集效果测试等
线的连接与归置	确保电源线、网线、音控线等可以正常连接，同时做好线缆归置，避免对主播、助播等人员在直播间的正常活动造成不良影响

3. 直播辅助设备

一场直播营销活动的成功离不开完善的物料支持，包括直播商品、直播活动宣传物料、直播中需要用到的辅助道具等。商品作为直播营销活动的主角，在直播开始前就应当准备好，以便在直播过程中主播能够快速地找到并进行展示。直播活动宣传物料包括直播宣传海报、直播宣传贴纸等各种能够在直播镜头中出现的宣传物料。辅助道具包括商品照片、做趣味实验要用到的工具、计算器等，巧妙地使用辅助道具能够帮助主播更好地展示商品，让用户理解直播内容和商品特征。

（三）做好直播宣传

为了达到良好的营销效果，在直播营销活动开始前，直播营销团队要对直播营销活动进行宣传。与泛娱乐类直播不同，带有营销性质的直播追求的并不是简单的"在线观看人数"，而是"目标用户在线观看人数"。

例如，从2020年3月19日宣布进军电商直播，到3月27日官宣牵手抖音，再到4月1日完成首场直播变现，罗老师用了短短12天。不得不承认，罗老师实在是个"营销高手"，此次的宣传主阵地选择了微博与抖音，在这12天里，罗老师一如此前开发布会一样，逐步放出消息不断撩拨大众的好奇心，结合不同平台的特性做预热，为直播做足了气氛。从罗老师的首场直播数据来看，他确实交出了一份不错的试卷，4月1日直播当天累计观看人数4 875.4万人，销售额1.1亿元。

具体来说，直播营销团队在设计直播宣传规划时，可以从以下3个方面考虑。

1. 选择合适的宣传平台

直播平台是直播产业链中不可或缺的一个部分，它为直播提供了内容输入和输出的渠道。不同的用户喜欢在不同的媒体平台浏览信息，直播营销团队需要分析目标用户群体的上网行为习惯，选择在目标用户群体经常出现或活跃的平台发布直播宣传信息，为直播尽可能多地吸引目标用户。

2. 选择合适的宣传形式

选择合适的宣传形式是指直播营销团队要用符合宣传媒体平台特性的信息展现方式来推送宣传信息。雪梨、薇娅等电商就经常在微博进行直播宣传预热，告诉粉丝们具体的直播时间。例如，在微博平台上，直播营销团队可以采用"文字+图片"的形式（如图3-4所示）或者"文字+短视频"的形式（如图3-5所示）来宣传直播活动；在微信群、微信朋友圈、微信公众号中，直播营销团队可以推送九宫格图、创意信息长图来宣传直播活动；在抖音、快手等平台上，直播营销团队可以通过短视频来宣传直播活动。

3. 选择合适的宣传频率

在新媒体时代，用户在浏览信息时自主选择的余地较大，他们可以根据自己的喜好来选择自己需要的信息。因此，如果直播营销团队过于频繁地向用户发送直播活动宣传信息，很可能会引起他们的反感，导致其屏蔽相关信息。为了避免出现这种情况，直播营销团队可以在用户能够承受的最大宣传频率的基础上设计多轮宣传。直播营销团队可以在直播活动开始前10天、前5天、前1天，以及直播活动当天分别向用户推送直播活动宣传信息，以达到良好的宣传效果。例如，罗老师首场直播预热活动安排如表3-7所示。

图3-4 雪梨微博宣传图

图3-5 薇娅直播间宣传视频

数字直播营销

表 3-7　罗老师首场直播预热活动安排

平台	形式/内容	发布节奏	意义
微博	悬念式倒计时海报	每天两条	设置悬念，激发好奇心
	抖音视频同步分发		多平台分发，避免流量丢失
	合作品牌逐步官宣	直播前 3 天	整合品牌资源，进一步造势
抖音	悬念问题真人解答	每天 1 条	多用反问句，激发好奇心
	抖音热门话题挑战		借助抖音话题，加大扩散
	抖音平台话题扶持	从入驻到开播前	引发"UP 主"喊话，做大话题
	罗老师直播间推荐入口	开播前至结束	对直播间持续曝光，引流

（四）直播复盘

复盘是围棋术语，指对局完毕后，复演该盘棋的记录，以检查对局中招法的优劣与得失关键。下围棋的高手都有复盘的习惯，每次博弈结束以后，双方棋手把刚才的对局再重复一遍，这样可以有效地加深对这盘对弈的印象，也可以找出双方攻守的漏洞，是提高自己水平的好方法。对于直播营销来说，要想让下一次直播效果更好，从中获利更多，那么直播结束后的直播复盘工作是尤为重要的。几乎所有的头部主播，都会在每场直播结束后借助直播数据分析工具进行直播复盘，对刚结束的直播优劣得失进行梳理，至此一场直播活动才真正结束。直播营销团队在复盘过程中，对于效果超过预期的直播活动，要分析直播各个环节的成功之处，为后续直播积累成功经验；对于效果未达预期的直播活动，直播营销团队也要总结此场直播的失误之处，并寻找改善方式，以避免在后续的直播中再次出现相同或类似的失误。

具体来说，直播营销团队在复盘的时候，主要从直播数据的记录、直播数据的分析和直播总结 3 个方面考虑。

1. 直播间数据的记录

（1）开播的时间和时长

首先要记录每天的开播时间和开播时长，时间对应选择的人群，时长反映出主播体力的上限。一般黄金时间段有两个：一个是早上的 7 点到 10 点；另一个是晚上的 7 点到 11 点。早上的 7 点到 10 点，女性比较多，比如孕妈、宝妈和老年妇女，她们一般喜欢早起，而且起床后事情不多，会看直播。这个时段直播转化率很高，而且早上竞争相对比较小。晚上是互联网人群最活跃的时间段，这个时间段大家都上网，基础人流量是很大的，但是头部主播，通常也都是集中在晚上 8 点开播，这些大主播每场直播动辄 100 多万、300 多万、500 多万的观看量，像巨大的流量抽水机，把高峰时段流量都吸走了，所以这个时间段竞争非常激烈。如果是非常有实力的主播，可以去晚上开播；如果是新主播，觉得自己没有那么强，那么建议选择早上开播。而白天，一线城市大学生、二三四线城市宝妈、自由职业者，还是会见缝插针、忙里偷闲上淘宝购物的，这些流量就构成白天直播的用户。

（2）直播间的销售额和成交订单数量

销售额是最能体现直播带货能力的数据指标，但是需要综合分析一段时间内的数据走向，比如每天、每周、每月，才能真实地反映主播的直播带货能力。

另外，可以根据直播间每个品类的销售数量，评估哪个产品的带货能力更好。比如：小米在 11 月 10 日直播间销售额 TOP 商品品类中，3C 数码产品销量和销售额最高，钟表饰品、玩具乐器的销量和销售额最低，如图 3-6 所示。

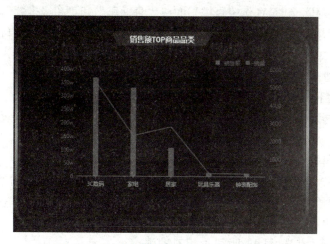

图 3-6 小米直播间销售额 TOP 商品品类

（3）总观看人数、人数峰值

每场直播的总观看人次，是一个很重要的数据。然后，根据观看人数，分析哪个时间段的用户最多，什么样的话术和直播形式更受用户欢迎。例如淘宝和抖音、快手都能够看到当下直播间一共在线多少人，通过数据对比就可以知道每天做直播的时候，人多或者粉丝最活跃的那个时间段是几点到几点。直播间的人数肯定是有峰值、有低谷的，知道了每天人数峰值的时间段，那么以后在设计选款的时候，就要把当天的大爆款、引流款和最想主推的款放在这个时间段播出。

例如，通过人气趋势图（如图 3-7 所示），可以发现直播间人数峰值出现在直播前半小时，随着直播时长增加，直播间人气逐渐下降。

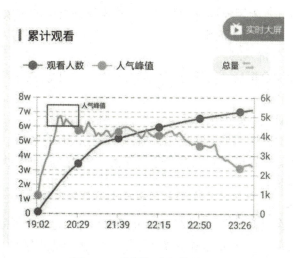

图 3-7 直播间人气趋势图

（4）直播间用户来源

复盘时要计算每天的引流成本和维护成本，主要是记录每天在宣传推广上花了多少钱。比如，要记录直播间每天付费推广的情况，不管是在抖音上买"DOU+"或"Feed流"，还是在快手上买"粉条"，或是在淘宝直播里面买"直通车"和"超级推荐"。主播要计算自己每天花费了多少费用，买回来多少个粉丝，引流成本是多少，这决定了直播间的引流效果。

（5）新增粉丝数

记录直播新增多少粉丝，也就是主播的粉丝转化率。粉丝关注是一个比较重要的内容指标，主播在直播间的表现足够好，输出的内容足够优秀，粉丝关注就会足够多；粉丝基数大了，销售额也会越来越高。主播还要计算自己的粉丝维护成本。主播今天在直播间里面抽了多少次奖，发出去多少奖品等，都是维护成本，主播的维护成本和引流成本其实决定了直播间的利润率。

一场直播下来，粉丝转化率的高低，也是衡量直播间能不能抓住粉丝的胃口、有没有足够吸引力的依据。"某夫妇主播"在2020年11月11日的直播间，单场直播涨粉10.95万，整场直播间的累计观看人数为820.2万，转粉率达到1.34%。另外，从这个账号的新增粉丝团数据来看，其直播间的吸引力相对较强。

（6）直播间弹幕

直播互动数据的主要反映形式是弹幕词，所以复盘一定要记录直播间的弹幕内容。一般粉丝提出的问题分好多种，有的用户可能会问一些跟产品相关的问题，如果主播当时答不上来，就可以记录下来，之后去找相应的解决方案，通过自己的微信群或者下次直播的时候给用户解答。有的用户会反映一些关于产品售后的问题，主播也要记录下来，方便决定是否继续跟供应商合作，或者去跟供应商反映，让供应商加强对用户的维护。以上都是主播直播过程中需要记录的内容。

还可以对直播间的弹幕数据进行更细致的分析，可以发现用户对哪些产品的兴趣比较高，那么在之后的直播中可以进行重点推广。比如我们看到，这场直播的弹幕词中有"毛衣、裙子、马甲"等产品词，说明用户对服装类产品的关注度较高，可以侧重推广这类产品；也可以通过弹幕分析出用户都喜欢聊什么，这样下次直播的时候主播就可以准备更多的相关话题，以活跃直播间的氛围。

2. 直播间数据的分析

当记录了这些直播数据后，要进行相应的分析，以便下次直播参考借鉴。

（1）开播的时间和时长

主播在刚开播的时候，如果选择了晚上7点开播，但是播了一段时间之后，发现流量持续不好，那么可以尝试换到早上7点做直播。坚持一段时间之后，主播可能会对自己是适合在早上直播还是适合在晚上直播有一个清楚的认识，以后就可以选择其中的一个时间段作为长期稳定开播时间。

（2）订单转化率

订单转化率是什么意思？就是用当天的订单数除以当天进入直播间的人数。打个比方，每100个人进入直播间，是其中的3个人下了单，还是10个人下了单，决定了主播的订单转化率是3%还是10%。淘宝的订单平均转化率在3%左右，抖音的订单平均转化率在1%到2%，因为每个平台的粉丝质量不同，所以它们的订单转化率也不同。当然这个订单转化率会随着主播直播间以及销售产品的平均价格,甚至是直播间卖的不同品类的产品而变化。比如,服装类产品和美妆类产品的订单转化率肯定是不同的;卖50元的产品和卖500元的产品,订单转化率同样也是不同的。在抖音和快手平台做直播,就关注自己直播间的订单转化率有没有在1%到2%之间,就是100个人去你的直播间,有没有产生1到2个订单,1万个人进入你的直播间,有没有卖100单到200单,10万个人要卖1000到2000单。如果你是在淘宝平台做直播,就要看每100个人进入你的直播间,能不能产生3个以上的订单;如果达标,就说明主播的订单转化率是合格的。订单转化率可以判断整场直播的选品和主播表现是否优秀。

（3）直播间停留时长

每一个用户在直播间停留的时间越长,那么直播间在线人数就越多。所以,在线停留时长是评判直播间内容好坏的标准之一。当然,如果直播间里面在线的都是老粉的话,那么他们的在线停留时间肯定是比较长的。很多人刚进入直播间,可能前3秒对直播间的内容不感兴趣就退出去了,这个时候他的在线时长只有3秒钟。但是老粉不一样,老粉在直播间里很可能会看10分钟、20分钟,甚至陪伴主播做完整场直播。老粉的平均在线停留时间肯定是比较长的,新粉的平均在线时间肯定是短的,按比例算老粉和新粉平均在线停留时长能够做到4分钟到10分钟的主播,都是优秀的主播。

（4）转粉率

转粉率就是平均每100个没有关注你的新用户进入你的直播间之后,里面有多少个人点击了关注。一般情况下每个平台转粉率都在2%到7%之间,根据主播的水平来衡量,表现差的在2%以下,表现好的在5%以上。能够达到7%的转粉率,是像李佳琦这种水平的主播,即每100个人进入直播间,会有7个人成为他的粉丝。主播平时可以关注一下,看看自己每天的涨粉与每天新进入直播间的流量比例是多少。

通过分析这些数据,可以评判本场直播的整体状况是好的还是差的,还可以将今天的直播表现和昨天的直播表现进行对比。这些数据从哪里看呢?比如,在淘宝直播的,可以通过数据分析软件优大人查看,或者查看淘宝直播的中控台;在抖音直播的,可以查询飞瓜数据和蝉妈妈;在快手直播的,可以查询飞瓜或者壁虎。这些都是数据分析平台,大家可以去百度搜索这些平台。

拓展案例

董老板首次直播营业额仅22万,16天后卷土重来,3小时卖出3个亿

2020年4月24日,董老板在抖音平台进行了第一场直播（如图3-8所示）,在一个小时的直播时间里,董老板以老干部下基层参观的形式,带领大家将该品牌旗下产品参观了个遍。人员走动导致画面不稳定和卡顿,网友们甚至调侃她的直播画面卡成了PPT。在整场直播中,共上架38种产品,却只售出258件,营业额只有22.53万元。下播后,对此次直播深感不满的董老板,直接将一名高管骂哭。是什么原因导致了董老板直播首秀的翻车?她和她的团队进行了深刻的反思和调整。

首先,在场地方面,改变了销售人员带领顾客巡视展厅的游览型模式,将场地固定化。所有的产品集中在展台处进行讲解展示,不再分散到各处。另外,将主推产品进行重点介绍,抓人

眼球。

其次，与直播平台方面进行沟通，由专门的技术团队进行保驾护航，获得技术支持，保证其在直播过程中画面清晰流畅，避免再次发生画面卡顿的现象，减少人员流失。

最后，从自身层面进行反思，提升专业讲解所占比重。董老板作为格力老总来说，是非常称职的。但作为一名主播来说，她还很生疏，不管是在直播间气氛调动还是在激发人群购买欲望上，与专业的带货主播均有所不同。在考虑到这点以后，她将自己的直播重点放在了产品性能介绍上，用自己的专业性去获得人们的认可。另外，招募拥有众多粉丝的大主播进行带货直播，增加买方人数。

16天以后卷土重来的董老板，在快手平台进行了她的第二场直播。与直播首秀不同的是，此次长达3个小时的直播中，董老板只花了半个小时对主要产品——空气净化器和榨汁杯进行介绍，剩余时间则交给了助播。这3个小时，售出了3亿元的产品，营业额相当于该品牌线下所有门店一整天的营业总额。

图3-8　董老板抖音直播首秀

3. 直播经验总结

直播的客观结果，可以通过挖掘对应的数据并对照直播前的营销目标而得到，但台词、道具、协作等方面的经验，通过数据无法获取，只能通过直播营销团队的内部总结形成。

直播活动过程中的管理属于现场管理，因此可以参考现场管理的"人、机、料、法、环"五个因素，进行全面总结。

第一因素"人"，即团队需要对直播过程中涉及的人的因素进行总结，尤其是在团队协作过程中，不同性格的团队成员会呈现不同的做事风格。作为一支完整的团队，需要将成员的优势充分发挥、成员劣势尽量避免，在团队沟通环节尽量减少人为失误。

第二因素"机"，即团队成员需要对直播硬件设施的使用情况进行总结，对场地的布置、直播手机的性能、电池的耐用程度、道具的尺寸设计等都进行讨论和总结。

第三因素"料"，主要指直播台词、直播环节设置、直播互动玩法、直播开场与收尾方法等提前设计好的内容。虽然这些内容已经提前设计好，但是需要总结分析内容是否有效发挥、有无未考虑到的环节而导致现场混乱等。

第四因素"法"，即团队成员需要对直播前的方案正文、项目操盘表、项目跟进表等进行总结，尤其要重新评估项目操盘表是否具有实际指导价值、项目跟进表能否有效地引导团队成员进行直播相关运作等。

第五因素"环"，即团队成员需要对直播环境进行总结，主要针对现场声音清晰度、灯光亮度、现场屏幕流畅度等方面进行讨论和回顾。除此之外，还需要重新在直播网站进行环境评估，重点评估直播现场画面在网页及移动端的适配程度。

以上五大因素分析结束后，可以按照"经验、教训、问题、方法"进行归类与整理。

（1）经验

直播整体或直播过程中的某个环节达到预期甚至超预期，可以作为经验进行记录，便于下一次直播直接参照。

（2）教训

未达目标甚至影响最终效果的部分，需要总结为教训，后续直播尽量避免此类教训。

（3）问题

直播过程中遇到的新问题、在策划环节没有考虑到的问题，需要记下来，后续直播策划必须将此环节考虑在内。

（4）方法

遇到问题后的解决方法，也需要记录下来。此类方法尤其对直播营销团队的新人有指导意义。

直播结束后，只有不断总结、汲取经验，才有可能每次直播都不断优化与提升。

课堂讨论

请按照以上"经验""教训""问题""方法"的归类形式，对以下总结要素进行归类。
（1）在天涯论坛推广的引流效果超出预期 4 倍。
（2）直播过程中没有考虑到服务器承载因素而导致宕机。
（3）直播观看人数预期 1 万人，但最终只有 3 000 人。
（4）临时口误后，主播马上让用户猜猜自己刚才在哪说错。

二、数字直播营销跟进规划

（一）直播开场

常见的直播活动开场包括以下 6 种形式：

1. 直接介绍

主播可以在直播开场时，直接告诉用户直播相关信息，包括主播自我介绍、主办公司简介、直播话题介绍、直播大约时长、本场直播流程等，一些吸引人的环节（如抽奖、彩蛋、发红包等）也可以在开场中提前介绍，促进用户留存。

如"废话不多说，先抽一波奖"，这是某头部主播直播间标志性的开场白，开场就抽奖，让用户从一开始就有获得感，并愿意留在直播间，如图 3-9 所示。固定的开场形式，久而久之成为直播间的记忆点，加上抽奖的奖品丰厚，就能吸引用户像守着综艺节目一样等待开播抽奖。

2. 提出问题

开场提问是在一开始就制造参与感的好方法。一方面，开场提问可以引导用户思考与直播相关的问题；另一

图 3-9 某直播间红包

方面，开场提问也可以让主播更快地了解本次用户的基本情况，如用户所处地区、爱好、对于本次直播的期待。

如某场心理研究分享直播，开场可以是："大家好，欢迎来到××的直播间！不知道大家有没有遇到过一些奇怪的事情，如：当你剪了头发的时候，你发现满大街都是短头发的女孩；当你怀孕后，感觉身边好多人也都怀孕了；你不坐公交车的时候经常会遇到公交车，你去坐公交等车的时候它却不来了。如果你遇到过这些事儿，不妨在弹幕里打一个"中"告诉我，类似的事情，你还遇到过哪些呢？大家也可以在弹幕发出来，咱们一起看看还有多少这样的事情。"

3. 抛出数据

数据是最有说服力的。主播可以将本次直播要素中的关键数据提前提炼出来，在开场时直接展示给用户，用数据说话；特别是专业性较强的直播活动，可以充分利用数据开场，第一时间令用户信服。

不过需要注意的是，直播开场的数据必须真实可靠，否则会引发用户对于直播真实性的质疑。目前各大直播平台均具有弹幕功能，且主播无法选择或设置禁言，一旦主播抛出的数据有误，会直接导致直播间用户利用弹幕质疑，数据反而会带来负面的影响。

如某理财直播，开场可以是："欢迎大家来到我们的直播间！今天我们要和大家聊的是基金理财。不少人都遇到这样的情况：每个月工资 5 000 多元、生活花销 4 000 多元，按理说到了年底能攒下万把块钱，可是到了年底却发现自己没攒下什么钱；更麻烦的是，工作了五六年，几乎还是月光。实际上，每个月拿出 500 元到 1 000 元钱去购买一些基金理财产品，你完全有可能在工作五六年的时候，靠理财理出人生中的第一个 10 万元。同样的工作、同样都干了 5 年，账户里的资金却是 0 元和 10 万元的区别。具体怎么做？大家可以关注我们的这次直播。"

4. 故事开场

我们从小就爱听故事，直播间的用户也不例外。相对比较枯燥的介绍、分析，故事更容易让不同年龄段、不同教育层次的用户产生兴趣。

通过一个开场故事，带着用户进入直播所需场景，能更好地开展接下来的环节。2020年4月6日，也就是武汉解封前两天，央视新闻举办的"谢谢你为湖北拼单"的公益带货直播活动（如图3-10所示），由央视主持人以及头部主播共同主持，目的是为湖北的经济复苏贡献一份力量。直播的开场就是以武汉的疫情故事开始，以"气死手语老师"和"段子手"而闻名的朱主持人，作为一个第一次卖货直播的新手，面对战绩丰富、经验满满的头部主播，丝毫不怵，金句频出，出口成章。"初来乍到，技术不好，手艺不妙，请多关照。我命由我不由天，我就属于××直播间。""烟笼寒水月笼沙，不只东湖与樱花，门前风景雨来佳，还有莲藕鱼糕玉露茶，凤爪藕带热干面，米酒香菇小龙虾，守住金莲不自夸，赶紧下单买回家，买它买它就买它，热干面和小龙虾。"一场两个小时的直播下来，用户不仅买到了好吃的，支持了湖北，还顺带听了湖北的故事，学习了很多传统文化知识。

图 3-10 "谢谢你为湖北拼单"公益带货直播活动

5. 道具开场

主播可以借助道具来辅助开场。开场道具包括企业产品、团队吉祥物、热门卡通人物、旗帜与标语、场景工具等。场景工具根据直播内容而定，如：趣味拍卖直播，可用拍卖槌作为现场工具；知识分享直播，可以借助书籍作为场景工具；户外运动直播，可以加入足球、篮球等作为道具。

如恒大直播卖房，直播一开场，某明星小黄和品牌方主播便化身"购房导师"，亲自走进恒大楼盘，以走播的形式全程为用户拆解好房亮点（如图 3-11 所示）。小黄更是金句频出，一句"少花钱，买好房"直接点明直播的核心，也成功引燃了用户的购买欲。

图 3-11 恒大楼盘现场直播

6. 借助热点

上网的人，尤其是参与直播的用户，普遍对于互联网上的热门事件和热门词汇有所了解，直播开场时，主播可以借助热点，拉近与用户之间的心理距离。例如，可以开场问："最近大家看了《三十而已》吗，你们怎么看剧中的女性角色呢？""《乘风破浪的姐姐们》真是一个励志的节目啊，大家为了舞台都好拼呀，大家有没有 Pick 的姐姐呢？"

无论哪种开场方式，对于主播来说都有一些基本的要求，例如需要拥有很正直的三观，要传递给用户正确的价值观，这样才能让直播变得更加长久。

（二）直播互动

直播时主播不能只顾自己说话，一定要引导用户热情地互动，提升直播间的氛围。直播间的热烈氛围可以感染用户，吸引更多的人进来观看直播。直播间的互动玩法有很多，常见的直播互动包括直播红包、弹幕互动、设置抽奖、连麦、名人或者领导助播等。

1. 派发红包

直播间用户可以为主播或主办方赠送"跑车""游艇""玫瑰"等虚拟礼物，表示对其认可与喜爱；但此类赠送只是单向互动，其余用户无法参与。为了聚集人气，主播可以利用第三方平台进行红包发放或等价礼品发放，与更多的用户进行互动。

给用户具体、可见的利益，是主播聚集人气、与用户互动的有效方式之一。在直播期间，向用户派发红包的步骤一般分为 3 步，如表 3–8 所示。

表 3–8 派发红包的步骤

步骤	具体说明
约定时间	主播提前告诉用户"5 分钟后我们会发红包""20:00 咱们准时发出红包"，一方面通知在场用户抢红包时间，另一方面暗示用户邀请朋友进入直播间等待红包，不仅可以活跃气氛，还会提升直播间的流量
平台说明	除在直播平台发红包外，主播可以选择支付宝、微信、微博等平台作为抢红包平台，提前告知用户。这一步的目的是为站外平台引流，便于直播结束后的效果发酵
红包发放	到约定的时间后，主播或其他工作人员在相应平台发红包。在红包发放前，主播可以进行倒计时，让"抢"红包更有氛围

不同的直播间发红包的方式也有所不同，每个直播间都要找到适合自己的红包派发方式。下面以在线人数不超过 20 人的新直播间和在线人数超过 200 人的成熟直播间为例，介绍如何巧妙地派发红包。

（1）在线人数不超过 20 人的新直播间

对于新直播间来说，前期粉丝数量很少，如果用这种方式效果可能不会太好。这时，可以采用派发红包的方式来提升直播间的人气，而且一定要让用户进入粉丝群，在粉丝群中派发红包。

派发红包有以下 3 个好处：

① 发红包可以解决直播间在线人数太少、无人互动的尴尬局面。因为红包对于用户

的诱惑力是很大的，用户会积极参与；这同样也是一种互动方式，用户在互动的同时也就慢慢地与主播建立了信任。

② 发红包可以解决关注增量的问题。由于用户必须关注主播才能进粉丝群，关注增量可以带来权重的提高，从而提升直播间的观看量。

③ 每介绍完一款产品就派发一次红包，这样可以延长用户在直播间里的停留时长。

主播在发红包时，要在介绍完产品，并等待用户输入指定内容、拍下订单以后进行。主播可以这样说："好了，现在又进入我们的红包环节了，我们要在粉丝群里发放大额红包，没有进群的宝宝们赶紧进粉丝群了！点击直播间左上角主播的头像进去，会看到关注和粉丝群选项，点击粉丝群就能进群了。快来吧，主播马上就要发放大额红包了！"

为了使用户更清楚如何操作，主播可以拿着手机，对着镜头演示如何进粉丝群，主播可以倒计时 10 秒，让用户做好准备，并在发完红包以后打开群，在镜头前展示抢红包的人数。

（2）在线人数超过 200 人的成熟直播间

对于在线人数超过 200 人的成熟直播间，或不适合玩粉丝群的直播间，主播可以通过支付宝派发红包。这样做可以增加直播间的互动量，引导用户关注主播，同时可以增加用户的停留时长，增加直播间的转发量。具体玩法如下：

① 在某个节点发红包。例如，点赞满 2 万时发红包。千万不要卡固定时间点，如整点发红包、每半个小时发红包，因为这样用户有可能会只等待固定时间点抢红包，互动性会差很多。只有通过用户的互动达到发红包的节点，用户才会更有参与的积极性，从而更快地提升直播间的人气。

② 红包金额不能太少。例如，点赞满 2 万，主播要发红包，这时可以说："好了，现在我们开始发红包，红包金额最低 200 元。"主播要一边说，一边拿着手机对着镜头演示如何关注，引导用户关注自己并抢红包。这一操作可以持续 5 分钟左右，耗时不能太长。在这段时间内，主播要不断重复和强调发红包的金额，并在镜头下演示如何抢红包，直播助理要在旁边烘托气氛。发完红包之后，主播要在镜头下展示支付宝，让用户知道有多少人抢到了红包、红包金额有多少，强化抢红包活动的真实性，从而激发用户更大的参与热情。

除了直接发放现金红包，主播还可以发放口令红包。口令红包是指在红包中设置输入口令，一般为产品或品牌的植入广告语，接收红包的人在输入口令的同时就对产品或品牌产生了一定程度的印象，并加深了对产品或品牌的记忆。

一般来说，口令红包多采取优惠券形式，即用户在收到红包以后，必须购买指定产品才能使用红包，否则这个红包就没有任何意义。因此，在抢到红包以后，很多用户会选择购买产品，以免浪费红包，这就提升了用户的购买转化率。

2. 弹幕互动

弹幕，即大量以字幕弹出形式显示的评论，这些评论在屏幕上飘过，所有参与直播的用户都可以看到。传统的弹幕主要出现在游戏直播、户外直播等互联网直播中，目前在电视直播、体育比赛、文艺演出等活动中也经常使用。

目前直播弹幕主要包括两类：第一类是用户相互之间的评论，如"支持刚才这个朋友说的""给刚才这条弹幕点赞""说得对，我们北京人喜欢吃这个"等，主播对这类弹幕无须处理；第二类是用户与主播之间的互动，如"能介绍一下台上都坐着什么人吗""一会儿该抽奖了吧，主播"等，这类弹幕需要主播与其及时互动，幽默地回应用户提出的质疑，或详细地帮助用户解答相关问题。

2016年7月1日，原创视频博主papi酱在八大直播平台（一直播、美拍、斗鱼直播、花园流播、徽箱TV、百度视频、优酷直播、今日头条）进行了自己的直播首秀，直播现场约2 000万人在线观看，不断涌来的用户甚至一度造成直播间服务器瘫痪。这场直播的火热，一方面是基于papi酱的前期积累与推广，另一方面则归功于现场互动——papi酱全程互动，根据用户的提问，分享了自己的毕业季、大学生活、家庭生活等，她甚至应用户的要求展示了"北京瘫"，直播弹幕瞬间被刷屏，互动气氛一度达到高潮。

3. 设置抽奖环节

直播间抽奖是主播常用的互动玩法之一，但很多主播对抽奖的效果并不满意。有的主播认为，每次抽奖都要花费10分钟，严重影响卖货节奏；有的主播认为，用户抽奖倒是很活跃，但抽完奖就会退出直播间，几乎不买货，感觉抽奖就是在浪费时间。这两种说法其实都有失偏颇，产生这种想法的根本原因在于他们没有理解抽奖的精髓，即互惠互利法则。

用户为抽奖环节停留，这本身就是互惠互利，只要用户在直播间里停留，本质上就是在用自己的时间与奖品进行交换。并不是所有用户在抽完奖之后就离开直播间，其实有很大一部分用户会被吸引，关注主播，并产生后续的购买行为。

对于主播来说，用户平均停留时间体现了用户黏性，而这种黏性是需要慢慢"养成"的。只要有利于增加用户的平均停留时间，使用户黏性增加的方法，都是值得采用的方法。但是主播一定要设计好抽奖环节，才能真正做到互惠互利。抽奖要遵循以下3个原则：

① 奖品最好是在直播间里推荐过的产品，可以是爆品，也可以是新品。
② 抽奖不能集中抽完，要将抽奖环节分散在直播中的各个环节。
③ 主播要尽量通过点赞数或弹幕数把握直播的抽奖节奏。

抽奖环节的具体设置形式有以下四种：

第一种：签到抽奖。

主播要每日定时开播，在签到环节，如果用户连续7天来直播间签到、评论，并保存好评论截图发给主播，那么当主播将评论截图核对无误以后，即可赠予用户一份奖品。主播开播前1个小时，甚至是前15分钟是主播的黄金时间。如果第1个小时直播间的在线人数多，那么主播不仅可以在与同时段的其他主播竞争中获胜，还意味着拥有更长的用户停留时间和更高的产品销量。另外，主播积极地与用户进行互动，营造热烈的互动氛围，会让主播和用户的情绪高涨，同样有利于延长用户的停留时间，进而产生更好的销售效果，从而形成良性循环。

第二种：点赞抽奖。

主播在做点赞抽奖时，可以设置每增加1万点赞就抽奖一次。这种活动的操作比较简单，但要求主播有较强的控场能力，尤其是在做秒杀活动时，如果刚好到1万点赞，主播可以和用户沟通，承诺在做完秒杀活动以后会立刻抽奖。

点赞抽奖的目的是给用户持续的停留激励，让黏性更高、闲暇时间更多的用户在直播间里停留更长的时间，而黏性一般的用户会增加进入直播间的次数，直接提高了用户回访量，从而增加每日观看数量。

第三种：秒杀抽奖。

秒杀抽奖分两次：第一次是在主播剧透产品之后，秒杀开始之前抽奖。主播在剧透产品时要做好抽奖提示，这样可以让用户更仔细地了解产品的信息，增加下单数量，同时延长用户的停留时间。第二次是秒杀之后，剧透新产品之前抽奖。主播要做好抽奖和新产品介绍切换的节奏把控。

第四种：口令截屏抽奖。

所谓口令截屏抽奖，指的是主播会在抽奖前公布抽奖的关键词，用户在评论区回复关键词，助理会通过手机截屏，出现在截屏中的用户就是中奖者。

为了确保抽奖公平公开，助理主播通常会用镜头展示截屏的过程，截屏后也会将中奖名单的截屏放在镜头前展示，并且引导中奖的用户找指定的客服兑换奖品。

拓展案例

某主播直播间的抽奖口令不同于普通主播的"扣1"，经常都是回复关键词，总结起来有以下几类，如表3-9所示。

表3-9　某主播直播间的抽奖口令

口令	关键词示例	意义
人设口令	哆啦××	强化人设
预告口令	十号美丽节	预告直播主题/节目
节日口令	六一快乐	特定节日庆祝
品牌口令	欧莱雅	特定品牌专场、品牌曝光
产品口令	洁面仪	与推荐的产品相关联

4. 连麦环节

在抖音、快手这两个平台中，主播之间"连麦"已经成为一种常规的玩法（如图3-12所示）。所谓连麦，就是指正在直播中的两个主播连线通话。"连麦"的应用场景有以下几种。

（1）账号导粉

账号导粉是指引导自己的粉丝关注对方的账号，对方也会用同样的方式回赠关注，互惠互利。在引导关注时，主播可以与对方主播交流，也可以点评对方主播给自己的粉丝关注对方的理由。同时，主播还可以引导自己的粉丝去对方的直播间抢红包或福利，带动对方直播间的氛围。

（2）连线对抗

连线对抗的形式通常是两个主播的粉丝竞相刷礼物或点赞，以刷礼物的金额或点赞数

图 3-12 直播间连麦

判决胜负。这种方式更能刺激粉丝消费，活跃直播间的气氛，提升主播的人气。

很多主播在做连线对抗时会觉得很尴尬，担心自己会冷场，或感觉自己废话太多，担心自己的目的性太强，不利于打造自己的……作为一名主播，最应该放下的就是心理障碍，要拿得起放得下，自然、轻松地应对各种情况。另外，主播可以开发更多的对抗玩法，多样化的玩法更能激发粉丝的互动热情，使直播间迅速升温。

5. 名人或领导助播

（1）名人进直播间

一般来说，有能力邀请名人进直播间的主播大多是影响力较大的头部主播，且名人进直播间往往与品牌宣传有很大的关联。名人与主播的直播间互动可以实现双赢，因为名人的到来会进一步增加主播的粉丝量，并且名人与主播共同宣传，对于提升主播的影响力会有很大的帮助。与此同时，主播也会利用自己的影响力为名人代言的产品进行宣传推广和销售。值得一提的是，头部主播邀请名人进入直播间也是主播积累社交资源的重要一部分。

（2）领导助播

很多企业领导看准了直播的影响力和营销力，纷纷开始站到直播镜头前"侃侃而谈"，且大多数企业领导所参与的直播都获得了成功。企业领导亲临直播间为主播"站台"，也在一定程度上增加了主播的影响力。

不少地方领导干部以平易近人的方式推销本地特色农副产品，销售火爆，打开了产品滞销的局面。地方领导干部直播带货，展现的是一份执政情怀，民众购买的是对地方领导干部的一份信任。

由此可见，领导助播不仅能够增加直播间的人气，为直播增加话题性，还能给主播信任背书，增强主播的个人特质。

无论是哪种互动方式，对于主播来说面对镜头侃侃而谈或许不难，但要聊得既有意思又有意义也并不简单。在能力素质上，主播需要持续投入、时间积累和经验沉淀；在道德品行上，更要经得起诱惑、守得住底线，毕竟，直播经济不是"一锤子买卖"。赢得了第一波关注之后，只有弘扬社会主义核心价值观的网络主播，才能成为成熟市场业态的一部分。

纵观那些高质量直播，它们的特色不单单在于追求传统的传播量、曝光量，还在于蕴含信息的承载量、价值的含金量。在主播的一言一行中，了解他们的人生观、世界观、价值观；在直播的每一帧镜头里，发现生活无处不在的惊喜、人人都能创造的精彩。在诠释自己的过程中影响别人、启发别人，这是网络主播这个职业最重要的意义所在。只有正气不衰、才气不凡，才能人气不减、名气不坠。

> 拓展案例

斗鱼主播迎七一——开展爱国主义教育　弘扬社会正能量

2019年7月1日是中国共产党成立98周年纪念日。这天，斗鱼直播数十位党员主播，以及斗鱼直播的审核、运营、客服等岗位的党员近百人，齐赴湖南长沙，开始为期3天的"庆祝党的生日"专题教育培训活动。3天时间内，来自斗鱼直播的近百位党员将参观毛泽东故居、雷锋故居等爱国主义教育场所；参观湖南名人馆、海上丝绸之路第一古镇铜官窑，学习革命先烈精神以及人文历史知识；同时还将深入学习有关政策法规，进一步强化内容安全意识，弘扬直播正能量。斗鱼相关负责人介绍，网络主播具有社会影响力，一言一行都会受到粉丝、社会和舆论关注。斗鱼希望通过持续不断的教育培训，增强主播们的社会责任感，在直播间传递正能量，起到网络红人的带头作用。

一直以来，斗鱼作为领先的直播平台，非常注重提升主播的职业素养，身体力行弘扬正气，传播正能量。除了定期开展斗鱼主播爱国主义教育培训，引导主播爱国守法、弘扬正气，斗鱼还制定了"网络直播标准及标准体系"，从主播着装、准入标准、直播内容、直播间管理等方面进行规范。

斗鱼爱国主义培训自2018年启动以来（如图3-13所示），已经举办了20多期。2018年、2019年的培训，分别在革命圣地西柏坡、武汉汉阳区红色教育培训基地开班，随后主播们赴石家庄、广州、上海、北京等地，切身感受激情澎湃的革命历史岁月，充分了解新中国发展历程。主播们体会到了战火纷飞的年代，革命先烈们百折不挠、自强不息的伟大精神力量，受到了深刻的教育。主播们纷纷表示，革命先烈的精神给他们深深的震撼，在今后直播过程中，将保持谦虚、谨慎、不骄、不躁的作风，传递更多真、善、美的正能量，引导广大网民，特别是青少年网民，树立正确、积极的人生观和价值观。

图3-13　2018年8月斗鱼主播接受爱国主义培训

（三）直播收尾

1. 收尾的常用话术

首先，可以使用顺口溜来做结束语。最好有个属于自己的顺口溜，如果能让用户把你的顺口溜无形之中挂在嘴边，那么你就成功了一半，广告就已经打出去了，起码说到这段顺口溜就会想到你。

其次，也可以用暖心结束语，让用户感受到你是在用感恩回馈。但是不能做作，不要弄错了方向，否则会适得其反。比如直播到一定热点下播时，你可以什么都不说，对着视频，只要真诚地说两个字"感谢"，一切尽在不言中，用户都可以感受到你的感恩的暖心。

最后，最好的方法是用幽默结束语。现在的人大多数生活压力大，需要一个轻松的环境氛围。如果你能让忙碌一天的他看到幽默的你，哪怕就是这么稍许幽默，可能也让他倍感放松，那么这样一个闪光点就可以吸引需求用户。

2. 收尾的核心思路

直播现场的营销效果取决于开场的吸引程度及进行中的互动程度，直播结束后的营销效果则取决于收尾的引导程度。

直播结束后，需要解决的最核心问题即流量问题——无论现场观众是过 10 万人还是过百万人，一旦直播结束，用户马上散去，流量随之清空。为了利用直播现场的流量，在直播结束时的核心思路就是将直播间的流量引向销售平台、自媒体平台和粉丝平台三个方向。

（1）销售转化

流量引导至销售平台，从收尾表现上看即引导进入官方网址或网店，促进购买与转化。通常留在直播间直到结束的用户，对直播都比较感兴趣。对于这部分用户，主播可以充当售前顾问的角色，在结尾时引导用户购买产品。

如某电商平台直播，收尾可以是："感谢大家来到我们的直播间！一会儿直播结束后，大家可以找到我们的在线客服，告诉她一段暗语，她会引导你以 9 折的价格买到我们已经下架的爆款 U 盘，就是大家开场弹幕问过我的那一款，现在已经卖到脱销，只剩下库存的一小部分了，可以作为今天直播间的小福利。这段暗语是××，大家千万别打错字了啊！拜拜了各位！"

不过需要注意的是，销售转化要有利他性，能够帮用户省钱或帮用户抢到供不应求的产品；否则，在直播结尾植入太过生硬的广告，只会引来用户的弹幕。

（2）引导关注

流量引导至自媒体平台，从收尾表现上看即引导关注自媒体账号。在直播结束时，主播可将企业的自媒体账号及关注方式告诉用户，以便直播后继续向本次用户传达企业信息。

如某商场开业直播，收尾可以是："今天的直播就到这里。欢迎大家关注我们的微信公众号××，以后最新的打折和新品信息都会通过这个公众号发出来。对了，关注之后回复'惊喜'两个字，你会获得一张 50 元代金券，来商场购买衣服的时候可以直接减免 50 元钱了。记得告诉你的亲戚朋友，一起省钱啦！再次感谢大家！"

(3) 邀请报名

流量引导至粉丝平台，从收尾表现上看即告知粉丝平台加入方式，邀请报名。在同一场直播中积极互动的用户，通常比其他用户更同频，更容易与主播或主办单位"玩"起来，也更容易参加后续的直播。这类用户，可以在直播收尾时邀请入群，结束后通过运营该群，逐渐将直播用户转化成忠实粉丝。

如某鸭脖厂商直播，收尾可以是："这次直播就到这里，如果大家喜欢啃鸭脖，也喜欢和我们的小团队一起玩接下来的直播，可以添加我们的微信群小助手，她会拉你入群，她的微信号是××××。与今晚一样，我们会在每周五晚 8:00 在群里发红包，同时也会邀请群里的小伙伴试吃新品，每年还会邀请群里的小伙伴来我们湖北工厂参观。"

 三、数字直播营销宣传规划

（一）直播预告的发布

俗话说："细节决定成败。"这句话用在直播行业也是一样的道理。很多商家或个人在开通直播后，一般会直接上播，忽略直播预告这个环节，而对这个环节的忽略，会直接导致直播间的流量达不到预期。

李佳琦和薇娅等头部主播，每次直播前都会在相关平台发布直播预告，这也是李佳琦和薇娅直播做得如此火爆的关键因素之一。那么，直播预告到底具有怎样的魔力呢？它的发布流程又是怎样的呢？发布过程中要注意哪些因素呢？

1. 直播预告的重要性

对于资深的直播营销团队而言，每一次直播都要做好充分准备，提前帮助主播发布直播预告，其重要性在于：

（1）便于用户提前了解

清晰的预告主题和直播内容，能让用户提前了解直播内容，这样一来，看到相关预告的用户会了解下次直播中是否有自己需要的产品，如果用户刚好看见想买的产品，那么他们就会准时等待主播开播。

（2）便于平台进行包装与推广

发布直播预告能让直播平台的运营人员提前挑选出好的直播内容，从而更好地进行主题包装推广及直播广场的扶优操作。

（3）更好地与用户进行匹配

预告中分享产品，在开播后，平台能更好地利用大数据的力量，将主播的直播内容匹配给适合的用户观看，从而使主播获得更精准的用户流量。

（4）蓄积流量

发布直播预告其实就是在做预热推广，因为很多用户并没有那么多的时间观看直播。直播预告可以将直播时的活动提前公布，比如观看直播可以领优惠券。直播预告一般提前两天发布，这样可以积蓄流量，为直播间增加人气。

2. 直播预告发布的技巧

（1）要设定一个稳定的开播时间

这样的话做预告才有意义。直播三天打鱼两天晒网，是非常不利于培养用户观看直播习惯的。直播体量大的主播，如李佳琦、薇娅、罗老师，都有一个稳定的开播时间。只有告诉用户一个稳定的开播时间，用户才可能定时来看直播。

（2）要频次稳定地发布预告

在直播前，一定要提前几天发预告，形式为每天发布几条预告，不管是图文的还是视频的，哪怕只是简单的几句话。罗老师每次做抖音直播，都会在直播前三五天里每天发一条小视频，给自己这场直播做引流。所以我们做直播要有一个稳定的状态，把直播预告的稳定性看成跟开播一样重要。

（3）开播前要预告，开播的过程中要预告，结束的时候也要预告

主播在开播前几天要通过各种渠道，如朋友圈、微信群、微博、微淘等，帮自己做预告，同时在抖音个人主页、昵称、背景、简介进行直播间预告和预热，引导用户实时关注主播直播间。那么开播的过程中要做什么预告呢？开播的过程中可以给用户介绍这一次的活动安排，比如 8 点开播，9:00、10:00、11:00 的时候分别有什么样的活动，今天的直播间会抽多少个奖品，这是主播在开播的过程中要一直不断高频次强调的内容。结束时做什么预告呢？结束时要告诉用户，下场直播什么时候开启，以及下场直播会给用户准备什么样的好产品，有什么样的福利产品和惊喜带给用户。总之，开播前、开播中和开播结束时都要做好预告内容。

（4）要设计好预告的渠道以及工作量

主播应根据自己拥有的流量渠道、平台去设计做预告的渠道。比如：一个淘宝主播，很可能做预告的渠道只有微信和淘宝这两个渠道，那么就在微信群、朋友圈里面发一些预告；一个抖音主播，做预告的渠道可以是拍抖音视频、开直播，还可以利用直播间贴纸、直播间评论展示、个人主页展示、直播小助手开播提醒进行开播预告或者在自己的微信朋友圈和微信群里面做预告。这就是渠道的设计。另外，预先的工作量也要设计好。如果一周开一场直播，那么每天要发 4 条跟这场直播相关的短视频，同时微博每天要发 1～2 条跟这场直播相关的内容。把每条预告渠道的不同工作量提前设计出来，方便团队和主播做整个预告工作内容的安排。

（5）不同的平台有不同的预告方式

淘宝直播发预告的方式一般是发微淘和发微视频；另外，淘宝也有微淘群，主播可以在微淘群里面发布预告内容。如果主播有意识地建立自己的私域流量池的话，也可以在自己的私域流量池里去做预告。比如说微信就是最常见的私域运营的工具，我们可以发朋友圈或在微信群做预告，利用微信帮淘宝直播平台做引流。抖音跟其他平台不一样，抖音的预告可能更需要团队去拍一些短视频做引流，因为抖音是一个短视频平台。

（二）爆款标题的撰写

1. 爆款标题的书写规范

要想撰写出爆款标题，我们首先得了解标题书写的规范，它包括以下 6 个方面：

（1）不要放利益折扣信息

例如，"秒杀""送衣服"，以及"#"符号等，这些信息一般放在内容简介里。

（2）标题里要有场景信息

直播标题要与用户工作生活中最常见的场景相关联，这些场景能让用户产生熟悉感、亲切感、真实感。

（3）引发共鸣

针对产品做用户画像，遴选出能引发用户共鸣的相关信息，把用户最关心的痛点信息展现在标题中，让用户觉得直播内容和自己有关，并且解决的就是自己的问题。

（4）文字简洁

简洁的标题能让用户一眼抓住重点。标题字数最好控制在 15 个字以内，如"回头率100%，只因做对了这 6 件事"。

（5）实事求是

"真诚"是直播成功的一大关键因素，比如主播的身高是 170 厘米，那么就不要出现"小个子穿搭攻略"这样的标题内容。

（6）善于抓住人们的心理

很多人之所以长期"在线"或者不停刷朋友圈，是因为他们常常会害怕错过什么，抓住这种心理打造的标题，可以促使人们点击或者分享直播内容。

2. 爆款标题的书写技巧

除了标题的书写规范，还要讲究标题的书写技巧，这样才能打造出具有吸引力的标题，让用户在看到标题的几秒钟之内便能点击进入直播间。

（1）巧用生活用语

使用生活化的用语，能够营造出轻松自然的氛围，拉近与用户之间的距离，这样的标题通常都比较"接地气"，在众多文案标题中会显得格外亲切。如，"朋友们，听我聊一聊厨房与爱"。

（2）巧用标点符号

标点符号通常会给平淡的标题制造一些情绪起伏的效果。比如，"告诉大家什么叫根！本！停！不！下！来！"从实战经验来看，一般问号和感叹可以给用户带来一种震撼的感受，这种"震撼体"的标题很容易带动用户的情绪，从而引导用户的行为。

（3）巧用"逆向表达"

逆向表达需要以"逆向思维"为基础，生活中那些约定俗成的事情有时候也禁不住追问，追问一句"为什么"有时候能起到"颠覆"用户认知的效果，从而吸引用户的目光。

比如，"原来这款裙子也可以这么穿！"这类标题通常不按常理出牌，往往会比较新奇，很容易引发用户的好奇心。"别点，点就省钱"，这个标题就从不同的角度看事物，逆向进行了表达。这个"别点"，先引起反差，再告诉你为什么，因为点就省钱！这时候如果刚好是用户喜欢的东西，点进去的可能性就很大了！类似的还有"小贵，但有很多人买"。

（4）巧用修辞

一般情况下，使用修辞手法所打造的标题很容易引发用户的联想，因此，可以巧用这种方式提升直播标题的魅力，留给用户想象的空间，让他们自主想象产品的使用场景。以下是打造直播标题常用的几种修辞手法：

① 比喻。比喻包括明喻、暗喻和借喻三种形式。使用比喻的形式撰写带货文案的标题是指要用更生动且用户更熟悉的事物，来替代产品的某些特质，从而激发用户的想象力，引起用户的兴趣。

其中，在明喻的表现形式中，比喻本体与喻体是同时出现的。例如，某护肤品牌曾经推出了一款黄瓜美容面膜，其直播标题为：使用×××，肌肤如同剥了壳的鸡蛋。"肌肤"就是本体，"剥了壳的鸡蛋"是喻体，通过明喻，将产品使用后的功效及用户体验完完全全地呈现了出来，不仅获得了用户的好感，也激发了用户的购买欲望。

暗喻的表现形式是将与产品有相似关系的另一种熟悉事物比喻成产品，从而加深用户对产品的认知程度。例如，某丝袜品牌的直播标题为：××丝袜，您的第二层肌肤。通过将丝袜暗喻为"第二层肌肤"，从用户的角度出发，告诉用户丝袜不仅质量好，还能保护好肌肤，可谓一举两得。任何好的比喻都要从用户的角度出发，以达到事半功倍的效果。

借喻的表现形式是直接用喻体替代本体，即将产品换成被比喻的事物，从而凸显产品优势。例如，某电暖气企业的直播标题为：你想拥有冬天里的一把火吗？通过将电暖器直接替代为冬天里的一把火，来凸显电暖气的制热功效，让用户一目了然。

由此可见，在撰写直播标题时，适当地使用比喻的修辞手法，不仅能拉近产品与用户之间的距离，还能让用户更加清楚商家的售卖内容能给他们带来什么，如果他们在第一时间获取了想了解的信息，那么双方距离成交也就不远了。

② 比拟。比拟是将人的一些特质赋予产品。在直播标题中采用比拟的修辞手法，能够让产品"活"起来，与用户产生互动，从而吸引用户参与。

比拟包括拟人与拟物两种形式。其中，拟人是将产品人性化，赋予产品人的外在特征、内在情感等。赋予产品人的外在特征包括赋予人的动作、行为、语言、外表、身份等特征。例如，某吸尘器公司推出的直播标题：有了它，你的地毯将不再愁眉苦脸。大家都知道地毯具有易脏不易清洁的特点，且清洁的过程中稍有不慎便会弄坏地毯。这个文案标题通过将人的外在表情特征——愁眉苦脸赋予地毯，告诉用户这款吸尘器不仅可以让地毯变得干净，也能让用户用得开心，从而引导用户的消费行为。

在进行直播标题的撰写时，商家可以适当地赋予产品一些人的外在特征，让产品更加人性化，这样不仅能够向用户生动形象地展示自身的功效，还能拉近与用户之间的距离，提升用户对文案的接受程度。在采用拟人的修辞手法撰写直播标题时，一定要将人的特质融入产品中，才能直击人心，实现带货目的。

把人当作物，也可以把此物当作彼物来写，这就是拟物。例如，某家酿酒公司曾推出的直播标题"在加利福尼亚酿造出全人类的快乐"，通过将"酒"比拟为"全人类的快乐"，向用户传递出这样的信息：无论你是不是来自美国，只要你购买了这瓶酒，你就能享受到同样的快乐。就是如此简单的几个字，再加一点修辞，可以让直播标题变得吸引力十足。

通过以上技巧来撰写直播标题，既可以帮助用户构建画面，消除用户对广告的排斥感，也能将产品信息植入用户的大脑中，形成情感共振、价值认同，从而勾起用户的购买欲望。

（5）巧用数字

在快手、抖音等平台，有一个指标最能体现流量质量，就是"页面停留时间"。直播营销团队如何拟定标题，才能吸引用户进入直播间，并在直播间长久停留呢？有研究显示，相比没有数字的标题，含有数字的标题可以让用户快速记忆。例如"商品清仓，品牌直卖"与"商品清仓，低至 2 折"，同样的内容，后一个标题会吸引更多用户点击进入直播间。

（6）巧用高流量热词

直播营销团队在拟定标题时可以选用高流量热词，选择这类词时可以参考热搜指数与百度指数。除此之外，在拟定标题之前，还可以通过百度指数查询"需求图谱"与"人群画像"，让标题关键词与目标用户实现高度匹配。大部分人都对热门的事物感兴趣，所以蹭热点，也能增加点击率，这就是为什么那么多公众号都要蹭热点的原因了，因为有热点的地方就有流量。对于直播营销来讲，也可以借助热点提升点击率。比如可以借用热门电影中的经典台词，"你保护世界，我保护你"就是出自《少年的你》电影之中。同样也可以根据产品的种类来选择使用。

（三）优质直播封面图的打造

人都是视觉动物，对于美的事物会产生本能的向往。不管是发直播预告，还是做正式开播准备，一个好的直播封面图都显得尤为重要，它直接关系着直播间的点击率，因为恰到好处的视觉要素往往能够激发用户的观看欲望。

1. 直播封面图设计原则

直播封面图要做得足够清晰，能让用户一眼看懂这场直播的主要内容是什么，并且封面图的设计感要强，能给人营造一种视觉享受。比如关于美食类的直播封面图要求：第一，使用主播照片或"主播+美食"照片均可；第二，如果是美食素材，照片须色泽鲜明有吸引力，且和直播标题涉及的美食类型保持一致，如标题为"搞定沙拉只要三步"，那么封面图必须是与沙拉相关的且有版权的照片。

2. 固定信息

针对商家品牌宣传的直播，直播封面图需要展现与商家品牌相关的信息，这样才能加深用户的印象。

3. 注意事项

第一，不要出现任何文字；

第二，不要出现拼接图、边框图；

第三，画面完整，主题突出，设计简约；

第四，封面图内如有除主播之外的人物图像，需要准备相关的版权说明；

第五，内容必须填满整个页面；

第六，不要出现与本场直播无关的元素。

4. 图标规范

图标的最大尺寸为 180 像素×60 像素，其位置固定在右上角，不能随意移动。

5. 不同类型的直播封面图设计标准如表 3–10 所示

表 3–10　不同类型的直播封面图设计标准

直播类型	封面图设计标准
美妆类	1. 封面上不能只有产品而没有主播的人物形象； 2. 展示主播化妆前后的变化； 3. 图片要体现标题的全部内容，与标题中的妆容类型相符
潮搭类	1. 必须是主播形象与服饰； 2. 展示出主播搭配前后的变化； 3. 必须与标题中的穿搭信息保持一致
全球购	1. 封面为主播在国外地标性建筑旁的照片或标明产地的产品实拍图； 2. 图片首先要有版权，其次要与标题内容、产品产地的地域特色相符
吃播类	1. 可以是主播或者"主播+美食"图片； 2. 如果将美食图作为封面，必须让美食看起来色泽诱人，能够吸引用户，同时使直播标题的格式保持固定

任务三　数字直播营销的选品与规划

【任务描述】了解数字直播营销选品的标准，掌握数字直播营销选品的技巧，学会对直播间的产品进行配置与管理。

【任务分析】通过对数字直播营销选品与规划相关知识的学习，学生了解用户画像的概念，通过分析用户的需求、结合热点来选择产品，理解引流款、福利款、利润款产品的选购原则，学会把控产品的价格和库存。

拓展案例

某明星主播直播间卖出 7 000 平方米鱼塘？

2020 年 5 月 30 日晚，某明星主播在淘宝直播间公开拍卖鱼塘（如图 3–14 所示）。该鱼塘位于广东番禺海鸥岛，面积约 7 000 平方米。直播间竞拍的是这片鱼塘 1 年的租赁权，最终这件商品在网友反复竞价下，被人以 2.8 万元买走。

而这已经不是第一次有"神奇"的商品上直播，此前法官卖房、薇娅卖火箭等也很火热，据说后续还会有煤矿、公路、酒店等标的进入直播间。

直播带货，"人、货、场"是其底层逻辑。"货"在其中，更是重要基础。只有货品不"掉链子"，直播效果才能够最大化。

该明星主播和其背后的聚划算团队就看到了选品的重要性，将选品摆在了第一位。品牌产品想要进入她的直播间，有着非常严格的标准和复杂的筛选流程。

首先，能够进入该明星主播直播间的，一定是符合目标用户特性的产品，只有这样，才能够精准地对标受众群体，从而提升转化率，实现营销效果最大化。在该明星主播的直播间中，产品种类是逐渐进化和丰富的。初期，直播间中主要是生活类和美妆护肤类产品，比如电动牙刷、扫地机器人、美容仪等产品，如图3-15所示。这样的产品，是基于她以"该明星的家"为主题的沉浸式直播模式，更是为了配合她的居家气息和"邻家姐姐"的人设。

图3-14 某明星主播拍卖鱼塘

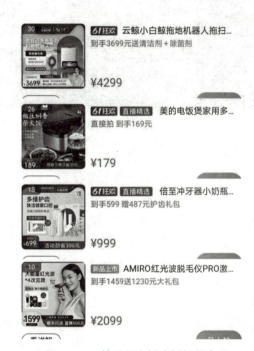

图3-15 某明星主播直播间的产品

其中，Dr.Arrivo宙斯美容仪就是贴合主播调性和受众群体的一个产品，这款产品的受众群体大部分为女性，粉丝群体有着较大的重合，如图3-16所示。因此，该明星主播直播时平均每场进店的访客达到10万人，且90%为新客，这成功地为品牌迅速扩充了新客人群。

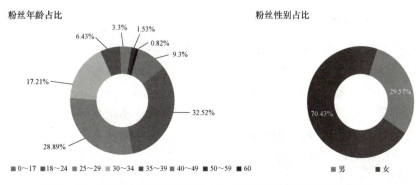

图3-16 某明星主播微博粉丝画像（数据来源于克劳锐红管家）

在后期，随着直播间越来越成熟，基于该明星主播的受众群体集中在18~39岁，她能够承接的产品种类也在不断增加。从轻奢大牌的加入后来的卖房卖车，依托于阿里系庞大的选品库，直播间的产品种类完成了不断的进阶，如图3-17所示。

图3-17 某明星主播直播间的产品种类不断增加

其次，有需求才能够产生消费，因此，直播间选品一定要基于消费者需求进行，只有成功洞察消费者购物需求，以需求为指导进行选品，才能够进一步推动用户在直播间中实现消费转化。在该明星主播的直播间中，产品主要是根据聚划算的大数据库以及粉丝们在社交平台上发布的需求而加入的，结合这两个要素，直播间的产品往往更加符合用户预期。

最后，也是最重要的一点，就是产品质量和性价比，无论是什么品类的产品，质量都是第一位的。只有产品质量得到保障，直播间的消费者才能够有更好的购物体验，从长远上来看，能够延长后续直播带货的可能性。该明星主播的团队和聚划算团队对于产品质量非常看重。

直播间的产品在确认之前，往往都是经过了其团队的反复确认。在确定产品之前，还经常会浏览用户评价，以用户反馈作为参考，衡量产品是否适合进入直播间中。

相关知识

一、数字直播营销的选品标准

（一）分析用户画像

进行直播带货，需要的是精准用户，如果用户不精准，流量再多也没有太多作用，不能够变现。例如，抖音上拥有上百万粉丝的账号，可能不如只有几十万粉丝的账号价值大。在这个全民皆可直播的时代，每个平台都不缺内容、主播等，用户想看什么就看什么，如果一味埋头苦干只关注内容，很可能市场和用户都不买账，辛苦一番最后做的都是无用功。在电商直播过程中，主播类似于导购的角色，主要作用是帮助用户减少购物的决策时间。要想提高直播间的转化率，主播一定要学会分析用户画像，如图3-18所示。

项目三 数字直播营销的策划与筹备

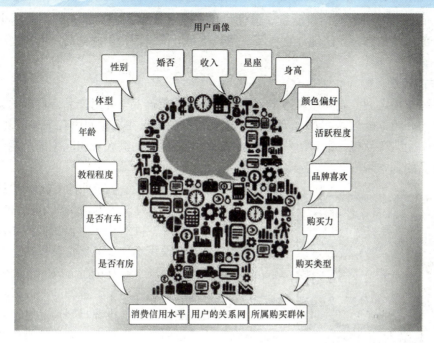

图 3-18 用户画像

用户画像又称用户角色,是一种勾画目标用户、联系用户诉求与设计方向的有效工具。用户画像最早由阿兰·库珀提出,他认为用户画像是真实用户的虚拟代表,是建立在一系列真实数据之上的目标用户模型。比如苹果的产品,一直都为有风度、追求品质、特立独行的人群服务,赢得了很好的用户口碑及市场份额。又比如豆瓣,专注文艺事业十多年,只为文艺青年服务,用户黏性非常高,文艺青年在这里能找到知音,找到归宿。所以,给特定群体提供专注的服务,远比给广泛人群提供低标准的服务更接近成功。

用户画像最初是在电商领域得到应用的。在大数据时代背景下,用户信息充斥在网络中,将用户的每个具体信息抽象成标签,利用这些标签将用户形象具体化,从而为用户提供有针对性的服务。用户画像一般由性别、年龄、地域、兴趣、购物偏好、消费承受力等组成,主播在选品时要判断产品是否符合用户画像所描述的需求。不同的用户群体,其需要的产品类型不同。例如,如果用户以男性居多,最好推荐科技数码、游戏、汽车用品、运动装备等产品;如果用户以女性居多,最好推荐美妆、服饰、居家用品、美食等产品。主播只有选择符合用户画像的产品,转化率才会高。

(二)分析用户需求,匹配主播特质

1. 用户需求

直播间的用户大部分来自直播账号的粉丝群,在开播前充分调研粉丝的实际需求和喜好显得尤为重要。很多主播在前几场的直播中并不带货,而是与粉丝聊天,深入了解他们想要什么。开播的头一两场通常也是试播,验证调研结论的可行性。

18~22 岁多是大学生,消费能力不高,喜欢新颖的小玩意;40~55 岁工作生活稳定,消费水平偏高,注重身体健康。这就是不同年龄层用户的需求。女性偏情绪购物,容易冲动消费,卖给她们的产品要有闪光点,比如颜值高、好玩;男性购物理性,按需求消费,卖给他们的产品要讲逻辑、讲质量、讲性价比。这是性别的差异带来的不同需求。直播营销的目的，就是想方设法地让直播间的用户下单。根据用户需求选品，更能卖到用户心坎里。

2. 主播特质

产品与主播之间一定要相互匹配，至少主播不反感产品，并对产品有自己的认识。主播对产品的介绍不能烦琐、复杂，要把用户诉求与产品卖点在短时间内有条理地表达出来，刺激用户产生购买欲望，进而消费乃至传播。为主播挑选与其人设相匹配的产品，这是直播营销选品的基本规则。

图 3-19 罗老师直播推荐的产品

例如罗老师曾经是某手机企业的 CEO，他的粉丝大多是科技粉，所以罗老师的推荐清单里出现 3C 产品肯定是不会错的（如图 3-19 所示）。而我们所熟知的吴晓波直播奶粉遭遇滑铁卢事件，显然是其直播营销团队在选品时没有符合其经济学家身份而造成的重大失误。

不管是达人主播还是商家，推荐的产品都要与主播的人设标签相匹配。例如，推荐母婴用品时，未婚的女性主播就会缺乏说服力，而拥有"宝妈"身份的主播就显得自然得多，可信度也更高。

直播平台在选择主播时，一定要把握好主播的定位。主播带货按产品分布类型可分为以下两种情况：

① 垂直品类带货主播的用户画像较为精准，大部分是热衷于该垂直品类的用户群体，垂直品类带货主播的主要作用是帮助用户找到该品类中最合适的产品。这种直播类型存在用户覆盖面窄的劣势，除了喜欢该垂直品类的用户，其他人很少进入直播间购物。

② 全品类覆盖带货主播的产品比较杂，但产品一定要有品牌，且给的价位足够低。除此之外，这类主播还会要求商家向用户发放优惠券、赠品等福利，致力于帮助用户省钱。这种直播类型的优势是人群覆盖面广，劣势是用户画像比较模糊，主打低价产品，用户都是冲着低价来的，产品的价格弹性较大，一旦价格较高，用户的购买意愿就会明显降低。

（三）结合热度，选择特色产品

1. 紧抓热度

直播间可根据流行节日和热度事件选择产品。中国的节日一年就那么几个比较大的，所以要根据节日的时间提前去制作一些与节日相关的内容，比如说春节、中秋节这样的全民节日，就可以根据节日的元素去选择产品。

另外，与短视频发布贴合热点的逻辑类似，直播带货产品的选择也可以贴合热度。例如，中秋节时全民都在吃月饼，或某一时间段某知名艺人或直播达人带火了某款产品，这些都是主播可以贴合热度的点。

因此，主播平时要多关注名人、达人的微博或微信公众号，这样当这些名人、达人被电商平台或商家邀请做直播时，主播可以及时看到他们发布的预热文案，从而做好应对的准备，只要抓住机会，就能抓住巨大的商机。

例如，某知名艺人曾经参加某平台的电商直播，当时她穿的是黑白短裙，吸引了直播间用户的目光。很多电商平台的商家都看到了其中的商机，纷纷上新同款服装，于是第二天电商平台就出现了许多打着"××同款黑白短裙，正宗布料制作，只要199元""××同款短裙现在特价出售，只需159元"等宣传语的店铺。

人们当下对这些产品保持了高度关注，即使不买，也会在直播间热烈地讨论相关话题，从而提升直播间的热度，吸引更多的用户进入直播间，这在很大程度上也会提高其他产品的销量。

2. 特色产品

直播间选品一定要有特色，即选择的产品一定要有卖点，具有独特性。即使是同一款产品，市场上也有很多品牌和风格，如果一款产品没有足够吸引力的特色，就不具备长久的竞争能力。

有些主播推荐的产品之所以转化率很低，就是因为产品的卖点不清晰，特色不明显，让用户觉得可有可无。只有产品卖点足够清晰，才能戳中用户的痛点，使其产生冲动消费，从而提升购买转化率。

特色产品可以总结为以下几点：

（1）产品有故事

任何产品都离不开背景，无论是产品功能，还是产品卖点，都需要通过主播的描述展现给用户。仅这一点还远远不够，直播是通过表演的方式，主播通过声、形、场的结合，给予产品灵动的形象，触及用户的欲望。如果产品没有内涵，单向的"表白"很难影响到用户。无论是品牌，还是"爆品"，都是建立在产品自身的基础上，产品没有文化属性，没有功能卖点，就显得苍白无力。所以对主播而言，一定要有对产品多维空间的描述，用文字、图片、视频方法的展现，给主播有深度的了解，再由主播的表演去触动用户。选品不仅是选择产品，更是在交流产品隐藏的价值。

例如某直播间经常推荐荣欣堂太谷饼，如图3-20所示。山西太谷荣欣堂食品始于1895年，距今已有近130年的历史，公司主要以太谷饼、孟封饼享誉全国。太谷饼古称"巴饼""甘饼"，随着当时晋商的谷帮诞生、发展，是晋商走遍华夏的食品。主播在介绍产品的同时，也介绍了中国传统地方文化。

（2）产品有颜值

"颜值"讲究的不仅是产品的外观，更代表产品精湛的工艺和设计。如何让产品与消费者产生同频共振，关键在于产品设计前对市场的了解，对消费趋势的把控。制造一件产品不难，制造有消费力的产品不易，制造一件"爆品"难上加难。一件产品"颜值"差，再强的主播也很难带"爆"。

图3-20 荣欣堂太谷饼

高颜值产品的诞生，需要对目标消费群的深刻洞察。特别是如今"90后""00后"为直播电商主力消费群体，"颜值"是其选品的必要条件。

如图3-21所示，同样是销售水杯，主播在直播间就很适合推这种十二生肖联名款，不仅单价比普通款的产品来得高，而且买的人也比较多。从心理学角度来讲，大家都喜欢新奇、新鲜、好玩或者可爱的东西。

（3）产品有高性价比

对于零售来说，产品的高性价比往往是通过促销活动而达成的，但是对于直播来说，它是通过主播的表现而达成的，不但有物的因素，更有人的原因。在直播间，主播与厂家代表经常讨价还价，为自己的用户争取利益，让用户更有黏度。低价的驱动往往容易达成结果，直播营销也往往抓住"占便宜"的人性弱点，产生强大的"爆发力"。但是低价不能低质，这一点无论对主播而言，还是对厂家而言，都是在"夹缝"

图3-21 十二生肖联名款水杯

中求平衡。质量不达标的，主播容易"掉粉"，厂家也会产生高退货率，而假货、夸大宣传等违法行为风险更高。做到高性价比的产品并非一言之谈，而是要深入市场，懂得用户画像，更重要的是要有强大供应链的支撑。直播的产品一定要精心策划、看准用户、大胆投入。

（四）精选货源

主播在选品时，产品的来源主要有以下4种渠道。

1. 分销平台

分销平台主要指淘宝网、京东等电商平台，其优点是适合零基础、想快速冷启动的主播，缺点是佣金不稳定（有的商家今天设置佣金为50%，明天可能就改为20%），发货时间不确定（尤其是发货量大时，可能会延迟发货，影响购物体验）。因此，主播在选品时一定要找到可靠的商家，并提前与商家对接好售后流程。

以淘宝直播为例，目前主播可以通过淘宝联盟或阿里V任务来选品。

① 通过淘宝联盟接单：打开淘宝联盟，搜索其中有佣金的产品，联系商家制订定向计划，之后商家会寄样品给主播做直播，以此来推广店铺的产品，而样品是否归还需要主播与商家进行商谈。

② 通过阿里V任务接单：主播在阿里V任务中查看需要直播的任务，发现合适的任务以后进行申请，完成任务后就可以获得佣金。不过，主播在接单过程中要注意查看产品背后的供应链，因为不管是性价比优势，还是利润空间，爆品背后的支撑是其供应链管理能力。由于目前直播用户大多带有冲动消费的性质，因此会造成退货率很高，优质的供应链能够很好地支撑这样的退货率，并尽可能保证利润。

2019年3月，阿里V任务正式推出直播通。直播通是商家与直播间的合作推广工具，能够让商家的产品被更多的主播主动挑选并在直播间里推广，同时直播通也能成为主播的直播选品库，解决主播想为用户展示更多产品的诉求。主播在直播通中可以查看海量产品池，对接多维度的产品供应链，进行选货排期。

2. 自营产品

自营品牌的产品来源主要是靠招商，其优点是利润较高，适合头部主播；缺点是对供应链、货品更新、仓储要求较高。一般来说，只有超级头部主播才有条件建立自己的供应链。

3. 合作商

合作商的产品来源渠道是被动接受（私信、商务联系，如薇娅、李佳琦等超级头部主播，基本上是商家主动寻求合作的）或主播对外招商，其优点是品牌货后端有保障，产品的转化率与其他非品牌货相比较高；缺点是品牌货的利润较低，因为品牌商要从中抽走一部分利润。当然，如果是超级头部主播，坑位费也很可观。

4. 供应链

供应链的产品来源渠道是自拓展，其优点是利润非常高，适合超级头部主播；缺点是需要投入大量资金建设供应链，资金压力较大。如果做得好，发展会很顺利；如果做不好，很有可能会被建设供应链带来的资金压力拖垮。

二、数字直播营销的选品技巧

（一）引流款

直播里，比起能卖高价的利润款，主播更喜欢卖亏本的东西，因为直播缺的不是能赚钱的产品，而是人气，因此每一个带货主播在直播时都应该设置引流款产品。很多主播会考虑分阶段插入很多引流款，比如"1元秒杀面膜""9.9抢购螺蛳粉"限时限量秒杀活动，提升直播间紧张的购物氛围，可以快速提高产品转化率。由于人们都有趋利心理，价格低的产品自然会吸引更多人驻足观看，直播间的流量就自然而然地提升了。

刚开直播的时候，引流款能带来大量前期流量，提高直播间曝光；开播中期，引流款能唤醒疲乏的用户，刺激消费；而第二次直播开播时的推送量，参考的是前一场直播末尾数据，引流款能维持直播间的活跃度和用户数。

但是，流量提升了不代表产品转化率高，要想提高产品转化率，引流款一定要是大众产品，要能被大多数用户接受。

有的主播会特地将某一场直播设置为全场低价包邮，以此来吸引用户，达到迅速提高直播间流量、增加粉丝的作用。例如春节期间几位头部主播便选择在大年三十、大年初一这样的时间选择做福利专场，全部为0.1元限量秒杀活动，如图3-22所示。

图3-22 李佳琦直播间秒杀产品

（二）利润款

直播营销的目的是帮助企业或商家实现盈利，因此只设置引流款是远远不够的。主播一定要推出利润款来实现盈利，且利润款在所有产品中占较高的比例。

利润款产品的目的就是挣钱！以盈利为出发点，弥补一些引流产品带来的亏本，制造利润空间。对于直播属性而言，大多是性价比极好的产品会成为爆款，以薄利多销作为产品的出发点。此外，这阶段也是新产品研发试验的绝佳节点，反馈时间更短而且精准。

利润款适用于目标群体中某一群特定的小众群体，这些人追求个性，所以这部分产品突出的卖点及特点必须符合这一部分小众群体的心理。

例如飘柔推出的新品免洗护发素，针对的人群就是那些具备求新求变心理的客户，就很适合作为直播间利润款产品，如图 3-23 所示。

利润款有两种定价模式：一种是直接对单品定价，如 "59 元买一发二"；另一种就是对组合产品定价，如护肤套盒。

利润款要等到引流款将直播间人气提升到一定高度以后再引入，在直播间氛围良好的时候推荐利润款，趁热打铁，这样更容易促成成交，提高转化率。

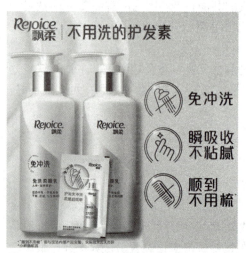

图 3-23 飘柔免洗护发素

（三）品质款

品质款又称战略款、形象款，它承担着提供信任背书、提升品牌形象的作用。品质款的意义在于，引导用户驻足观看，但又让用户觉得价格和价值略高于预期。所以品质款要选择一些高品质、高格调、高客单价的小众产品。

（四）福利款

福利款一般是粉丝专属，也就是所谓的"宠粉款"，直播间的用户需要加入粉丝团以后，才有机会抢购福利款。主播在做福利款时，有的是直接免费送某款产品作为福利回馈粉丝，有的是将某款产品做成低价款，如"原价 99 元，今天'宠粉'9.9 元秒杀，限量 1 万件"，以此来激发粉丝的购物热情。

直播营销不是割韭菜，也不是做一锤子买卖。这些选品技巧，不是让用户落进直播的消费套路，而是让用户买得开心，让直播间获得好口碑和粉丝群体，这样某一天才能达到质的改变。

> 拓展案例

1. 首发新品：某直播间推出 GENTLE MONSTER 联名新品墨镜，10 秒钟 2 000 个秒空；
2. 热销爆品：某明星直播首秀卖热销爆品红小厨的小龙虾，总共卖出 16.5 万盒，销售额达 545 万元；
3. 稀缺商品：某直播间卖从未上过直播的海外爆品"SK-Ⅱ前男友面膜"，1 万套上架秒空；
4. 清理库存：罗老师直播首秀卖出麻辣小龙虾达 46.5 万盒，但是发货的产品大多是前一年 6 月份的；
5. 特色时令：某主播 6 月份直播间推出时令水果汁——浙仙梅冰杨梅汁，3 分钟卖出 4 万杯。

三、直播间产品的配置与管理

（一）规划产品需求

在确定直播主题以后，主播可以通过一个简单的表格来规划产品需求，从而清晰地知道每一场直播需要配置的产品。表 3-11 所示为规划产品需求举例。

表 3-11 规划产品需求举例

直播日期	主题	产品数量/件	产品特征	辅推产品
×月×日	夏至出游拍照必学穿搭	500	透气性能好，穿着舒适，色彩鲜艳	平跟凉鞋、遮阳帽、太阳镜、泳衣
×月×日	遇到心动男生，打造自身魅力	1 000	显瘦款，以裙装为主	高跟鞋、饰品、包包
×月×日	9.9 元包邮"宠粉"活动（项链）	500	小巧精致，凸显气质	耳坠、口号、裙装

（二）规划产品配置比例

产品配置比例是直播间产品规划的核心之一。在规划产品配置比例时，主播要记住三大要素，即产品组合、价格区间和库存配置。合理的产品配置可以提高产品的利用程度，最大化消耗产品库存。产品配置比例的设置类型主要有两种：单品配置比例（如图 3-24 所示）和主次类目配置比例（如图 3-25 所示）。

确定产品配置比例后，只要根据直播时长等条件确定每场直播的产品总数，就可以根据以上两种类型对应的配置方式做好相应数量的选品工作，如表 3-12 所示。

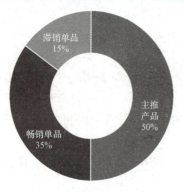 

图 3-24　单品配置比例　　　　　图 3-25　主次类目配置比例

表 3-12　一场直播的产品配置比例

直播产品总数	主类目产品					次类目产品 5 款
	主推产品 47~48 款		畅销单品 33~34 款		滞销单品	A 款、B 款、C 款、D 款、E 款
	新品数量	预留数量	新品数量	预留数量		
100 款	36~37 款	10~11 款	13~14 款	20 款	13 款	

（三）把控产品价格与库存

在产品需求、产品数量及更新比例都确定好的前提下，主播要进一步把控另外两大要素——价格区间和库存配置。

1. 价格区间

主播在设置价格区间时，要根据产品的原始成本加上合理的利润，再加上一些其他的费用进行设置。设置价格区间时，如果同类产品只是颜色、属性不同，价格差距也不应太大。

2. 库存配置

库存配置是提高直播效果及转化效果的一个重要措施。库存配置的一个重要原则是"保持饥饿"，主播要根据不同场观（单场直播的总观看人数）和当前在线人数配置不同的库存数量，使直播间始终保持抢购的状态。要想保持"饥饿"状态，库存数量要一直低于在线人数至少50%。如果条件允许，主播可以直接设置店铺库存来配合直播的库存需求。

（四）已播产品的预留与返场

为了完善产品配置，更加充分地利用产品资源，主播要对已播产品进行预留和返场。主播要根据产品配置，在所有直播过的产品中选出至少10%的优质产品作为预留和返场产品，并应用到以下几个场景中：

① 日常直播一周后的返场直播，将返场产品在新流量中转化。
② 当部分产品因特殊情况无法及时到位时，将预留产品作为应急补充。
③ 遇到节庆促销日时，将返场产品作为活动产品再次上架。

思政空间

从新疆棉花事件看头部主播如何传播正能量

2020年3月25日，H&M集团在其官网发布声明，拒绝使用来自新疆的棉花作为原材料，以所谓的"强迫劳动"为借口，提出"抵制新疆棉花和纺工厂"的口号。随后，耐克官方也发布声明明确表示，不仅自己不用新疆棉花，更要求合作的供应商自查不许用新疆的棉花。随着各大品牌抵制新疆棉花热搜话题爆发，不少网友都自发留言开始抵制，纷纷抵制H&M、耐克、优衣库等品牌。

3月26日的直播中（如图3-26所示）薇娅细致地为网友们科普了新疆棉花的相关知识，讲解了新疆棉花的优势，还推荐了包括毛衣、浴巾、全棉四件套在内的各种生活用品，基本上每件商品都是在瞬间被抢光的。当天晚上总共包括11种新疆棉的产品，直播一小时就有1 200万人次收看，1小时内帮助销售价值约2 352万元的新疆棉制品。新疆每一个棉制品都是被一秒钟抢光，直播人气爆棚，连薇娅都表示太难抢了，现货都被抢光了，可见大家也是以实际行动支持我国的新疆棉花！

3月28日晚上，央视总台主持人尼格买提联合明星景甜、于朦胧、张含韵共同为新疆棉花带货，如图3-27所示。3个多小时的直播中，共售卖了韩都衣舍、美特斯邦威、海澜之家HLA、欧迪芬等服装品牌的多款服装，以及最生活、大朴、梦洁、罗莱等家纺品牌的纯棉毛巾、床上四件套等商品。最终直播累计观看量达到2 200万人次，直播互动量1 012万，央视新闻直播间、快手小店直播间以及快手主播直播间全场销售额超过2 000万元。

图3-26 薇娅直播间新疆棉制品专场

图3-27 央视总台主持人为新疆棉花代言

3月28日—29日,淘宝TOP主播烈儿宝贝远赴新疆,开启"家乡的宝藏"新疆专场(如图3-28所示),联合多家国货品牌一起,向大家推荐来自新疆的优质棉花制品。该场直播在普及宣传新疆棉知识同时,还带大家参观了新疆棉花产业基地,深入了解新疆棉的种植、加工、染色及纺纱的过程。除了分享各种新疆特产,烈儿宝贝还联合洁丽雅、海澜之家、乐蜗家纺、安奈儿、回力、三枪、安踏、森马、匹克、巴拉巴拉、特步、猫人、振德等国货品牌一起发声,力挺新疆棉,并在直播间上架一批新疆棉制品,让大家体验新疆棉制品的优良品质同时,感受到国货品牌联合的声势和力量。

当前正是棉花播种的季节,烈儿宝贝在直播间挂出"春种一棵棉,秋收一件衣"公益链接(如图3-29所示)。只要1元钱,就可以拍下由烈儿亲手播种的一粒棉花种子,到秋天棉花采摘季,就可以收到一件满是爱的新疆棉定制T恤。据悉,该公益活动限量10 000件,在呼吁粉丝支持新疆棉的同时,也可以让粉丝深度参与棉花的春种秋收,体会收获的喜悦,进一步感受新疆棉的优良品质。

为支持新疆棉花产业发展,进一步打通上下游供应链,推动产品制造多用新疆棉、多用新疆纱线,在直播开始前,烈儿宝贝所属机构君盟集团与华孚集团达成合作,签订了500吨新疆长绒棉采购意向协议书。后续双方将持续加大产业链合作力度,以品质优良的新疆棉为载体,共同为消费者生产质量更好、舒适度更高的优质棉产品。

烈儿认为,当新疆棉遇到抵制和打压,我们每个人都应该用自己的方式支持新疆棉花,因为支持新疆棉花就是支持中国,国家利益高于一切。"作为一名淘宝主播,更应该积极维护国家和民族利益,只有积极表态、团结一心,支持新疆棉花、支持国产,才能发挥榜样力量,树立民族信心,为助力国货品牌崛起传递正能量。"

图3-28 烈儿直播间新疆棉制品专场

图3-29 烈儿直播间公益活动

讨论：作为头部主播，大家觉得他们是如何做到随手传播正能量的？

如今的头部主播们动辄拥有百万、千万粉丝，一举一动造成的社会影响力非常可观，所以引导头部主播积极健康向上发展至关重要。新一代的青年，成长于改革开放的岁月，亲历了中国强大起来的伟大跨越，对时代进步有着深切的体会，对国家发展有着强烈的认同。作为"互联网的原住民"，他们视野开阔、思维活跃、追求个性，不喜欢板起脸的说教，也不接受单向度的灌输。作为头部主播，培养粉丝的爱国情怀是其作为公众人物的责任和义务。爱国并非体现在大是大非面前，关注国家发展、关注热点新闻事件、在适当的时候发出正确的声音，是主播需要具备的大局观。

此外，主播需要投身公益。公益属于自愿行为，而主播作为公众人物，能够带动自己的粉丝或者为自己的粉丝做一个好榜样，也不失为增强粉丝凝聚力的好办法。在当前"粉丝经济时代"下，主播不仅能"吸粉"，还要学会管理自己的粉丝，应该进行粉丝资源数据管理，记录粉丝的相关数据，挑选有责任感有号召力的粉丝当管理员，组成良好、稳固、有力的核心队伍。

 同步测试

一、选择题

1. 直播间中有特色的产品通常比较好销售，下列哪些产品属于有特色的产品？（　　）
   A. 有故事的产品　　　　　　B. 颜值高的产品
   C. 性价比高的产品　　　　　D. 在超市便利店都可以购买到的产品
2. 直播间的产品大致可以分为以下哪几类？（　　）
   A. 引流款产品　　　　　　　B. 利润款产品
   C. 战略款产品　　　　　　　D. 福利款产品
3. 直播间产品的来源主要有（　　）。
   A. 分销平台　　　　　　　　B. 自营产品
   C. 合作商　　　　　　　　　D. 供应链
4. 有的主播借助团队吉祥物进行开场，属于以下哪种直播开场方式？（　　）
   A. 直接介绍　　B. 提出问题　　C. 借助道具　　D. 故事开场

二、简答题

1. 一份完整的直播方案包含哪些内容？
2. 直播互动的方式主要有哪些？
3. 引流款的产品有哪些特点？

三、技能训练题

（一）实训背景

三只松鼠股份有限公司成立于 2012 年，是中国第一家定位于纯互联网食品品牌的企业，也是当前中国销售规模最大的食品电商企业，其主营业务覆盖了坚果、肉脯、果干、膨化等全品类休闲零食，2019 年全年销售额突破百亿，成为零食行业首家迈过百亿门槛的企业。

公司从 2018 年就已经开始与直播合作，比如与李佳琦、薇娅等都有合作，官方旗舰店也开启了直播模式。

（二）实训目标

请结合本章知识点，为三只松鼠设计一份"双十一"数字直播营销的总体方案，期望通过本次数字直播营销活动，提升三只松鼠的销售量。

项目三　同步测试答案

项目四　数字直播营销的实施与执行

【项目介绍】

实施数字直播营销活动,包括直播选品、直播预热引流转化、内容设计和产品讲解等一系列流程。此外,当数字直播营销过程出现危机时,还有必要展开危机公关。

【知识目标】

1. 了解数字直播营销的选品;
2. 了解数字直播营销的预热引流与转化;
3. 掌握数字直播营销的内容设计过程;
4. 熟悉数字直播营销的话术技巧和危机公关。

【技能目标】

1. 能够利用数字直播营销的选品标准合理选择直播产品;
2. 能够熟练开展数字直播营销的预热引流与转化操作流程;
3. 能够独立开展和完成数字直播营销的脚本策划;
4. 能够及时进行数字直播营销的危机公关。

【素质目标】

1. 增强学生的学习主动性和积极性;
2. 提高学生的创新创业意识;
3. 运用所学知识进行规范文明的数字直播营销活动。

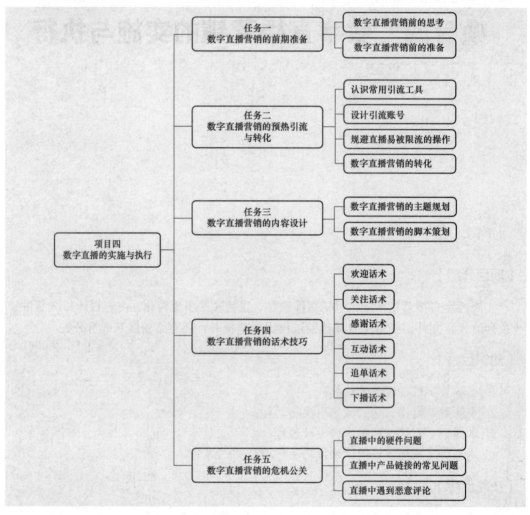

网红直播第一村义乌北下朱：这个春节有点忙

这两年，义乌福田街道北下朱在网红直播浪潮中抢占先机，社交电商呈雨后春笋之势高速发展。目前，北下朱已集聚电产品牌 1 000 多个，市场主体 6 400 余家，从业人员 3 万多人，被誉为"网红直播第一村"。

往年春节，来自全国各地的创客大都返乡过年，北下朱也会按下暂停键，直到元宵前后才会热闹起来。今年，在就地过年的倡议下，北下朱的牛年春节显得特别繁忙。运送货物的三轮车不时从车旁快速驶过，道路两旁的店铺基本开张营业，不少网红拿着产品在店里直播，让人感受到浓厚的创业氛围。

"刚进直播间的宝宝们,咱们今天送个福利,品牌纸尿裤,只要50元!"在义乌市艾俐莎电子商务有限公司,主播正在给粉丝们推荐热销产品。公司负责人胡国发来自安徽安庆,在义乌经商10余年。今年,胡国发一家四口首次在义乌过年,公司有近半员工没回老家。春节期间,公司不仅给留义员工发放了3倍工资,还有各种年货和福利。胡国发说,正月初六公司复工复产,员工们干劲十足,纸尿裤、胶原蛋白等产品销量不错,公司迎来了开门红。

在巨威公司门口,近10名工人忙着分装、打包、贴单,数千个包裹堆积成小山,运送快递的货车在一旁等待(如图4-1所示)。公司负责人张伟的电话响个不停,既要从工厂选品,又要及时了解全国各地客户的不同需求。这个春节公司一共休息了3天,正月初三就切换到了工作模式。春节前公司每天发送包裹一万个左右,正月初三复工复产后,很快就恢复到节前水平。接下来公司将继续深耕新零售领域,与一些知名度较高的企业合作,提供更多品牌价值高、质量好的产品。

图4-1 巨威公司门口,工人忙着打包

在北下朱社交电商产业党群服务中心,振兴社区党委书记楼春忙着安排复工复产后的各项事宜。他说,今年北下朱将融合已对接的院校资源,通过合作项目的开展,推进品牌化、规范化进程;同时,将以江北下朱为中心,共享流量红利,打造网红社区。

任务一 数字直播营销的前期准备

【任务描述】当下,"直播+"成为一种新趋势,越来越多的企业意识到数字直播营销的效果,数字直播成为炙手可热的新兴领域。"直播+"替代"互联网+",成为互联网时代一种主要营销形态。本任务侧重介绍数字直播营销前思考的内容以及数字直播营销开展前需要做哪些准备。

【任务分析】作为一名主播，开展数字直播营销前应做好一些前期准备工作，包括直播的形象、直播硬件设施的准备、直播间设置、直播预热和直播脚本策划等。

相关知识

一、数字直播营销前的思考

直播作为内容承载最生动、互动化最强的模式，对于内容和电商平台而言，能够显著提高流量的效率，增加用户和平台之间的连接。2016 年，直播电商开始发展。2019 年，李佳琦在抖音大火，薇娅、李佳琦成为淘宝直播的代言人，越来越多的企业意识到直播营销的效果，纷纷开始直播。"直播+"成为一种新趋势，"直播+"替代"互联网+"日渐成为互联网时代一种主要的营销形态。

在直播如此热门的当下，我们也要思考：直播是否是最好的归宿？前段时间，罗永浩以 6 000 万元价位签约抖音，在愚人节当天正式开始进入直播行业，当天晚上 3 小时成交额超 1.1 亿元；同时，薇娅在淘宝直播卖火箭，秒抢下架。4 月 6 日晚，央视主持人朱广权和李佳琦进行公益直播，累计观看次数达 1.22 亿次，给湖北带货 4 014 万元。

原来的直播模式，是靠主播的内容或才能吸引人，用户会为了一个主播连续观看，给主播打赏，更多用户是为了"人"来的，在这个场景下，人在直播中的作用被放大，对于主播的依赖度也特别高。直播电商的出现，让"人、货、场"发生了新的变化。用户不再单单为了人而来观看直播，用户也有可能是为了货来观看直播，只为了抢到比日常价格更便宜的产品。这样的模式，就降低了人对于直播效果的影响，增加了货物对于用户的吸引力。面向合适的用户提供合适、高频率使用的产品便能让整个直播间的价值得到充分的流量变现。因此，比起直播打赏模式，直播电商有了可以承接流量的价值产品，摆脱了单纯依靠人的直播时代。

数据显示，自疫情以来，越来越多的企业开设线上业务，也有越来越多的产品进入直播这个秀场，特拉斯直播、薇娅直播卖房，万物皆可播的时代正在到来。

抖音、快手、淘宝直播、腾讯直播等平台不断出现，让"播"的形式变得更加多样化和有趣化。但是也有人对于直播带货的模式并不看好，直播带货和当年淘客的模式很像，以专属优惠换来用户买单，以主播的现场叫卖让用户产生共鸣，进一步促进用户的成单。

直播虽然是当前比较热门的领域，很多企业高管也亲自上场直播售卖自家的产品和服务；然而，电商直播再火热，企业在切入直播应用时，还是要思考几个问题：到底该不该切入直播应用为自家企业所用？所需要的核心诉求是什么？切入直播能为企业带来哪些改变？

无论是商家还是主播，有以下几点要做直播的理由，值得思考：
① 新兴且展示方式历史性改变，必然吸引客户眼球；
② 购物体验更直观、更立体、更真实；
③ 直播的感染力和口碑度及促进分享方面的能量远超其他；
④ 优质主播客户沉淀比优质商家的客户沉淀更好做且黏性更大；

⑤ 直播无疑是商家最好、最快的选品工具，也是最好的导购工具，而且还有品牌打造、清库存打造基础销量等诸多功能，随着直播行业不断向前发展，其更多功能还有待发掘；

⑥ 自营店铺或品牌，如果有一个或者几个不错的主播，是非常容易打造成功的；

⑦ 在主播的粉丝沉淀上，还有很多文章可做，潜力巨大；

⑧ 做得好的主播是自带人格和消费双重标签的，不仅仅是渠道而已。

还有一个最核心的理由，传统电商多数还处在营销叫卖阶段，极力佐证、功利心明确，这是页面展示的弊端，而直播的出现已经改变了传统电商的现状。

要真正做到直播电商内容化，需要从软件和硬件两方面准备。软件方面的准备，如环境、思维、理念、意识、服务；硬件方面的准备，从传统的图文方面切入直播内容电商，如团队资源、产品、设备等。

 二、数字直播营销前的准备

（一）直播的形象

主播最重要的就是形象、妆容，尤其对于新主播来说，不像老主播那样有一定的粉丝基础和内容基础。所以用户来到直播间，新主播第一步要考虑的是如何吸引住用户，用户留住后再考虑如何进行内容的输出。

（二）直播硬件设施的准备

① 网络环境。保证网络稳定，若使用 4G 开播，建议关闭 WiFi，以免自动接入 WiFi 而出现网络中断。

② 直播一般需要手机、声卡、麦克风等。这里要说的是两种组合：一种是两部手机、一个声卡和一个麦克风；另一种是一部手机、一台电脑、一个声卡和一个麦克风。

③ 手机状态。直播时主播要关闭其他应用，同时建议开启勿扰模式，防止电话打入影响直播，QQ、微信等调到静音，保持运营和工作人员随时可以联系到主播，指出主播直播过程中的不足或其他有关直播安排与调整。

④ 直播效果。若需用到背景音乐，建议在直播前先加载音乐，加载成功的音乐会以列表的形式保存，直播时可直接播放。每场直播前必须达到一个最好的视频效果，不要上去自毁形象。调整好声卡，确定无误后再开播。光线方面要确保直播环境光线充足，请勿站在逆光处直播；对焦和曝光方面如果出现过曝现象，请及时滑动屏幕，调整对焦和曝光点；前置摄像是镜像的，如果有文字等信息要正确地显示，可以点击镜像按钮调整；直播默认开启美颜效果，直播前可自行调整美颜力度，美颜力度越低，画质和细节越清晰；条件允许的前提下，可以准备两部手机，一部用于后置摄像头直播，一部用来观看粉丝的弹幕，观看弹幕的手机需把声音关掉，避免重复收音造成回声。

⑤ 为记录当天的直播内容，每个主播都应该准备笔记本或用电脑记录粉丝的 ID、昵称、性格、喜欢的音乐。因为每个粉丝随时可以改昵称，记录 ID 可以更加清晰地了解自己粉丝的在线情况，并且会让粉丝感觉你对他特别用心，从而提高与粉丝之间的亲

密度。

（三）直播间设置

直播间的设置并不是指搭建直播环境，而是指各大平台创建直播间时的一些设置问题。

首先，平台在创建直播间时，应该注意标题、封面图这两点，各大平台上的情况可谓是五花八门、乱七八糟。

直播间的标题主要遵循突出直播内容、吸引用户点击观看这两大要点，所以正确的标题写法可以是两段式结合。比如，"纯棉男短袜限时秒杀""这么便宜的口红难以置信"等，字数控制在5～15个，字数少描述不清楚，字数多容易超过限制被省略。从上面的例子可以看出，两段式写法就是一句话讲清楚直播内容，同时又加上一些类似"标题党"的内容，再进行组合。比如专场、返场、特惠、福利、折扣、优惠等，还有一些限量、秒杀、特卖、直降类的词语也可以搭配使用。如果你实在是琢磨不出一个好标题了，那么多去看看各大平台上的直播，找出那些品牌直播间的标题，模仿着写就行了。

有很多人觉得封面图应该足够简洁，简洁到自己的一张自拍照、形象照，或者风景照、不知啥来头的抽象画就行了；实际上封面图也能够承载很多信息，比如产品、主播与嘉宾、活动主题等，这块地方我们尽量不要浪费，应该进行一些设计。有些封面图上的形象照就是看美不美和帅不帅；有些则不知所云，只能看一下标题说的是什么；还有的像央视新闻那样，内容过多导致封面图缩小，一堆小文字看起来都费劲。所以，我们在设计封面图的时候注意贴合直播主题，突出主题角色，产品图就展示产品，老板客串直播的就贴老板的照片，再加上一句话突出特点。比如你做促销专场卖皮鞋，那么封面图主题角色就是老板转身想跑的画面，加上皮鞋，再加上一句话："老板跑路了，皮鞋亏本卖。"

想在一个直播平台的众多直播间列表中脱颖而出，让用户在几秒内注意到你，了解你的直播内容，产生兴趣点击观看，这些就是写好直播间标题和设计好封面图的作用。

最后补充一点，直播间的标题和封面图上不要出现广告法禁止的一些词汇，至于哪些词汇是禁止的，可以去百度搜索广告法禁用词检测。

（四）直播预热

预热的形式一般有文案、短视频、海报。预热的平台也很多，像抖音、快手、微信、微博、新闻媒体报道等。做预热的目的无非就是引流，但绝大多数人都忽略了"记忆时间"。一个网络热点事件，网民记得住并参与讨论的时间周期大概是一周，一周后就忘得差不多了，继续追下一个热点。罗永浩直播前的预热是全网，他开直播本身就是一个热点，记忆时间也把握得很好，所以第一场直播预热带来的流量还是很可观的。我们要强调记忆时间这个问题，主要是有很多微信好友准备开直播了，天天群发海报，一大堆文字，真的烦不胜烦，实际上大家根本不会去看，有些几天后的直播过会儿就忘了。所以，我们发布预热内容的时候，一定要分清楚平台，比如像抖音、快手、淘宝这类的，只要是关注了的粉丝，App都会提示正在直播。但是微信这种即时沟通工具，建议提前半小时将预热内容群发出去，直播间也是提前开播候着用户，这样来的流量都能承接下来。

预热的内容只要讲清楚三个点，即什么时间、什么主题、有什么好处就行了，无论文字、视频、海报。比如文字方面:"4月22日晚8点,××直播间重磅拍卖,奢华安全底裤三折清仓。"短视频也是差不多的,拍摄视频也是基于文字剧本的。但是海报的设计就有些讲究了:海报的设计一定要直观、突出主题,整体设计简洁明了。如果要参考的话,可以使用以下模板:四周预留边缘,便于你在各大平台发布的时候不会被水印遮挡。一般来说,水印位置都在左上角或右下角,与此同时主体内容居中更容易抓住眼球。首先,海报背景简洁即可,不要杂乱或花里胡哨的,就算是要用纹理背景,也尽量使用不超过三种颜色的。其次就是见图如见人,海报中的主播要货真价实。最后记住海报中的主播照片不要挡脸,也不要放自己的全身照,半身照就差不多了,可以适当加一些动作和表情。

(五)直播脚本策划

直播的脚本不是固定的,有时候每周都会更换一些玩法,或者每一场直播中,突然间计划有变,要插一个嘉宾进去,也会改变一下直播过程。所以最好是每场直播都做一份脚本,这样能够确保整场直播的流畅、内容完整,以及便于复盘。

专业团队设计的直播脚本是比较复杂的,毕竟他们每个环节都有团队人员的协助,所以这里只讲通用的方法,其他的大家自行参考发挥。

1. 直播目标

每一场直播都定下一个目标,比如这场直播需要有多少关注量、观看数、下单量、销售额等,把目标进行量化,方便结束后复盘。

2. 直播准备

首先,场搭建好,货品到位,设定好直播的主题,卖什么产品就围绕着什么产品讲。这个过程的细节要非常具体,几点开始预热、几点开始直播、几点开始介绍产品、几点开始发放优惠,等等,每个时间点做什么事情都要一一体现在脚本设计上,避免浪费时间和直播内容混乱,也避免翻车事故。

其次,人员安排到位。主播和助理负责介绍产品、互动、引导下单等,后台客服负责解答用户问题、产品价格修改等。

最后就是预热,各个渠道分发预热的内容。

任务二 数字直播营销的预热引流与转化

【任务描述】对于互联网企业而言,流量等于现金。因此,如何抓住稍纵即逝的流量风口,实现高效、快捷的预热引流和转化,从而创造商业价值,就成为电商平台入驻企业和商家最需要关心的事。

【任务分析】数字直播营销前期需要预热引流与转化,因此,作为一名主播,需要了解目前直播常用的引流工具种类,能够独立设计引流账号开展引流预热活动,同时要注意规避直播中易被限流的一系列操作。

相关知识

一、认识常用引流工具

以下主要介绍淘宝直播平台和抖音直播平台的常用引流工具。

（一）个人 IP

IP 原本是 Intellectual Property 的英文缩写，原义为知识产权，在互联网界已经有所引申。IP 可以指一个符号、一种价值观、一个共同特征的群体、一些自带流量的内容。近几年，有些人通过在平台上进行直播吸引了大量的粉丝关注，形成了个人 IP，他们能够凭自身的吸引力，挣脱单一平台的束缚，在多个平台上获得流量。直播账号要打造个人 IP 必须建立清晰的用户画像，然后根据画像进行内容定位。例如，美妆类主播，可以通过发布美妆技巧、美妆产品使用方法等短视频，分享对于美妆的个人心得和独到见解，逐步获得有相关需求的有用户的认可，进而形成良好的个人口碑，通过一个较长周期的优质内容输出，最终成功打造具有公信力的美妆个人 IP。

以"衣哥"账号为例，如图 4-2 所示，它已经推出了 100 多个以服装时尚搭配类内容为主的短视频，在抖音直播平台上吸引了近 800 万粉丝，由此可以形成该账号的用户画像，即热衷时尚潮流装扮的年轻人。针对用户特点，该账号推出了时装走秀、美丽揭秘以及视觉化展现和沟通类的短视频作品，有效增强了对时装穿搭有刚性需求的粉丝黏性，形成了"懂美、爱美、会美"的个人 IP 形象。

这类账号通过推出垂直领域的原创视频，依靠优质内容获取高曝光度，形成具有知名度和号召力的个人 IP，进而引入庞大流量，并最终实现变现。

图 4-2 服装类目"衣哥"的个人 IP

（二）评论

评论是指针对事物进行主观或客观的自我印象阐述。这里的评论主要是指直播过程中粉丝或消费者对主播直播效果或者产品本身的评价。

评论引流属于免费流量，想要利用评论引流，首先需要保持与用户的高互动性，引起用户的关注；其次，评论内容要能够引发用户共鸣，阅读以后能让用户产生开心、愉悦、认同、归属的情绪，有进一步与主播交流互动的欲望，进而为其点赞、转发。

以抖音直播平台为例，开展评论引流首先需要了解抖音短视频的推荐机制。抖音直播平台的短视频推荐机制和"今日头条"类似，即一条视频上传审核通过后，通过智能系统对视频进行兴趣化标签分类,并推送给有观看这类视频习惯的用户。随后,对这些用户观看视频的完播率、点赞量、评论量、转发量进行数据汇总和分析,根据分析结果决定是否持续向更多的用户推荐。例如,在抖音直播平台发布视频成功以后,系统会首先推送给500位用户,那么这500人当中可能有400人会点击观看,其中有300人看完全片,50人点赞,30人评论,20人转发。一旦达到这一标准,系统就会判定该视频为高质量视频,并将它继续推荐给下一批用户,此时的推荐量可能会增加到1 000人,甚至万人、10万人级别,继而再推荐给第三批用户、第四批用户,以此类推下去。当该视频满足抖音的推荐规则要求之后,就会获得更多的免费上热门的机会,从而扩大粉丝数量,实现引流。

淘宝直播平台的评论引流方式与抖音直播平台的评论引流方式基本类似。

(三)企业认证

企业蓝V是抖音直播平台的企业号,能够帮助企业传递业务信息,与用户建立互动。认证通过的企业号,将获得蓝色的"V"字形认证标识。较为成功的企业号包括"海底捞""答案茶""Coco奶茶"和"土耳其冰激凌"等,特别是"答案茶",通过短短几个月的时间,依靠抖音短视频带起了线下购买热度。

抖音的线下引领目前主要依靠垂直行业的POI(Point of Information,信息点定位)。只要企业号拥有了企业蓝V认证,就可以进行POI定位,即有固定办公地址和实体店面的商户可以在抖音直播平台申请认领一个POI地址,在地址栏里展示企业的蓝V号以及店铺的一些基本情况,并支持电话预约,进而为企业提供更多的曝光和变现的可能。

与抖音直播平台不同,淘宝直播平台的企业认证采用实人认证,已经入驻淘宝直播平台的一些达人账号、商家主账号和子账号都可以在开播之前进行实人认证。实人认证将卖家身份信息与经营者本人进行绑定,一方面杜绝欺诈,提高账号公信力,另一方面便于用户通过平台准确检索到主播本人。淘宝实人认证面向所有商家分批进行,新开店商家先通过实名认证,之后需要接受定期和不定期实人认证身份复核。

(四)付费推广

以抖音直播账号为例,抖音的"Dou+"是抖音直播平台为商家提供的一种视频付费推广工具,能够高效提升视频的播放量与互动量,提升内容的曝光效果,满足抖音商家的多样化需求,如图4-3所示。

"Dou+"适合不想花太多时间在视频制作上的商家,也适用于希望登上视频推荐榜单、快速增加曝光机会的商家。目前100元"Dou+"的助力可以换取5 000人次的播放量,同时可以设置兴趣标签,推荐给目标用户观看。

淘宝直通车则是淘宝平台为商家提供的一种付费推广工具,针对淘宝直播现已开通直播推广功能,在直播推广时间上包含"始终推广"和"直播

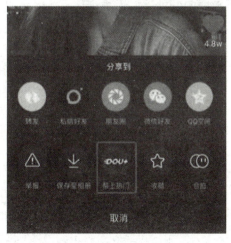

图4-3 "Dou+"功能按钮位置

结束则推广结束"两种选择，如图4-4所示。

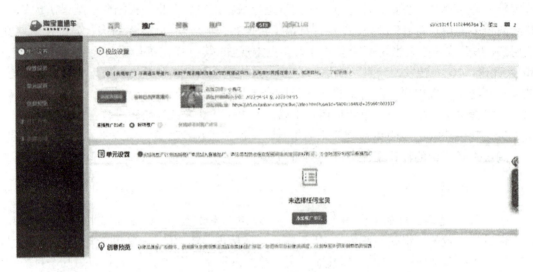

图4-4 淘宝直通车推广设置页面

"始终推广"即在主播直播阶段，以及在直播结束后进行持续引流。主播在一场直播结束后，还能继续利用直播间视频讲解回放片段作为视频落地页进行投放。用户搜索后，点击广告就能看到产品的回放视频，促使有高购买意向的用户进行购买。

"直播结束则推广结束"即在主播直播阶段进行引流，适合需要大量拉取新客的店铺，可以直接增加直播间的观看人数。

淘宝直通车的收费方式是按关键词点击量计算费用，每一个关键词由于热度不同出价也不同，具体标准可登录淘宝直通车官网查看。

（五）信息流广告

信息流广告是指位于社交媒体用户的好友动态或者资讯媒体和视听媒体内容流中的广告，有图片、图文、视频等。其特点是算法推荐、原生体验，可以通过标签进行定向投放，根据自己的需求选择曝光、落地页或者应用下载等，最后的效果取决于创意、定向、竞价三个关键因素。

投放信息流广告，同样属于付费流量的一种，即在视频流当中以原生态的方式植入自家的广告。这类非强制性的广告方式，不打扰用户，较容易被接受。信息流广告可以针对人群、兴趣、地域等多个维度进行标签设置，从而把品牌产品呈现给特定的人群，是一种相对简单的引流方式，如图4-5所示。

抖音直播平台的信息流广告支持 CPC 和 CPM 两种计

图4-5 小米有品的信息流广告

费方式,用户可以根据自身需求进行选择。CPC 即 Cost Per Click,按点击付费,每次点击约 0.2 元。CPM 即 Cost Per Mille,按展现计费,每个 CPM 的价格为 4 元,即一个广告被展现 1 000 次,扣费 4 元(按展现计费,用户只要看到广告,就算作一次展现,广告在 24 小时内被同一用户观看多次,也只算一次展现)。

淘宝直播平台的信息流广告"超级推荐",广告位覆盖"猜你喜欢""微淘""直播广场""有好货"等推荐类位置,广告呈现的形式包含产品、图文、短视频、直播、跳转页面等。

二、设计引流账号

为了提升用户黏性,避免一划而过的窘境,主播需要有针对性地设计个人主页。一个定位清晰、信息翔实、设计精美的个人主页,无疑可以吸引更多的用户停留、驻足。以下将介绍如何设计一个能够吸引用户的个人主页。

以抖音直播平台为例,如图 4-6 所示,个人主页包括账号头像、昵称、个人简介和背景图四部分。个人认证或蓝 V 认证用户会显示优质创作者标签,开通商品橱窗的账号会显示一个商品橱窗的入口。

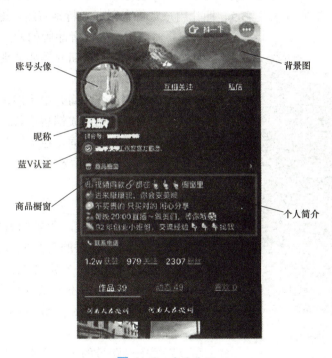

图 4-6 个人主页

(一)账号头像设计

对用户而言,对账号的第一印象来源于头像,其次就是置顶的视频,以及近期热门视频形成的封面,这些内容构成了主页的整体形象,它直接决定了用户是否会进一步关注账号。需要注意的是,新开账号不宜在个人主页显示过多的营销性信息。

一个能够即刻引起用户好感并转化为关注动力的账号，首先需要对头像进行设计。头像设计可以采取两种方式：一种是根据主播从事的行业选择头像，即头像跟视频内容领域相互垂直。比如主播想打造的是一个宠物领域的账号，那么头像就可以选择一些比较可爱的萌宠照片；如果主播想做美食领域相关的视频，那么头像就可以选择一些比较诱人的美食实拍图片。另一种是选择个人形象照片作为头像。这类做法适用于个人 IP 的打造，网红账号多采用此种方式。

（二）昵称设计

昵称就是主播的第二个名字，是树立主播形象的重要手段。选取的昵称要能够反映个人特征，避免泛泛的概念，如情感语录、护肤讲堂等，可以加上个人名字作为前缀进行区分。昵称要好记、好找，避免不易辨识的文字。此外，昵称还要体现账号服务领域，可以插入垂直领域的相关标签，以易于平台系统辨识和抓取。

（三）个人简介设计

一则生动有趣的个人简介，能够最大限度地提升用户的好感度。个人简介需要体现主播所从事的工作领域，应包含领域标签，便于平台系统辨识。个人简介需要体现出主播能给用户带来的最大价值点或关注点，即让用户觉得有用或者特别有趣，进而选择关注。个人简介需要体现出个人或者品牌的特点，文字不宜过多，能够明确表达即可。个人简介需要体现视频的时间与频率，从而增加用户黏性。

需要注意的是，个人简介中不能出现任何的联系方式以及引导方式，避免造成销售广告的违规风险。个人简介中不能出现行业敏感词，避免因为敏感词导致个人简介审核不通过，影响账号权重。

（四）背景图设计

当用户进入个人主页，背景图就成为最重要的一项视觉元素。因此，合理的背景图设计将有效提升页面的质感。背景图要与账号定位相关，起到宣传品牌IP 或产品的作用。背景图还可以进行适当的关注引导，如在图中显示微博、微信账号等。背景图示例如图 4–7 所示。

淘宝直播平台账号的个人主页也基本包含了上述内容，可参照相关技巧，设计"吸粉"账号。

图 4–7 背景图示例

三、规避直播易被限流的操作

所谓限流就是账户流量受到系统限制，具体表现为直播流量下降和推荐度降低，严重的甚至在平台上无法搜索到账户及相关视频内容，同时上传的视频审核周期进一步延长。

对于商家和主播而言，限流和封号会给自身的营销和发展带来严重打击，因此需要重点规避敏感操作，合理合规地提升账号流量。以下将介绍抖音直播平台和淘宝直播平台的易被限流的操作。

（一）抖音直播平台易被限流的操作

1. 刷取播放量

在经营账号过程中，一旦出现过多的未完整观看视频，就可能被平台认定为人为刷取播放量，进而对账号限流。

2. 大量点赞、评论和转发

在经营账号过程中，一旦出现大规模的逐条视频点赞、评论和转发的情况，就会被认定为异常操作，进而被平台限流。

3. 大量无意义评论

过于空泛、简单的好评大量出现，会被平台认定为异常操作。

4. 大量关注或取关

不少商家、主播会在前期大量关注同类账户，而后随着知名度的提升大量取关，这一行为同样会被平台认定为异常操作。

5. 大量互粉互赞

随意与大量不同类型用户互粉互赞，同样会被平台认定为不规范操作。

6. 登录地址持续切换

账号持续切换登录地址会被平台认定为采用模拟地址变化的软件去获取同城流量。因此，建议位置经常变动的商家和主播在登录时关闭同城定位功能。而针对一机多号的情况，建议同一部手机不要登录两个以上的抖音账号。

7. 发布营销性内容

抖音视频中不能出现任何产品价格及明显的地址。

8. 频繁修改账号信息

修改账号信息需要经过审核，一旦出现违规情况，就要及时停止修改，避免封号风险。同时建议不要频繁修改账号信息。

9. 删除重发视频

随意删除重发视频存在被平台认定为内容重复的风险，导致限流。建议谨慎重发视频。

（二）淘宝直播平台易被限流的操作

1. 标签混乱

在经营淘宝直播账号的过程中，需要对售卖产品的类目、属性、价格等进行规范标签。如果操作不规范，就会导致用户人群标签混乱，造成平台无法对账号进行流量分配，从而被平台限流。

2. 刷假数据

大规模人为刷取观看量、点赞量，一旦被平台认定，账号就会被限流甚至关闭。

3. 停播时间长

淘宝直播账号停播两周以上，就会被系统认定为不活跃账号，进而被减少流量分配。

4. 发布违规内容

账号发布违反平台规定的相关内容，或在直播中出现敏感词、明显违规行为，也会被平台限流甚至封号。

5. 转化率或转粉率低

账号的流量转化率或转粉率过低，直播产品购买率和固定粉丝人数长时间增长缓慢，也会被平台认定为缺乏潜力，进而减少分配给账号的流量。

需要注意的是，无论是在抖音直播平台还是淘宝直播平台，一旦发现账号被限流，建议减少账号的作品发布频率和直播频率，同时进行严格的自查自纠。根据平台规则，通过一个长周期的规范操作，最终账号会被取消限流。

四、数字直播营销的转化

（一）提升直播间的转化率

直播是一个实时互动的场景，吸引用户的关键在于直播内容本身。为了提升转化率，就要帮助用户更好地获取直播内容，方便用户与主播进行更为有效的互动，激发用户的购买欲望。这里主要从信息传递、互动方式及购物氛围营造3方面说明。

1. 信息传递

直播通过实时的视频画面和声音来传递信息。相比图文信息，直播信息具有很强的时效性；同时这也是一处明显的局限性，同一段信息的传递，需要主播和用户同时在线。而现在大部分用户的时间都是零碎的，无法做到用户与主播时间绝对同步，这就造成不同时间段进入的用户对直播信息获取的不完整，主播不得不反复表述相同的信息。

所以，首先要解决的是，如何让主播与用户之间更高效地进行信息传递。

由于直播是实时不间断的，要提高信息传递效率，可以在不影响直播主体也就是视频画面展示的情况下，对用户普遍关心的信息进行聚合固定展示，拓宽单条信息的覆盖面，减少信息传递盲区。

直播中传递的信息大致可以分为两类： 既定信息和实时信息。既定信息是本场直播客观存在的，比如主播、主题等；实时信息是直播过程中实时产生的，比如在直播过程中用户问主播的身高体重，这类信息不一定属于主题范畴，但一定是某时段内大部分用户所关心的，而且用户关心的点会随时发生变化。所以，根据直播信息的特性，可以对既定信息息进行固定展示，对实时信息进行机动展示，即在用户关心的时段固定展示。

2. 互动方式

为了让直播间互动更简单，尽量减少对直播主体内容的干扰。综合考虑互动成本和互动意愿两个维度，可有4种互动方式：

① 评论：用于用户与主播的基础互动方式；

② 购物：引导流量转化；

③ 点赞：用于低成本表达对主播的喜爱；

④ 关注：便于回访，增加用户黏性。

在直播间中，用户与主播是强互动关系。为了让产品和直播内容之间联系更紧密，在不干扰直播主体内容展示的前提下，可以选择在直播相关内容时，适时将关联产品外露，建立产品与购物模块之间的联系，引导用户查看更多产品。比如：主播正在介绍一件衣服，此时，用户可以在直播间看到这件衣服的购买入口，这种强关联性的建立，能有效促进流量转化。

3. 购物氛围营造

要让用户买买买，氛围很重要。如何营造更热闹的购物氛围，刺激用户购买呢？这里3个词很重要：热闹、抢购、优惠。

（1）热闹：大家都在看

人多的地方就能吸引更多人。直播间观众席的设置、观看人数、评论、点赞数及点赞动画、活动入口链接等，都在传递直播间很火爆的气氛。

（2）抢购：大家都在买

直播间临时将不同用户聚集在一起，形成一个小集体，因此，可以将有助于引导购买的信息外露，比如×××已购买、多少人想买等，营造一种大家都在买的感觉，激发群体效应，让那些有选择困难的用户被少数购买态度明显的人影响，刺激购买欲，提升转化率。

（3）优惠："赚了""省了"的感觉

如今人们停留在一条信息上的时间越来越短，而直播又是一个需要时间的项目，要吸引用户持续观看，需要适时给用户一些刺激，让用户愿意花费一定的时间来兑换相应的内容。

直播带给电商平台的颠覆在于一种去中心化的电商体验。在过去，好的产品被用户搜索出来后将进行不断的比较，用户易陷入迷茫；而在直播中，网络红人将充当意见领袖，在专业领域进行讲解，比如服饰搭配、运动器械使用等，将产品拟人化。他们传递给用户的是一种生活方式，在这个层面，网红将成为用户的买手，直播使得他们更加了解当下流行的趋势，甚至可以制定趋势从而传播趋势。

（二）锁定目标客户，提升转化率

在购物过程中，从最初的信息接触到最终购买，用户会经历很多的接触点。直播要有效促进购买，首先就要了解用户接触直播的路径，明确用户在不同路径的具体需求，满足用户的需求改变和影响其决策，并最终促成转化和留存。用户路径取决于用户需求。根据购物目标，我们将进入电商平台的用户分为3种：目标明确型、半目的型和无目的型用户。

1. 目标明确型用户——搜索

目标明确型用户有明确的购买目标，路径就是搜索后查看产品详情。直播在这里的作用，就像一个产品说明书，帮助用户获得更全面的产品信息，辅助决策。

2. 半目的型用户——搜索+逛

半目的型用户有模糊的购买意愿，想买一样东西，但是不知道要买哪个，这时候的路径就是"搜索+逛"，用户会尽可能收集更多的相关信息，明确购买目标。这种用户的转化率较高，决策具有较大可能被影响，直播在这里就相当于一个导购，通过主播的推荐和介绍，促进更多转化。

3. 无目的型用户——逛

无目的型用户没有既定购买目标，只是随意逛逛，看到感兴趣的内容会进去看看。这个时候用户作为潜在用户，具有一定概率的购买意向，直播在这里的作用是激发用户的购买欲，最终形成购买用户。

相较于目标明确型用户，半目的型和无目的型用户的购买价值体系还未成型，更需要引导和帮助，购买决策也更容易受到影响。所以我们要解决的问题就是如何通过直播把这部分用户转化成购买用户。

任务三　数字直播营销的内容设计

【任务描述】数字直播营销的最终目的是销售产品。为了更好地达到产品销售的目的，主播需要规划好直播主题和直播脚本，这就需要主播掌握主题规划的技巧，同时为直播制定好脚本。

【任务分析】数字直播营销活动，需要进行翔实的直播内容设计，要求主播掌握直播主题策划和直播脚本的相关理论知识，并理论联系实际，能够独立进行数字直播主题规划和直播脚本策划。

 相关知识

一、数字直播营销的主题规划

规划直播主题是设计直播内容的第一步。在这一步，主播需要结合时下热点，以此为主题贯穿于直播的整个流程。此外，主播也要设计好直播的标题，突出直播亮点。

（一）结合热点规划主题

在当今信息爆炸的时代，人们每天都会接触到大量信息。在纷繁复杂的信息中，只有时下热点才能够抓住更多人的目光。因此，为了吸引更多人关注，主播的直播内容需要与时下热点相结合，这是主播规划直播主题的重要法宝。

直播主题与时下热点相结合能够增加主播直播内容的曝光度，为直播引流。同时，与时下热点相结合的直播主题能够吸引大量用户的目光，而用户对直播内容的讨论和分享也会提高直播的曝光度，进而吸引更多人关注直播。

主播应该如何结合时下热点规划直播主题呢？热点来得快，去得也快，要想借助热点吸引更多用户的关注，维持直播的热度，主播就需要对时下热点进行深入挖掘。

首先，每一个热点都有其背后的重点内容，主播在利用时下热点时要总结热点背后隐藏的"干货"；其次，主播要将热点事件与直播内容相结合，使其成为直播内容的亮点；最后，即使热点事件的讨论热潮已过去，但这件事对人们造成的影响仍会持续一段时间，主播就要充分利用这段后续影响期开发热点的周边事件，实现二次引流。

例如，在电影《战狼2》热度爆棚时，各大媒体纷纷报道了许多与其相关的新闻。在那段时间里，就有很多美妆博主借这部电影的热度推出了以"《战狼2》里的那些女星使用的美妆产品"为主题的视频，这样的直播就为这些美妆博主吸引了很多流量。

尽管结合时下热点规划直播主题会给主播带来很多好处，但是主播也要选择合适的热点与自己的直播相结合。如果时下热点与主播所推销产品的相关度不高，或者主播将二者结合得不恰当，就会让用户认为主播是在"蹭热度"，这对于主播的直播宣传和产品销售而言都是十分不利的。因此，主播一定要认真分析时下热点，选择合适的热点规划直播主题，这样才能真正地借热点为直播引流。

（二）主题重点要突出

周文在淘宝网开了一家店铺销售小龙虾，每天都会通过直播推销自己的产品。在一次做主题规划时，周文决定以讲解麻辣小龙虾的制作过程为此次直播的主题。

在直播中，周文展示了麻辣小龙虾从选料到加工的制作过程。因为本次直播的主题是讲解麻辣小龙虾的制作过程，所以周文在整场直播中都在讲解选料、清洗、食材准备、制作步骤等，并没有直接进行小龙虾的推销。

而周文讲解麻辣小龙虾的制作过程这个主题吸引了许多用户的关注。不少用户在观看麻辣小龙虾制作的过程中，都觉得周文对小龙虾质量的把控十分严谨，制作出来的麻辣小龙虾的色泽十分诱人，于是纷纷下单。虽然周文没有直接推销产品，但是讲解麻辣小龙虾的制作过程这个主题就是对小龙虾的很好的宣传，直播间的销量也因此提高。

一个好主题能够使直播吸引更多用户的关注，也会激发用户的购物欲望，进而实现产品销售。那么，如何规划直播的主题呢？主播需要做到以下3个方面：

1. 主题要突出产品特点

在规划直播主题时，主播需要突出产品的特点。例如，主播在推销防晒产品时，就可以防晒霜、防晒喷雾的"12小时持久防晒""防汗"等特点规划直播主题。

2. 主题要有特色

主播需要从多角度思考直播主题，展现直播主题的特色。例如，在上述案例中，周文就别出心裁地选择了以展示制作麻辣小龙虾的过程作为直播主题，这个主题带给了用户新鲜感，吸引了大量用户观看直播。

3. 主题要贴近生活

许多人观看直播是因为直播具有实时性，而且其内容大多与自己的日常生活相关。因此，主播在规划直播主题时也需要贴近大众生活。例如，主播可以在直播中试用、试吃产品，或在直播中展示产品的制作过程。上述案例中的直播小龙虾的制作过程就是贴近生活的直播主题。

总之，主播在规划直播主题时，要选择能够突出产品特点、有特色并贴近生活的主题。同时，整个直播的过程应围绕直播的主题展开，而直播主题要贯穿于直播始终。

（三）做理性的"标题党"

吸引人的标题是决定用户观看直播的重要因素。如果没有吸引人的标题，即使直播的内容很精彩，也难以吸引更多的用户观看直播。好的标题不仅能吸引更多用户观看直播，还能让整个视频增色不少。在设置直播标题时，主播可以采用以下 3 种方法：

1. 以词取胜：设置数字关键词

标题中的数字可以迅速引起用户的注意。要想在短时间内吸引用户的目光，主播可以借助数字的力量，让标题更加直观和简洁。

例如，"如何搭配春季服装""3 招告诉你：春季服装搭配的小技巧"这两个标题，显然后者对用户更有吸引力。因为该标题明确告诉用户只需要"3 招"就可以学会"春季服装搭配的小技巧"。无论是从效果预期上，还是从内容引导上，添加数字都可以为用户提供更多有效信息，从而促使用户点击进入直播间。

2. 提出疑问，增加悬念

用户在选择进入一个直播间之前，会浏览不同直播间的标题。一个能吸引用户注意力的标题能够为主播的直播间带来更多流量。什么样的标题才能够吸引用户的注意呢？在标题中提出疑问也是标题设置的技巧之一。

在标题中提出疑问能够为直播内容增加悬念，而这种悬念能够吸引用户关注直播。同时，标题中的疑问也能够引发用户的思考，激发用户的好奇心，从而让用户在好奇心的驱使下进入直播间。

3. 借力打力，加入火爆的关键词

主播在设置标题关键词时应紧跟时代潮流，在标题中加入当下火爆的关键词，以吸引更多用户进入直播间。直播平台会根据标题关键词对直播进行提取、分类和推荐，然后根据用户的点击率、浏览量等分析是否将这个直播间推送给更多的用户。因此，标题关键词的选择是非常重要的。

主播可以通过以上 3 种方法设置直播标题，以吸引更多的用户关注直播。

 二、数字直播营销的脚本策划

一场好的直播离不开一个设计严谨的脚本，直播脚本可以最大限度地帮助主播把控直播节奏，规范直播过程，达到预期的目标，实现直播效益最大化。

（一）直播脚本的概念

直播脚本是指使用特定的描述性语言，针对特定的某一场直播编写的规划方案，以保证直播有序且高效进行，并能达到预期的目标。遵循直播脚本进行直播能有效避免不必要的意外发生，例如场控意外、长时间"尬场"等。一份详细的直播脚本甚至在主播话术上都有技术性的提示，能够保证主播语言上的吸引力以及对直播间与用户互动的把控能力。

（二）直播脚本的作用

1. 把控直播节奏

节奏是调动群体情绪及建立情感联系的一条策划主线，主播要根据直播时长完成预热、爆发、收尾三个阶段节奏点的衔接。即时性互动是直播受欢迎的根本，直播互动节奏的紧凑性会直接影响单场直播所产生的营业额，节奏可以直接在单场直播中呈现。

2. 管理主播行为和话术

有了直播脚本就可以为主播每一分钟的行为和话术提供指导，让主播清楚地知道在某个时间该做什么、说什么，还有什么没做。直播脚本对主播的直播表现发挥着重要作用。

3. 掌握直播主动权

直播脚本通常由直播营销团队根据品牌方的需求并结合实际情况进行编写。整个直播过程需要按照直播脚本顺利开展，这样才能掌握直播的主动权。

4. 减少直播突发状况

直播脚本实质上是一个已经制订好的工作计划，不同的时间段有不同的任务安排，条理清晰，这样能够有效减少直播过程中出现突发状况。

5. 规范直播流程

直播最忌讳的就是开播前才考虑直播的内容。主播如果没有事先预习当天的直播内容，那么直播最终呈现出来的就是不停地"尬播""尬聊"，甚至会出现主播玩手机、自言自语等现象。所以，直播脚本首先能解决的就是直播过程不畅的问题，让直播内容有条不紊地推进。

6. 实现直播效益最大化

无论是淘宝直播带货还是抖音直播带货，抑或是其他平台的直播带货，品牌方和直播营销团队一般都以获得最大效益为根本诉求。根据直播脚本进行直播，能够计划好本场直播所要达到的分享目标，并按照目标实施，从而实现直播效益最大化。

7. 便于回复总结

直播脚本不是一成不变的，而是需要不断完善和优化的。一场直播在按脚本执行的过程中，可以分时间段记录下各种数据和问题，结束后进行复盘分析，对不同时间段里的优点和缺点进行总结，优化和改进，不断地调整脚本，摸索出制定直播脚本的策略和方法。

（三）直播脚本的要素

1. 直播目标

直播目标即在直播开始之前所设定的目标，是本场直播希望达到的目标，包括对各项数据的具体要求，如观看量、点赞量、进店率、转粉量，以及转换卖货销售额等。明确的数据要求有助于达成目标。

2. 直播人员

要对直播过程中所涉及的人员进行工作分类和工作安排，其中直播画面显示的人员包括主播、助理或其他人员。要注意各个人员的分工以及职能上的相互配合，如主播负责引导关注、介绍产品、解释活动规则，直播助理、场控和运营要负责回复问题、发放优惠信息等互动工作，后台和客服负责修改产品价格、与用户沟通转换订单等。

　　场控，即控制场面的人，也可以叫作房管。场控的主要职责就是控制直播间的整体气氛，配合主播顺利进行直播。场控可以在直播间中帮助主播回答用户的问题，屏蔽消息，踢人出直播间或拉人进直播间等。每个直播间都需要一名合格的场控，如果直播中没有场控的管控，整个直播间就会被各种垃圾信息、广告信息、不友好的用户发言等所扰乱。

3. 直播时间

　　直播时间应提前预设。直播时建议严格按照预计的直播时间进行，时段也要相对固定。到了下播时间建议不要恋战，及时预告下一次的直播时间，让用户持续关注下一场直播。这样一方面可以促进用户观看习惯的养成，另一方面还能让用户对主播保持新鲜感。

4. 直播主题

　　直播主题即直播活动的中心主旨。虽然直播的主旨一般都是销售，这也是生活消费类直播的主要目的，但主播还是需要对每一场直播进行多样化的主题策划，并以此进行直播内容的拓展。直播主题需要明确故事要讲给谁、怎么讲。

　　例如：

　　① 产品一专场售卖：上新，如春季新品；清仓，如尾货甩卖；单品，如连衣裙、风衣专场。

　　② 风格一搭配场：抖音爆款搭配、网剧爆款搭配、运动休闲风搭配。

　　③ 人物身份场：设计师流行趋势讲解、设计理念材料讲解、20年老师傅讲工艺。

　　④ 热点营销场：疫情专供，全场下单送口罩；情人节爆款，礼品直销。

　　⑤ 粉丝回馈场：代理专享，样品免费；老粉福利场，专享优惠。

5. 直播内容

　　直播内容是整个直播脚本的精华和重点部分，包括直播的产品介绍、产品数量、产品类型、产品价格（日常售价和促销价）、产品成分、产品卖点、产品链接、店铺优惠与折扣或者其他类型的店铺活动等。

6. 目标用户

　　在直播活动中，目标用户即本场直播或本场带货产品所针对的目标人群。目标用户又称目标顾客、目标群体或目标客群。

（四）单场直播脚本的撰写

　　单场直播脚本的撰写需要具体到分钟，如8:00开播，8:00—8:10进行直播间预热和向用户打招呼。在直播脚本中要规划好单品的单位介绍时间，根据直播时长合理安排直播流程。直播时要依据直播脚本有计划、有步骤地推进直播流程。单场直播脚本的主要内容如下：
1. 前期准备
前期准备主要包括直播宣传、明确目标、人员分工、设备检查、产品梳理等环节。
2. 直播开场
直播开场包括主播自我介绍、引导用户关注等内容，在整个直播活动中起到气氛调节升级的作用，奠定直播的基调和氛围。

 课堂讨论

为使用户迅速进入直播场景，主播需要在开场时提到场景相关关键词，如美食直播的主持人在开场时常用的关键词包括"好吃""解馋""色香味俱全""流口水""饥肠辘辘"等。请试着列出以下直播开场时需要提及的关键词。
（1）天津古文化街街头采访；
（2）欧洲杯 1/4 决赛直播；
（3）火锅店开业直播；
（4）手机新品发布会直播；
（5）电影发行前点映直播。

3. 直播介绍
不论是对新用户还是老用户，在进入一场新的直播时，主播必须对整个直播包括直播福利、直播环节做一个总体性的介绍。
4. 产品讲解
产品讲解是直播的核心内容，要遵循从外到内、从宏观到微观的原则，加以生动真实的语言进行描述，全方位、客观分析产品的优缺点，不可夸夸其谈。
5. 产品测评
产品测评往往是用户较为关注的一个环节，在这个环节中主播需要站在用户的角度，360度全方位介绍产品。
6. 用户活动
在直播进行到中间进程时，主播需要安排适当的用户参与活动，例如进行用户个案讲解、故事分享和疑问解答等。
7. 抽取奖品
直播过程中通常会安排抽奖环节，为用户送福利，这既是维持现有粉丝的有效方法，又是吸引新粉丝的有效手段，还能够更好地调动直播间的气氛以及引导用户消费。
8. 总结直播
总结直播时，直播已近尾声，主播需要再次强调品牌以及总结本次直播。
9. 预告直播
直播结束时，引导用户关注主播账号并且预告下次直播的内容。
表 4-1 为天猫直播脚本示例。

表 4-1　天猫直播脚本示例

直播主题		2019秋冬新款、爆款推荐、新品介绍、清仓秒杀	
主播		×××	
主播介绍		阿里巴巴、天猫、淘宝直播兼客服主管	
内容提纲			
	1	公司发展历程，目前主营业务	
	2	面料讲解	
	3	产品介绍	
	4	提供采购方式	
	5	直播总结	
现场互动			
	1	新款特价秒杀	
	2	用户字幕发"666"，抽免单，送童装	
直播流程			
序号	时长/min	主要内容	画面
1	3	公司的发展历程和产品"双十一"优惠业务	
2	2	公司团队介绍，包括设计团队、生产加工团队、销售团队及售后服务	
3	10	2019秋装新品——儿童家居服内衣套装介绍（款式、印花、面料）	
4	10	冬季加厚卫衣详解（款式、面料、厚度、细节解析）	
5	10	冬款加厚加绒裤子介绍（对比面料、厚度、细节解析）	
6	10	促销款和新品展示，特价限时秒杀	
7	10	法兰绒睡袍介绍（款式、印花、面料、厚度、细节亮点）	
8	10	加厚马甲和外套介绍（款式、印花、面料、厚度、细节亮点）	
9	2	截图用户字幕"666"，抽免单，送童装	
10	5	新款预告	
11	3	直播总结	

任务四　数字直播营销的话术技巧

【任务描述】主播与用户的沟通交流能力直接决定了直播的效果。可以说，直播很大程度上是一次语言表达艺术的展现，直播的核心就是直播话术的体现。作为一名合格的主播，必须掌握基本的直播话术。

【任务分析】话术即说话的艺术。如何用用户最能接受的方式进行表达，是直播话术的关键。一名成功的主播，其语言表达应该如同春天的微风轻轻拂过，吹向心灵最柔软的地方；其言谈或幽默或严肃，总能用合适的话语引起用户的兴致，让用户在不知不觉中下单。直播话术是什么？哪些话术适合热场？哪些话术适合拉近和用户的距离？哪些话术又适合流量转化？以上是需要掌握的重点内容。

下面重点介绍数字直播营销的常用话术。

一、欢迎话术

进入直播间的用户会逐渐变多，此时应该采用的话术是：欢迎××进入直播间。注意这类欢迎语不宜太过机械化，可根据直播当天的实际情况适当做一些优化和改良。

当用户进入直播间时，主播能够看到用户的昵称和等级。直播欢迎话术示例如下：

"欢迎××（昵称）进入直播间，点关注，不迷路，一言不合刷礼物！么么哒！"

"欢迎朋友们来到我的直播间，主播是新人，希望朋友们多多支持哦！"

"欢迎各位小伙伴来到我的直播间，主播人美、歌甜、性格好，关注就像捡到宝，小伙伴们走过路过不要错过，喜欢我的宝宝在哪里？"

这些话术有一个基本原则：让用户知道他进入了你的直播间后，你在关注着他，让他有被尊重的感觉，从而提升用户的参与感。

二、关注话术

用户进入直播间后，主播可以通过话术引导其直接关注直播间，为直播间"涨粉"。在此过程中，主播要注重自我宣传，不断给用户传递自己能够提供的服务和价值，展现个人的直播风格。这不仅能吸引用户关注，还会让用户有先入为主的感觉，从而留下深刻的印象。可以采用的话术内容如下：

1. 预告直播时间

例如，"非常感谢所有还停留在我直播间的宝宝们，我每天的直播时间是××点至××点，风雨无阻，没点关注的朋友记得点关注，点了关注的朋友记得每天准时来玩哦。"

2. 宣传个人才艺

例如，"新进来的宝宝们还不知道主播是播什么的吧？我现在要宣传一波啦，你们听好了，主播是专门卖真丝连衣裙，同时兼职唱歌的。现在给各位表演一段，希望喜欢的宝宝们关注一下主播。"

3. 鼓励用户关注

例如，"我做直播呢，除了想得到别人的认可，也希望大家能够在一天的忙碌之后，进入我的直播间得到片刻放松，真正开心地笑一次，点关注的亲们，谢谢你们的认可。"

4. 给粉丝取昵称

例如，"以后就叫你们亲亲粉丝，我们就是亲密的一家人，欢迎大家随时跟我互动。"

某直播平台农产品主播每次开始直播的时候，总会先描述自己的生活场景或者周围的风景，例如：

"昨天去大哥家看了他家种的橙子，好像已经熟了。今天趁他不在家，我去看看能不能摘几个回来吃。"

"前几天，二丫家收了很多鸡蛋，今天在我家的香椿树上摘下很多新鲜的香椿，用它来炒鸡蛋是最好吃的，所以我决定去二丫家看看，问问她能不能用我的香椿换她家的一些鸡蛋，这样我们就都能香椿炒鸡蛋了。美得很！"

"现在这个季节是春笋最好的时候，所以我决定去竹林里弄一些笋子来，还要把我家狗子也带上，因为万一要碰到兔子，还能顺便抓个兔子。不过，以我家狗子的实力，想要真正抓个兔子估计不太可能，就当是锻炼它一下吧！"

【解析】

这位主播通过对生活场景和田园风光的描述，让用户对乡村生活感同身受。对很多生活在城市的用户来说，这种生活是他们不曾体验的，但他们中的很多人对此非常向往，所以很愿意接着往下看。

其实，无论带什么货，我们都应该先明白一个道理：提供服务在先，卖货获利在后，这是直播带货的基本原则。因此，开始直播时，主播首先要用口才和镜头带领用户走进农村。当用户对主播的生活感兴趣、对主播的生活环境充满向往时，他们会对主播的产品产生好奇心、信赖感，最终产生购买欲。如此一来，主播的卖货工作就能顺利地进行下去。

三、感谢话术

用户进入直播间后，逐渐会有用户打赏、关注或者购买主播推荐的产品，对这些行为，主播一定要用真诚的感谢来反馈。

感谢话术是对用户心意的回馈，真诚的反馈会让用户更有存在感，会有更多的用户加入直播。感谢话术示例如下：

"感谢各位的喜爱，是我的才华或是我卖货的技巧，忍不住让你出手的吧，不接受任何反驳哦！"

"感谢朋友们今天的陪伴，感谢所有进入直播间的朋友，谢谢你们的关注、点赞哦，今天很开心！"

"感谢所有进入直播间的朋友,还要感谢很多人从我一开播就来了,一直陪我到下播,陪伴是最长情的告白,你们的爱意我收到了。"

 四、互动话术

在直播过程中,用户可能会提各种各样的问题,例如,"主播多高?多重?""这件衣服主播能不能试穿一下?看看是什么效果?"

如果用户问到了产品,说明他们对产品产生了兴趣,一定要耐心细致地解答。例如,"主播身高 165 厘米,体重 95 斤,穿 S 码,小姐姐们可以对比一下自己的身高体重,选择适合的尺码哦!"

遇到类似"身高不高能穿吗?体重太胖能穿吗""干性肤质能用吗"等问题,就需要有针对性地引导用户购买产品。

如果有用户说"怎么不理我?一直不回答我的问题"时,一定要及时安抚其情绪。例如,"没有不理哦,弹幕太多,刷得太快,我看到一定会回的哦,请不要生气哦!"

互动话术的关键在于细致耐心。一个问题可能会有很多人问,每个人问的问题可能也有很大差异,有时候需要反复回答相同的问题,所以主播务必要耐心。

 五、追单话术

用户在下单过程中可能会犹豫不决,那么这个时候主播就需要用追单话术来刺激用户下单的欲望。追单话术示例如下:

"这一款数量有限,如果看中了一定要及时下单,不然等会儿就抢不到啦!"

"这次货品折扣仅限本次活动时间进行,错过了,我们就不会再有这个价格啦!想要的朋友抓紧时间哦!"

"还有最后 3 分钟哦,没有购买到的亲赶紧下单哦!"

"我们这款产品只有 10 分钟的秒杀优惠哦,喜欢的朋友们赶紧下单吧!"

 六、下播话术

每场直播都要有始有终,所以每天临近下播的时候,都需要有一套完整的下播话术,这不仅是对用户不舍之情的延续,也是主播对直播的总结。可以采用的话术内容如下:

1. 感谢陪伴

例如,"感谢今天的榜首×××,榜二×××,榜三×××,谢谢你们的礼物,特别开心。虽然×××没有陪到我下播的时候,但百忙之中抽时间过来实属难得。感谢所有送我礼物的宝宝们,×××、×××(一一点出榜单上的名字就行),明天早餐可以多吃一个鸡蛋了!另外,很多人从我一开播就来了,一直陪到我下播,比如×××、×××(各种点名),感谢你们的陪伴,你们的爱意我收到了。"

2. 直播预告

例如,"今天的直播接近尾声了,明天晚上××点至××点同样时间开播。"

例如,"明天会提早一点播,××点就开播了,各位奔走相告吧!"

例如,"明天休息一天,大家放假啦!后天正常开播。"

3. 歌声祝福

例如,"最后一首歌《×××××》,唱完下播,希望大家睡个好觉,做个好梦,明天新的一天好好工作,晚上我们再聚。当歌声响起时就是各位清币清仓库的时候啦!"

4. 主播总结

例如,"今天一共收到××万音浪,新增粉丝团成员××个,涨了××个关注,比预计的少了一点,我要更努力一点才行。"

从上述话术中不难发现,直播的时间不同,面对用户的不同需求,话术的侧重点不同,这就需要主播不断锻炼话术技巧。

某农产品主播在收尾阶段向粉丝提问:"你们下一场想看什么内容?""什么,要我给大家做一场介绍优质茶叶的直播?现在已经过了清明节,明前茶已经没有了,而真正的优质茶叶就得说是明前茶了。不过,这个季节虽然没有明前茶,但我们最近发现一款桑叶茶,它是非常适合这个季节的饮品。下一期我带大家看看怎么将桑叶做成茶。桑叶除了用来做茶,还有很多妙用,大家一定不要错过!"

【解析】

直播收尾时,很多主播容易松懈下来,草率收尾,这显然是不对的。这时,主播有一件非常重要的事情要做,就是进行下一场直播的预热。

如果下一场直播的内容暂时还没有确定,不妨采用互动的方式,听一听粉丝的意见,选择可行性较高的方案,满足粉丝的要求。

把任务描述中提出的要求及任务分析中需要做的工作进行实施,具体可以包括任务讨论、任务执行及总结评价等,可以设计相关的表格。

任务五 数字直播营销的危机公关

【任务描述】数字直播营销过程中,有时会不可避免出现意外、突发情况,除了依靠主播临场的应变处理,同时还需要直播营销团队针对各类突发情况做好预案准备工作。

【任务分析】作为一名主播,要基本了解数字直播营销过程中可能会出现的意外状况和潜在危机,同时要提前掌握应对危机的方式方法。

数字直播营销过程中，会出现以下三种常见的突发状况。

 一、直播中的硬件问题

1. 卡顿

直播卡顿会造成直播的画面不流畅、画面和声音不同步的现象，如图 4-8 所示，往往会让用户有不舒适的观看体验，进而导致退出直播间。所以，保持良好的直播流畅度是一场直播的基础，是非常重要的。

若是由于设备配置太低导致的卡顿，可以通过提升计算机的配置改善这种情况，一般可以采用英特尔 i5 处理器；有长期直播需求的主播，建议使用英特尔 i7 处理器。网络环境不佳的情况，需要直播团队预先改善网络环境，建议采用 50 兆及以上的光纤宽带，同时一个 WiFi 建议只供给一台直播设备。

2. 黑屏

直播过程中界面有时突然呈现黑屏，如图 4-9 所示。

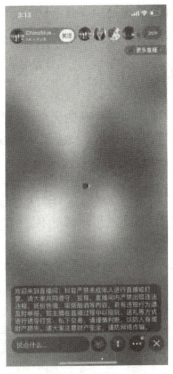

图 4-8　直播卡顿

图 4-9　直播黑屏

当黑屏情况出现在计算机端时，点击推流按钮即可。当黑屏情况出现在手机端时，一般是由于手机的摄像头被其他 App 占用或启动太多 App 导致手机运行卡顿，这时就需要手动关闭一些无用的 App，重新打开直播 App，从而恢复直播。

如果重启直播 App 后仍然黑屏，就要检查一下网络情况，确认网络环境是否正常。

3. 闪退

直播闪退是指直播过程中，软件意外自动关闭或打开软件就自行关闭，如图 4-10 所示。

造成这种情况一般有两个原因：一是手机内存不足，二是 App 更新后不稳定。手机内存不足，需要先清理手机内存，之后重新打开直播程序，恢复直播。App 更新后不稳定导致直播闪退时，可以重新打开程序，尝试恢复直播；若还是频繁闪退，就需要将有关问题及时反馈给直播平台方，寻求解决方案。

图 4-10 直播闪退

二、直播中产品链接的常见问题

1. 产品链接失效

产品链接失效，一般是由商家的产品下架导致的。但也有部分商家，特别是美妆类商家，会将优惠活动的产品放在小链接中提供给主播，这类链接不会 24 小时有效，需要主播与商家进行对接，在失效后让商家重新提供链接。

2. 产品优惠额度不一致

在直播过程中，商家给用户提供的优惠与主播在直播中宣传的优惠不一致，需要分情况处理：

第一种情况是商家在直播时给出的优惠大于之前与主播协商的优惠。主播可以让用户向商家报出主播名称，先拍下产品，但不要付款，经协商后如果商家要求补差价，则告知用户根据自身的接受程度决定是否付款。

第二种情况是商家在直播时给出的优惠小于之前与主播协商的优惠。处理方式与第一种情况相同，先让用户拍下产品，但不要付款，跟商家协商后确定最终优惠额度。不宜因为某款产品的优惠信息错误而暂停或阻碍直播进程，以免给用户留下不好的印象。

3. 用户无法加群

用户无法加群是因为用户拥有商家身份，遇到这种情况，只需要让用户自查是否为商家身份即可。

4. 用户互动不可见

遇到用户发言主播和其他用户不可见的情况，通常是用户的 ID 或者发言的内容存在违规问题，此时就需要主播耐心跟用户解释，并说明看到用户的留言后会立刻回复。

5. 用户对产品不满意

遇到用户收到货物不满意，在直播间发弹幕表达负面情绪（俗称带节奏）的情况，很容易影响主播情绪，此时需要判断产品是否真的存在问题，如产品确实存在问题，可向用户保证退换货，在下播后跟商家联系。

主播在直播中对于用户反映的问题，需要尽量及时提供解决方案，不宜过度纠结，避免被打乱直播节奏。常用的处理方式是在直播中予以解释、说明，并给出解决承诺，其余问题下播后联系商家，让商家在1~2天内解决。

6. 商家问题

遇到商家优惠取消、客服无人回复、产品（或福利样品）漏发等情况，主播应主动与商家协商解决，若无法解决，也要站在用户的立场维护用户利益，切忌将商家的错误揽到自己身上。

 ## 三、直播中遇到恶意评论

在直播过程中，主播还会遇到用户突然发弹幕声称"主播好丑""主播怎么那么黑""主播你怎么脸那么大"的恶意评论，此时主播要摆正心态，切忌与用户在直播间互骂，影响直播质量。同时可以用高姿态的方式予以回答，如针对"主播怎么这么黑"，可以回敬"是啊！所以我们才要在日常生活中注重保养"。

主播无法满足每一位用户的审美及趣味，所以应对"黑粉"最重要的就是要调整心态，切忌因攻击性言论影响直播状态。

思政空间

近年来，部分主播总是热议不断，一方面因为其高收入让人咋舌，而另一方面则因为走红之后被爆料出来的各种负面消息。例如某职业模特，一直不温不火的状态被直播平台彻底改变，其成了直播圈子里的大咖；然而，在迎来职业生涯高峰期时，这位模特却开始忘乎所以，引出了一系列的麻烦。

当然，该模特由于涉黄、违反直播相关规定而被封禁。虽然其本人为发生在自己身上的事件进行了辩解，声称自己是受害者，是被别人"带了节奏"，对于流传出去的负面证据和照片自己辩称"因为我本身是模特，我认为展示自己的优美身材是一件很好的事情"。

不管事情是真是假，也不管是否出于个人的意愿去拍一些大尺度的写真照，作为公众人物，在公共平台违反条例、明知故犯，为了"博出位"放弃底线的推广方式，让人所不齿。不论大小主播，粉丝多或者粉丝少，都要记住：你是社会中的一员，须遵循社会规则，牢记社会公德。更何况作为公众人物，更加要注意自己的言谈举止给社会带来的影响。

换句话说，直播依然是要挣良心钱。不违反社会法律规范，让直播行业朝着健康向上的方向发展是每个主播所应尽的义务。当然，作为网民更不应该起哄。主播作为直播间粉丝的意见领袖，更应该以身作则，而不是通过打擦边球的方式，无底限地进行推广、炒作，应坚守网络文明传播。

 ### 同步测试

一、选择题

1. 在数字直播营销中，主播可以利用的引流工具包括（　　）。

A. 个人 IP　　　B. 评论　　　C. 企业认证　　　D. 付费推广

2. 为了提升用户黏度，主播需要有针对性地设计个人主页。以抖音直播平台为例，个人主页包括（   ）等几个部分。

   A. 账号头像   B. 昵称   C. 个人简介   D. 背景图

3. 主播直播时整体着装应整洁、落落大方，以下哪些类型是淘宝直播平台禁止的着装类型？（   ）

   A. 男性赤裸上身或仅穿内裤

   B. 女性穿着过分暴露，大尺度裸露背部、裸露内衣

   C. 穿着情趣制服、透视装、渔网袜

   D. 穿着国家机关工作制服

4. 经直播前的精心准备，主播发起一场直播的错误方式是（   ）。

   A. 通过淘宝直播 App 发起预告   B. 通过淘宝直播 App 发起直播

   C. 通过手机淘宝发起直播   D. 通过 PC 中控台发起直播

5. 下列关于手机直播过程中遇到直播画面卡顿后的解决方法，说法错误的是（   ）。

   A. 检查手机电量，使用电量充足的备用手机开播

   B. 检查手机网络，切换确保稳定的 WiFi 或 4G 网络

   C. 结束直播 App 进程，重新打开进入，恢复该直播

   D. 不用自查，直接找"小二"反馈

二、简答题

1. 简要论述直播脚本的概念和作用。

2. 简要论述直播脚本的要素。

3. 简要论述数字直播营销中会遇到的突发状况。

三、技能训练题

（一）实训背景

作为国内男装领域的常青树，海澜之家通过签约印小天、杜淳、林更新等知名影视明星为代言人的方式获得了良好销量，但品牌方面需要继续提升。现阶段，各大服装品牌都在打"时尚""款式""价格"牌，常规的新品发布已难以吸引消费者，因此海澜之家决定尝试电商直播营销，在内容及互动上寻求突破。

（二）实训目标

请结合本章知识点，为海澜之家设计一份"双十一"数字直播营销的脚本方案，期望通过本次数字直播营销活动，提升海澜之家在国内的品牌知名度。

项目四同步测试答案

项目五 数字直播营销的复盘与提升

【项目介绍】

　　数字直播的复盘工作是一个很重要的工作环节和手段，每一场直播都需要进行复盘，而不是达不到目标和效果很差的时候才做这个工作，很多时候我们都忽视了直播的复盘。直播复盘通过对直播目标的对比、直播数据的分析回顾直播过程，找出数字直播过程中存在的不足与亮点，充分发挥亮点与有效工作，避免不足和失误。通过对数字直播营销复盘提升直播有效性，提高直播业绩，加强直播过程控制，满足直播间用户需求，优化用户体验，并且给直播运营与内部程序再造提供帮助。通过项目任务的完成提升学生对数字直播的数据敏感度，掌握数据分析和直播的品质把控，将直播的知识与方法进行沉淀与升华，为企业提供更好的更专业的直播服务。

【知识目标】

1. 了解直播订单类型；
2. 掌握直播订单处理过程；
3. 熟悉直播售后处理方法。

【技能目标】

1. 能进行直播订单跟进与处理；
2. 能对直播数据进行有效分析；
3. 能使用直播复盘工具。

【素质目标】

1. 提高学生的职业素养，做好直播后服务工作；
2. 提高学生的学习主动性和积极性；
3. 提高学生的创新意识与创业精神。

思维导图

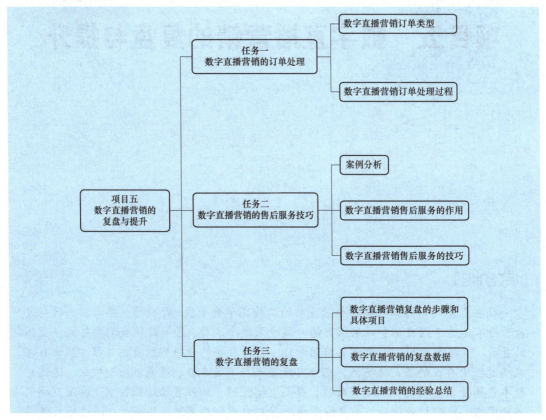

任务一　数字直播营销的订单处理

【任务描述】苏州某蛋糕甜品品牌通过社群与会员在爱逛平台进行直播，主播小彤与主播玲玲直播时长共120分钟，介绍了18种产品，支付金额为14 563.2元（如图5-1所示）。直播产品包括引流低价款和直播优惠款以及时令粽子，其中支付金额最多的是儿童节卡通蛋糕类产品。如图5-2和图5-3所示，直播产品按支付金额排名为：第一名冰雪女王、第二名独角小小兽、第三名快乐星球、第四名鲜肉月饼*5+奶酪包*2、第五名泡芙、第六名泡芙+绿豆糕礼盒、第七名爆浆提拉米苏、第八名鲜肉月饼、第九名粽在一起、第十名芒果恋歌。第十一名盛夏冰爽柠檬、第十二名蜂蜜蛋糕、第十三名奶酪包、第十四名爱维尔现烤牛奶棒、第十五名巴斯克、第十六名黄金芝士、第十七名巴斯克+牛奶棒*5、第十八名爱维尔绿豆糕。

划屏浏览人次 ⑦	划屏浏览人数 ⑦	直播观看人次 ⑦	直播观看人数 ⑦	实时在线
11	10	5,068	1,247	0
人均浏览 1.1		人均观看 4.06		最高在线 49
人均时长 ⑦	新增关注人数 ⑦	订阅人数 ⑦	分享人数 ⑦	支付人数 ⑦
00:02:15	170	265	288	177
次均时长 00:00:33	关注率 22.05%	订阅率 21.25%	分享率 23.1%	转化率 14.19%
支付金额 ⑦				
14563.2				
客单价 82.28				

图 5-1　某蛋糕甜品品牌直播

商品销售总览

	商品	支付金额	转化率	支付订单数	支付人数
1	冰雪女王	5346	39.05%	52	41
2	独角小小兽	2793	26.56%	65	51
3	快乐星球	2616	14.29%	23	16
4	鲜肉月饼*5+奶酪包*2（套餐一）	979.9	50.82%	36	31
5	泡芙	520	51.95%	53	40
6	泡芙+绿豆糕礼盒（套餐二）	457.7	36.21%	23	21
7	爆浆提拉米苏	403.1	37.74%	23	20
8	鲜肉月饼	304.2	26.57%	15	14
9	标在一起·直播	278	6.06%	2	2
10	芒果忠歌	249.9	41.38%	17	12

图 5-2　销售金额排名（1）

商品销售总览

	商品	支付金额	转化率	支付订单数	支付人数
11	盛夏冰爽柠檬	196	18.6%	18	16
12	蜂蜜蛋糕(280g)	107.6	20%	4	2
13	奶酪包	83.3	16.22%	7	6
14	爱维尔现烤牛奶棒	81.2	15.79%	7	6
15	巴斯克	53.8	4.55%	2	2
16	黄金芝士	51.6	6.56%	4	4
17	巴斯克+牛奶棒*5（套餐三）	39.9	4.35%	1	1
18	爱维尔绿豆糕	0	0	0	0

图 5-3　销售金额排名（2）

【任务分析】本任务中直播订单属于哪种类型？数字化平台的私域直播平台订单有哪些特征？用户小兰在直播间购买了鲜肉月饼，预定时间是当天下午，但是最快要明天才能供应，请给出沟通方案与对话内容。

相关知识

一、数字直播营销订单类型

营销数字化系统大致包括研发数字化、传播数字化、分销数字化、管理数字化四大模块。直播带货是目前直播行业和电商相结合的一种新领域，通过直播的方式更加直观地将产品的细节展示在消费者面前。直播带货早期在淘宝上开始火热，随后抖音、快手、小红书等平台也纷纷加入这一行列。2019 年电商直播的行业规模已经超过 3 000 亿元。2020 年由于特殊原因，上半年加入网络直播带货的商家增加了很多，商务部统计显示，2020 年一季度，全国电商直播超过 400 万场，同时不少政府领导、企业老板、网络大咖也加入直播带货。

直播的形式多种多样：有大 V 达人带货，比如李佳琦、薇娅等；也有商家自播，目前有一定规模和相对成熟的企业基本上配置了属于自己的主播团队；更有企业总裁亲自带货的，如格力的董明珠、网易 CEO 丁磊。

数字直播营销是内容运营的一种方式，更是数字化技术在营销行业的深度应用。数字直播营销需要有深耕细作态度、坚持不懈努力和日积月累的实践。各个直播渠道通过数字化技术的支撑，考核数字结果，重新分配直播渠道流量。数字直播作为一个渠道是长期的持续销售和展示，而不是体验和临时性的表演。在直播之后，除了关注转化数据，还有更重要的就是订单跟进与用户体验。常见的直播订单一般分为以下几种：

（一）按渠道划分

1. 电商平台订单

电商平台上的直播是店铺的推广和曝光方式之一。从店铺的渠道来源可以查出哪些订单属于直播渠道，这些订单也是后期用来评估直播作用的重点。目前直播渠道也是各大电商平台大力扶持的渠道，作为电商运营中不同渠道的订单，这类订单通常在电商平台的店铺之中与其他订单一样处理。

2. 短视频平台订单

短视频平台如抖音、快手，以短视频进行"吸粉""种草"，通过直播进行互动和变现。短视频平台直播大部分是以主播和内容为中心，不同于电商直播以货为中心。比如抖音的公域流量占比非常高，内容非常重要。如果短视频平台和电商平台同样卖口红，电商需要将产品不断试色，深度讲解这个产品到底好在哪里，哪些人群适合用，怎么用。而短视频平台大部分的风格是："老铁们，今天就 3 000 支，赶紧买，不买的给我双击一个小红心。"可见短视频平台的直播大部分是以人为中心，通过信任某主播而进行购买。然而由于单纯信任主播进行购买的行为出现了越来越多的隐患和问题，比如辛巴的燕窝事件，之后在售后问题的时候我们也会讲到。

3. 私域流量订单

"私域流量"就是指不用付费，可以在任意时间、任意频次，直接触达到用户的渠道，比如自媒体、用户群、微信号等，也就是 KOC（关键意见消费者）可辐射到的圈层。简单来说，私域流量就是建立一个属于自己的用户池，并不断运营和维系用户关系。我们可以在任何时间段内向这些用户传播我们想要传播的信息。私域流量订单，是指面向企业私域流量进行直播营销的订单，这类订单是目前来说转化率和好评率最高的订单。

流量的时代已经过去，现在已经是变流量为留量。对线下某实体蛋糕连锁企业进行测试的结果显示，通过社群的运营其直播转化平均可以做到47%，其中30%的会员平均每月购买5次以上。可见直播是转化的工具，而用户的运营才是前提。这类私域流量直播订单，服务好用户实现裂变和回购才是关键。

（二）按直播主体划分

1. 达人带货订单

讲到直播我们常会听到关于李佳琦、薇娅、辛巴、罗永浩等达人或网红的名字，达人主播直播带货，通常会通过服务佣金+提点的形式与商家进行合作，达人在直播间挂出商家的产品链接，用户从达人的直播间进入，点击进入商家的产品页面并进行下单购买。

如果是大品牌有售后保障的商家则没问题，如果遇到了没有质量保证的无良商家，就会出现达人和用户都无法进行售后的尴尬境地。这类订单的处理，统一由商家进行处理。

2. 商家自播订单

商家自播指商家组建自己的直播营销团队进行直播。目前淘宝大数据显示，商家自播比例远远大于达人直播数量。直播流量主要由店铺流量、公域流量和付费流量三个部分组成。电商平台的商家自播，主要来源于店铺粉丝与产品关注的人群；而短视频内容平台的直播，账户粉丝的流量十分有限，仍然是以直播的内容为主，常会出现即使账户粉丝近百万，直播的时候也只有100多人的情况。

（三）按订单状态划分

1. 待付款状态订单

用户提交订单后，订单进行预下单，主播会提醒支付，便于用户快速完成支付。需要注意的是，待付款状态下可以对库存进行锁定，锁定库存需要配置支付超时时间，超时后将自动取消订单，订单变更为关闭状态。

2. 已付款/待发货状态订单

用户完成订单支付，订单系统需要记录支付时间、支付流水单号便于对账。订单下放到 WMS 系统，仓库进行调拨、配货、分拣、出库等操作。

3. 待收货/已发货状态订单

仓储中心将产品出库后，订单进入物流环节，订单系统需要同步物流信息，便于用户实时知悉商品的物流状态。

4. 已完成状态订单

用户确认收货后，订单交易完成，后续支付侧进行结算，如果订单存在问题则进入售后状态。

5. 已取消状态订单

付款之前取消订单，包括超时未付款或用户、商家取消订单，会产生这种订单状态。

6. 售后中状态订单

用户在付款后申请退款，或商家发货后用户申请退换货，会产生这种订单状态。售后也同样存在各种状态：当发起售后申请后生成售后订单，售后订单状态为待审核；等待商家审核；商家审核通过后订单状态变更为待退货，等待用户将商品寄回；商家收货后订单状态更新为待退款状态；退款到用户原账户后订单状态更新为售后成功。

二、数字直播营销订单处理过程

（一）直播订单处理

直播结束后对订单进行处理。一般来说从订单创建到订单支付需要进行审核，包括风控监管。如订单取消则返回上一步，正常情况下为待发货状态，然后由仓储中心处理以及配送，用户在收到商品后确认，订单完成。常见订单处理如图 5-4 所示。

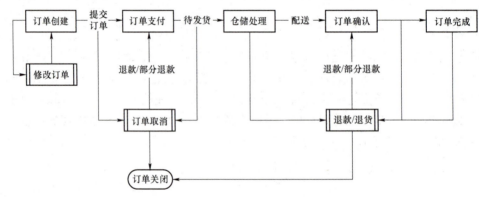

图 5-4 直播订单处理过程

建议在 24 小时内发货。所有的平台对于发货都是有要求的，一般设定在 24~48 小时发货，如果超出了发货时间，则会受到相应的处罚。

（二）缺货处理

直播间最常见的库存管理是按订单后减库存，上架的产品也是核对过的，但是如果出现超卖或缺货，就应当第一时间确认并进行沟通，取得用户的谅解。

如果是正常发货，由于物流原因导致商品无法准时到达用户手中，也应该进行物流服务的跟踪，主动打电话与用户沟通，帮助用户向物流公司维护相应权益。

（三）互动活动与服务跟踪

直播间的抽奖和活动，往往需要粉丝与客服进行对接，帮助参加活动并获奖的粉丝得到相应奖品。直播间的活动目的一般有活跃粉丝与增加粉丝好感的作用，成功将普通粉丝转化为"铁粉"也是非常关键的,所以在获得活动奖励的粉丝中还需要培养出大量的"铁粉"作为后期直播的助力粉丝或后援粉丝,一些企业还会把他们圈到自己的私域里面进行养护。

(四)鼓励用户分享裂变

当订单完成后,一定要记得鼓励用户发出买家秀。优质用户的收集与运营也是直播后的主要工作之一,通过用户的维护和运营产生 UGC,UGC 为互联网术语,全称为 User Generated Content,也就是用户生成内容,即用户原创内容。

(五)用户维护

第一次购买你的产品的用户,第二次购买你的产品的可能性高达 80%。可以通过老用户专属优惠、用户分级来维护并鼓励用户购买。比如淘宝直播里面,会用亲密度来区分粉丝等级,如图 5-5 所示。直播间将粉丝按照其亲密度分为新粉、铁粉、钻粉、挚爱粉。而亲密度又与签到、观看时间、加入购物车、逛逛宝贝详情、购买产品等用户行为相关联,如图 5-6 所示。

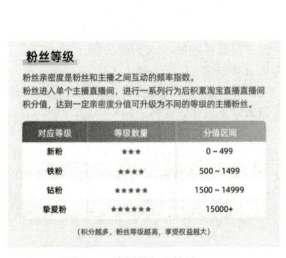

图 5-5 直播间粉丝等级

图 5-6 直播间亲密度积分表

还可以根据用户购买金额、用户活跃指数、用户购买频率、用户最近购买时长以及用户裂变来进行用户分级。

任务二 数字直播营销的售后服务技巧

图 5-7 蛋糕产品稀奶油

【任务描述】有用户在直播间购买了产品，如图 5-7 所示，在拿到直播间销售的蛋糕后发现产品的说明上写的是稀奶油，有用户提异议并要投诉，认为蛋糕应使用动物奶油。其实动物奶油又称稀奶油或淡奶油，但是普通消费者平时更多听到的是动物奶油。对此我们需要与用户怎样进行沟通？

【任务分析】请运用异议处理的 6 种应对话术进行沟通；并请每组派出两位同学进行沟通演练，在充分沟通后取得用户谅解并满意成交。

相关知识

一、案例分析

随着电商平台的迅猛发展，直播带货成为消费增长新"风口"，在巨大收益的背后，主播带货翻车的频率也越来越高。从言过其实的虚伪宣传，到产品质量的货不对板，从售后服务的难以保证，到刷单、售假等各类乱象，都让用户在购物中难以安心、定心。

中消协的统计数据显示，37.3%的受访者在直播购物中遇到过问题，"忧虑产品质量没保证"和"忧虑售后问题"是用户的两大首要顾虑。

主播个人的影响力、感染力，让用户对其推荐的产品有着更高的信任度；而即时性、互动性以及交际化的消费场景，又给用户带来了更快捷、新鲜的购物体验，这样的特性更容易招引用户，但也更容易隐藏问题。比如，一些主播在选品时，只对产品"好不好卖"进行预判，却对产品质量疏于把关，甚至为博人眼球、提高销量，夸大宣传，使用"极限广告词"等引导用户冲动消费；一些支付途径和订单体系不完善，一旦发生消费纠纷，后期退换货就难以保证；一些商家在售卖伪劣产品后，即采取下架产品、拉黑用户等手法，导致用户堕入维权窘境……如此种种，损害的是用户的权益，损伤的是直播经济的未来。

2020 年 10 月 25 日，辛巴团队的主播"时大漂亮"在直播时向用户推荐了一款燕窝产品。11 月 3 日，购买过此款燕窝的某网友在社交平台发布视频，质疑燕窝是糖水，引发热议。11 月 6 日，辛巴团队官方微博发布律师声明，称在直播间推广销售的燕窝均为合格正品，对部分网络用户对原视频进行剪辑和修改后发布诋毁评论的侵权行为，将采取法律措施。随后，涉事燕窝品牌也在官方微博发表严正声明，表示产品均为合格正品，将对此事采取法律措施。之后，辛巴在直播间回应称，这些都是燕窝，还拿出了产品检验报告自证清白，同时称是一些"黑粉"在对其刻意抹黑，他"倾家荡产也要告这些人诽谤"。

反转检测报告晒出后辛巴承诺退一赔三事件的高潮在于被网友称为"职业打假人"王海的入场。11月7日，王海在微博发文称，"辛有志（辛巴）卖的即食燕窝蛋白质含量为零，这根本不含燕窝。"11月19日，王海在微博晒出该款燕窝的检测报告表示，"据检测结果，该产品蔗糖含量4.8%，成分表里碳水化合物含量5%，唾液酸含量0.014%，确认该产品就是糖水。"在王海晒出检测报告后，辛巴及其团队的态度也发生了转变。11月20日，辛巴团队官方微博再次发表声明，称事件发生后，他们第一时间将产品送检，检测结果出来后将进行公示，若消费者对这款产品有任何不满，可以向该品牌的天猫旗舰店申请退货退款。但声明也同时提到，王海出具的检测报告中，"除了冰糖燕窝制品本应含有的糖分，还含有燕窝成分：唾液酸。"随后，王海又在微博中表示，在网购平台上，100克唾液酸的售价约500元，"目测其成本每百克（一碗），连带包材、材料、加工费不超过1元钱。"

11月27日，"燕窝事件"似乎迎来了最终结果。当日，辛巴在微博上发布了《辛有志写给广大网友的一封信》，承认该燕窝产品在直播推广销售时，确实存在夸大宣传，将召回全部售出产品，并退一赔三。该产品在直播间共售出 57 820 单，销售金额 15 495 760 元，共需先退赔 61 983 040 元。同时，辛巴还公布了团队整改方案，将深刻反省内部管理，严抓品控，启动内部整改升级，所有主播和团队加强专业学习与培训。

在浙江省发布的《电子商务直播服务规范》中特别指出：主播应对主体资质和产品等信息进行核验，信息包括产品名称、产地、生产者、性能、用途、规格、成分、价格、注意事项、有效期限及服务承诺等内容；应当保证提供给消费者的产品和服务与宣传或展示的信息相符，不得夸大宣传产品功效；应在直播前进行个人购买体验，掌握产品的基本品控要求；应在直播过程中对于产品的不利信息做必要、清晰的说明。

二、数字直播营销售后服务的作用

产品质量过不过关、服务有没有保证，才是决定用户下一次会不会"买它"的关键。从这个视点来说，直播经济也是"口碑经济""信任经济"，从业者的遵法、诚信才是其发展壮大的柱石，假如抱着做一锤子买卖的想法，必定无法行之长远。从主播、商家筑牢诚信柱石，在产品质量、服务上严格把关，根绝问题产品进入直播清单，到多途径加强对经营者及主播的规范引导，完善消费者投诉告发途径，再到相关部门加强对网上带货行为的监管，只有各方协同发力，才能让直播带货在阳光大路上越走越远，让消费者在安全定心的环境中提高消费体验。

北京市消费者协会发布的《直播带货消费调查报告》显示（如图5-8所示），遇到直播带货问题，有 62.46%的受访者选择找平台维权，46.32%的受访者选择找商家维权，只有 29.82%的受访者选择找主播维权，超六成受访者遇到问题找平台维权，其次是找商家，最后才是主播。

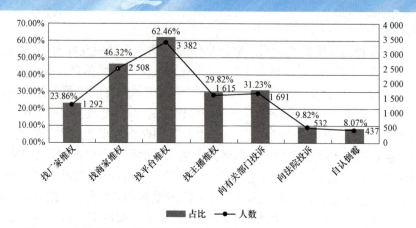

图 5-8 直播购物出现问题的维权选择情况（来源：北京市消费者协会）

（一）售后服务是增加主播"围观热点"的利器

通常大促过后，主播的关注度并不如活动期间高，但是话题度也并没有停，售后服务也引起了大众的热议。在这些议论声中我们看到了售后服务为主播带来的"围观热点"，如图 5-9 所示。

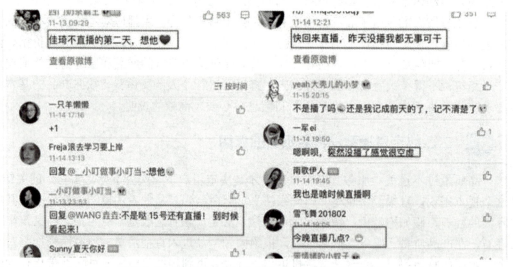

图 5-9 李佳琦（左）与薇娅（右）微博评论截图

"佳琦不直播的第二天，想他""15 号还有直播！到时候看起来""今晚直播几点""突然没播了感觉很空虚"……我们通过评论发现，用户在关注售后问题的同时，"主播什么时候开直播"成为用户的新关注点。通过一个关注点引发另一个关注点，我们称作"围观热点"。售后服务为主播带来用户的关注度，而关注度增加了主播热点的曝光，售后服务显然是增加"围观热点"的一把利器。

（二）售后服务是主播提高用户忠诚度的途径之一

用户的信赖是忠诚度的前提。售后服务，是主播获得信赖、提高用户忠诚度的途径之一。用户在消费后，最怕面对的产品售后问题就是品牌、商家、主播等各方的"不负责"。这份"不负责"很大程度降低了用户对其信任度。没有了信任，自然没有忠诚度可言。李佳琦、薇娅有一次的售后服务产生了两句金句，"所有问题都会帮大家解决，因为你们是我的所有女生""薇娅的女人放心，薇娅都会帮你们一一解决"。这波服务金句和售后解决方案的出现，成了用户的定心丸。在稳定了用户面对售后问题所产生的不信任感的同时，让用户对主播产生了信赖。如图5-10所示，从主播的评论截图中，我们看到已经溢出屏幕的信赖。

你真的是我见过最负责的主播了 李佳琦值得！

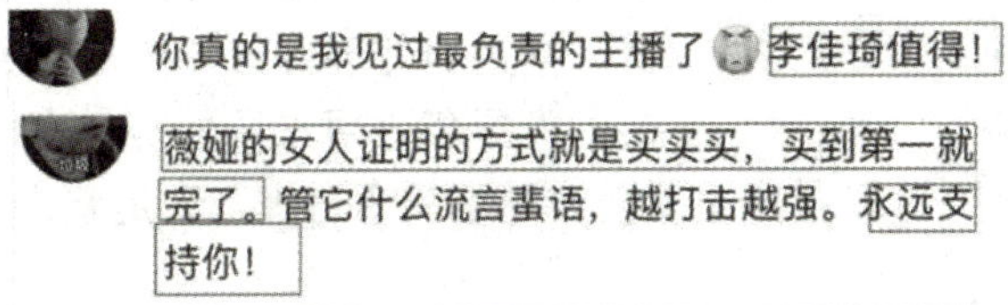

薇娅的女人证明的方式就是买买买，买到第一就完了。管它什么流言蜚语，越打击越强。永远支持你！

图5-10　李佳琦与薇娅微博评论截图

"李佳琦值得""永远支持你"，这些用户对主播的肯定，就是一份信赖。因为用户对主播的信赖，提高了他们与主播之间的忠诚度，同时证明了售后服务是主播提高用户忠诚度的途径之一。

（三）通过售后服务挖掘用户更多需求

售后服务甚至比销售更能深入了解用户需求。我们看到，李佳琦、薇娅在这次售后服务中，无论是调查问卷还是评论留言等方式，其实都是一个了解用户更深层次需求的过程。了解需求，才会有更好的服务。在这次主播的售后问题解决方案中，我们看到了更规范的主播带货服务。在主播的售后解决方案中，我们提炼了一些关键词，"退差价""安排退货""联系专属客服""尽快补寄""进行补发"。通过这些关键词，我们看到主播在大促结束后，面对用户的售后问题时，能第一时间就站了出来，并针对用户的需求，给出不同的售后服务，帮助用户解决问题。这种售后速度、方式都可以成为主播售后服务的规范模式，而这份规范的售后服务，也带给了用户更好的体验。用户在消费时，除了在意品牌质量、性价比，更在意消费的体验，当主播提供给用户更多更好的体验时，自然也留住了用户，而留住用户才是直播行业发展的关键。直播带货行业并不是一次性的买卖交易，用户的价值也不在于一次性购买了多少产品，怎样提高用户体验感、留住用户才是直播不断探索的事。

三、数字直播营销售后服务的技巧

面对用户的抱怨与反馈回来的售后问题一定要及时而认真地处理，因为用户反馈回来的产品和服务问题虽然只是很小的一部分，但是意义很大。

（一）售后问题的冰山原理

人们平常见到的冰山只是冰山整体上露出海面的很小的一部分，更大的部分隐藏在水下，人们是看不到的。售后问题就是用户的异议。用户的异议往往如同冰山，异议本身只

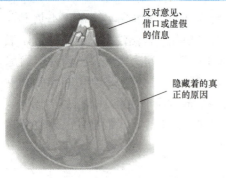

图5-11 售后问题的冰山原理

是用户全部意思表达中很小的一部分,真正的异议是用户隐藏起来的更大的部分,需要销售人员进行更深入的发掘,如图5-11所示。

(二)售后问题处理的方法

克服异议是解释用户的疑惑,消解用户的不满。克服异议的实质正是管理冲突。冲突往往是由异议造成的。有些主播在遇到用户的异议时,可能选择暂时搁置的处理方法,要么不回答直播间问题,要么干脆屏蔽该用户,但是,有时搁置并不能解决问题;还有一些主播认为用户在直播间发表问题是故意刁难,于是就走向另一个极端——直接拉黑或怒怼用户。

处理直播中的售后问题,第一步是快速反应,真诚道歉。为产品道歉或为不专业道歉,即使不是主播原因也应该为引起用户的困扰而道歉。快速反应是非常重要的,由于售后问题处理不及时导致事态升级的情况是十分常见的。第二步,听用户倾诉,分析用户的诉求。第三步,深度挖掘用户诉求,给出解决方案。第四步,进行售后跟踪回访,提升售后体验,提高用户满意度。

(三)售后服务的应对话术

很多时候用户在直播时或评价时提出异议,会影响到后面的用户,这就要求主播需要认真对待每一异议。不要害怕或者带有情绪的对骂,给出异议答案或者引导到另一个角度来看问题是比较好的处理方式。比如说,直播间有用户说这件儿童连衣裙洗了后会掉色,主播不能说不掉色,也不能直接当没看见或屏蔽她,聪明的主播通常会将劣势变为优势:儿童连衣裙掉色是因为没有添加化学定色剂,采用的是纯天然染料,所以会有部分掉色。这样既让用户安心,也凸显出儿童连衣裙的安全配方和纯天然。调查显示,提出反对意见的用户中有64%最终采购了该产品(如图5-12所示)。也就是说,当用户提出一些反对意见或异议时,他们往往真正关心这个产品,有比较强烈的购买意向,但是用户自身有一些要求,不知道主播是否能给予满足,这是异议产生的原因。而那些没有提出异议的用户,也许他们没有明显的需求,或者对主播推荐的产品根本就不关心。因此,主播要控制好自己的情绪,积极地看待用户的异议,其应对话术内容如下:

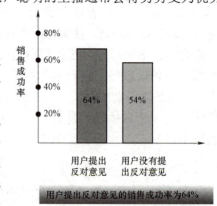

图5-12 用户的异议与销售成功率的关系

1. 重述用户的意见

明确异议,避开答非所问的情况。

① 刚才我听到你讲……

② 对不起,请您再重复一下您的意见……

③ 换一句话来说，您的意思是……

④ 如果我理解正确的话……

⑤ 先生，您是说……

⑥ 您最担心的是哪些呢？

2. 暂时认可、肯定

避免与用户对立，强调用户的观点，并表示暂时的认同。

① 是的，我了解……

② 是的，我同意……

3. 区分真假

在异议处理之中有很多假异议，判断要有洞察力，要用反问、步步紧逼的方法。

① 如果是假异议，就忽略过去，不予以讨论。

绝招：扯开话题，避开假异议。

② 如果是真异议，认真解决，尽量消除。

4. 转折法

转折法即先承认用户的看法有一定道理，然后再讲出自己的看法。注意要用肯定、自信的语气。

① 我能理解您的处境，但是……

② 有几个用户与您有相似的想法，但是……

③ 您的观点也不错，但是……

④ 我尊重您的意见，但是……

⑤ "然而……换句话……"

5. 证明

① 提出第三者证言。

② 提出有力证据。

例：已经有××人用过，而且满意率达到××。

6. 要求认可/要求成交，引导成交

为成交而处理异议。

例：不知道您认为我讲得对不对？您认为对不对？是吗？

任务三　数字直播营销的复盘

【任务描述】苏州某蛋糕甜品品牌通过社群与会员在爱逛平台进行直播，本次直播介绍18种产品，成交额目标为20 000元，希望借由儿童节热点，运用卡通小蛋糕提高购买率，预热端午节粽子与苏州特色鲜肉月饼。

如图5-13所示，直播时长共120分钟，直播间观看人数1 247人，支付人数177人，转化率14.19%，介绍了18件产品，支付金额14 563.2元，客单价82.28元，社群分享人数288人。

划屏浏览人次	划屏浏览人数	直播观看人次	直播观看人数	实时在线
11	10	5,068	1,247	0
人均浏览 1.1	-	人均观看 4.06	-	最高在线 49
人均时长	**新增关注人数**	**订阅人数**	**分享人数**	**支付人数**
00:02:15	170	265	288	177
次均时长 00:00:33	关注率 22.05%	订阅率 21.25%	分享率 23.1%	转化率 14.19%
支付金额				
14563.2				
客单价 82.28				

图 5-13 某蛋糕甜品品牌直播

其中支付金额最多的是儿童节卡通蛋糕类产品。如图 5-14 和图 5-15 所示，直播产品按支付金额排名分别为：第一名冰雪女王、第二名独角小小兽、第三名快乐星球、第四名鲜肉月饼*5+奶酪包*2、第五名泡芙、第六名泡芙+绿豆糕礼盒、第七名爆浆提拉米苏、第八名鲜肉月饼、第九名粽在一起、第十名芒果恋歌。第十一名盛夏冰爽柠檬、第十二名蜂蜜蛋糕、第十三名奶酪包、第十四名爱维尔现烤牛奶棒、第十五名巴斯克、第十六名黄金芝士、第十七名巴斯克+牛奶棒*5、第十八名爱维尔绿豆糕。

商品销售总览					
	商品	支付金额	转化率	支付订单数	支付人数
1	冰雪女王	5346	39.05%	52	41
2	独角小小兽	2793	26.56%	65	51
3	快乐星球	2616	14.29%	23	16
4	鲜肉月饼*5+奶酪包*2（套餐一）	979.9	50.82%	36	31
5	泡芙	520	51.95%	53	40
6	泡芙+绿豆糕礼盒（套餐二）	457.7	36.21%	23	21
7	爆浆提拉米苏	403.1	37.74%	23	20
8	鲜肉月饼	304.2	26.57%	15	14
9	粽在一起-直播	278	6.06%	2	2
10	芒果恋歌	249.9	41.38%	17	12

图 5-14 销售金额排名（1）

商品销售总览					
	商品	支付金额	转化率	支付订单数	支付人数
11	盛夏冰爽柠檬	198	18.6%	18	16
12	蜂蜜蛋糕(280g)	107.6	20%	4	2
13	奶酪包	83.3	16.22%	7	6
14	爱维尔现烤牛奶棒	81.2	15.79%	7	6
15	巴斯克	53.8	4.55%	2	2
16	黄金芝士	51.6	6.56%	4	4
17	巴斯克+牛奶棒*5（套餐三）	39.9	4.35%	1	1
18	爱维尔绿豆糕	0	0	0	0

图 5-15 销售金额排名（2）

【任务分析】对直播数据进行分析，评估直播结果并分析原因；结合下次直播的端午粽子主题，请给出直播改进建议；完成一次直播并进行复盘，完成问题改进列表。

 相关知识

一、数字直播营销复盘的步骤和具体项目

复盘源于古老的东方思维，这种思维不仅仅是一种思考和管理的工具，更是一种文化。这个词最早来源于棋类术语，也称"复局"，指对局完毕后，复演该盘棋的记录，以检查对局中方法的优劣与得失。商业模式和个人管理的"复盘"，与棋类的复盘有异曲同工之妙，但心态和眼界却各有不同。前者摒弃了个人主义的角色扮演，去个人化、去中心化，完全回归到实物原生状态，解剖所有与其相关联的环节，一件一件去回忆、分析、解释、阐述，最终需要得到一个更好的可能性。复盘不是一次性的"行为艺术"，它是一种持续性、连贯性、递进式的旋转向上的动作。

（一）复盘步骤

① 回顾目标：当初的目标或期望的结果是什么。
② 评估结果：对照原来设定的目标找出这个过程中的亮点和不足。
③ 分析原因：事情做成功的关键原因和失败的根本原因，包括主观和客观两方面。
④ 总结经验：包括体会、体验、反思、规律，还包括行动计划，需要实施哪些新举措，需要继续哪些措施，需要叫停哪些项目。

（二）复盘的具体项目

1. 回顾目标

复盘开始的第一步，就是回顾复盘事件的目标。这让参与复盘的人心中有数，自己要讨论什么，如何评判。将手段当作目标或者替代目标，是我们常见的错误。回顾目标的时候，有一个简单有效的技巧可以注意加以利用，那就是将目标清晰明确地在某一个地方写出来，可以写在白板上，也可以投影在屏幕上，以防止参与复盘的人员中途偏离目标。

2. 结果对比

目标是希望达成的，结果是实际做到的，将二者进行对比，找到实际结果和希望目标之间的差别。结果与目标的对比，有 5 种可能产生的情况：

① 结果和目标一致，完成情况达到了所设定的目标；
② 结果超越目标，完成情况比设定的目标还好；
③ 结果不如目标，完成情况比设定的目标要差；
④ 结果中出现了目标中没有的项目，是在做事的过程中新添加进来的；
⑤ 目标中有的项目，但是结果中却没有该项目的完成情况，结果为 0。这也可以视为结果不如目标，但是这种结果与目标的差距是根本没有行动，与那种行动了却没有达到期望值还不一样，所以单列。

结果对比的目的不是发现差距，而是发现问题。重点不是关注差距有多大，而是关注

出现差距的地方。试着去提出疑问：为什么会有这样的差距？结果对比也该像"回顾目标"那样展现出来，让复盘参与人员随时可见。

3. 叙述过程

过程叙述的目的是让所有复盘参与人员都知道事件的过程，了解做的事，知道细节，拥有共同的信息，这样大家才有共同讨论的基础，不浪费时间在信息层面。为了实现这一目标，可用"照本宣科"的方法。"照本宣科"的关键，除了要照着本子说，还在于要有一个"本"。在复盘之前，自己对做事的过程用文字形式进行呈现，就可以形成复盘中要照着宣讲的"本"了。

4. 自我剖析

自我剖析，就是自己对做过的事情进行反思和分析，看看有哪些问题、有哪些成绩，并试着去找出原因，发现规律。自我剖析是一个自我成长的机会，它能让你先给自己打预防针，这样后面别人给你扎针的时候，你就有了准备，也能够对比。自我剖析的时候，要客观，要能够对自己不留情面。进行这一步的时候，根据"结果对比"部分的结果，进行进一步思考，以期明确在结果中，有多少是自己努力带来的，有多少是外在环境造成的，区分自己努力还是外在环境的影响。

5. 众人设问

众人设问可以让复盘突破事件本身的局限，突破个人见识的局限。设问的内容在上文已经提到。设问要多探索可能性，考察每一种可能性的条件，以及其边界。当这些被探讨清楚了以后，问题基本上就一清二楚了。

6. 总结规律

总结规律是复盘最重要的内容，上面所有的步骤都是为了得出一般性的规律，形成符合真相的认识。总结规律得出的结论是否正确，最好的检验当然是时间。但是，一旦进入实践阶段，则说明复盘工作已经结束，它依旧不是复盘当时就能确定的。复盘得出的结论是否可靠，必须在复盘的当时做出判断，一般来说可以通过4个原则来评判：

（1）复盘结论的落脚点是否在偶发性的因素上？

当复盘的结论落脚在偶发性因素上，那一定是错误的。如果复盘没有进入逻辑层面，没有经受住逻辑的验证，则这样的复盘结论一定是不可信的。

（2）复盘结论是指向人还是指向事？

复盘的结论如果是指向人，则很可能说明复盘没有真正到位。因为复盘得出的是规律性的认识，而人是具体的，各不相同。指向事，则复盘得到规律的可能性更高。当然，这里的"事"不是指某件具体的事，而是指人之外的事物。复盘的结论不是指向人，而是从事物的本质去理解分析，这是验证复盘结论是否可靠的标准之一。

（3）复盘结论的得出，是否有过三次以上连续的"为什么"或者"为什么不"的追问？

复盘得出的结论，至少应该有过三次以上的连续的"为什么"或者"为什么不"的询问。如果次数不够，也很可能意味着复盘没有找到真正的原因。探寻问题背后的问题，找出答案之后的答案，这就是追问的目的。

（4）是否是经过交叉验证得出的结论？

"孤证不能定案"是法律上的术语，可用来比喻复盘得出的结论。通过其他事情交叉验证，也可以为结论的有效性提供一定的保障。

7. 案例佐证

为了验证规律的可信度，除了从因果关系去验证规律，还应该用其他案例进行佐证，这是从规律的适用性出发的一次实验。案例佐证面临着案例选择的问题，所选的案例应该是同类型的、同行业的，不能选取跟所复盘的事件无关的案例。

8. 复盘归档

经受了上述 7 步的复盘得出的结论，应该来说具有较高的可信度，这个时候，它们就是得到了认可和值得传播的观念和规律。下一步就有必要对复盘进行归档，这其实也是知识管理的一种。

二、数字直播营销的复盘数据

（一）运营数据

① 支付人数：本场直播累计下单且支付的用户数；
② 支付订单量：本场直播累计下单且支付的订单总数；
③ 支付 GMV：本场直播累计下单且支付的成交总额；
④ 浏览次数：本场直播累计观看人次；
⑤ 购物袋点击次数：本场直播累计观看且点击购物袋的人次；
⑥ 产品点击次数：本场直播累计观看且浏览产品的人次；
⑦ 最高同时在线人数：本场直播最高同时在线用户数；
⑧ 本场新增粉丝数：本场直播结束后，从非粉丝转化为粉丝的用户数；
⑨ 人均观看时长：本场直播有购物车曝光的用户人均观看时长；
⑩ 粉丝人均观看时长：本场直播有购物车曝光的且是粉丝的人均观看时长。

（二）用户画像

① 地区分布：按省份、城市统计，只展示 Top10，其余不展示；
② 用户性别与年龄段；
③ 用户关注的品类；
④ 用户关注的主播；
⑤ 用户停留时间；
⑥ 用户点击产品；
⑦ 用户进入店铺；
⑧ 用户购买金额。

三、数字直播营销的经验总结

（一）量化目标

设定直播目标是一件挺不容易的事情，特别是刚开播的新手，没有参考项，也不了解自己的能力可以达成什么目标。这种情况下最好的做法就是观察同行，通过同行的数据分析情况，结合自己的需求预期，来设定初始的目标。

分析同行或者行业的第三方数据工具很多，可以找到一些网红、达人、产品的排行榜，与自己相关行业的带货数据，等等。通过分析同行，起码知道目标的设定可以是每天"涨粉"多少、产品点击数多少、订单数多少等，把这些可以量化的数据归总在一起，加上自己预期的数据，生成本场直播的预定目标。当然，卖货是直播的主要目标，其他是次要的，对于绝大多数人来说都是如此，但不能一开始就设定过于虚高的目标，哪怕只是交个朋友不赚钱，有时候，发现问题也可以是目标。

（二）数据分析

数据分析是重点，因为所有结果的呈现都是数据说了算。像前面所提到的团队复盘，是很难通过数据进行考核的，只能人为去评价哪些做对了、哪些做错了。对于刚开始直播的人来说，数据样本量是不够的，不足以看出数据的波动与趋势，也总结不了平台的算法与规则。建议操作一段时间后，各方面的数据量都足够看出变化了，再进行数据分析，分析的点主要是数据的波动，以及某些可能影响数据的操作。现在的直播平台都有数据报告，我们可以从中获取到主播、用户与产品的相关数据，然后进行对比分析，一般会着重看直播时长、用户停留时长、互动数、增粉数、产品点击数、订单数等重要数据。影响直播效果的相关因素如图5-16所示。

直播相关	店铺相关
直播时长和次数	店铺层级
观看人数	成交额
停留时间	店铺DSR
直播互动	店铺健康值
入店量	店铺承接能力
直播成交转化率等	售后服务
报名活动	用户运营能力

图5-16 影响直播效果的相关因素

（三）问题改进

有了数据分析报告，直播存在的问题显而易见，可能各个细节都会存在问题。图5-17为常见直播数据跟踪内容。

场观	互动	转粉	转化
·观看量	·关注	·入店人数	·进入详情页
·观看时长	·点赞	·转粉人数	·引导拍下
·同时在线	·加购	·涨粉量	·拍下支付
	·评论互动		
	·分享直播间		

图5-17 常见直播数据跟踪内容

如图5-18所示，也可以设定几类重点问题，像流量问题、转化问题、留存问题，等等，把这几类重点问题当作筐，找出来的问题先分类，一个个往里面放，然后再针对性地解决。通过解决问题，不断优化过程细节和沟通来提升直播相关数据。

问题分类	问题描述	解决方法
流量问题	直播间浏览次数较少，观看人数较少	设定好直播类目与标签，做好预热，引导分享
转化问题		
留存问题		

图5-18 重点问题分类

（四）复盘记录

复盘记录就是做最后的总结。除了直播内容的复盘记录，还需要收集用户的反馈信息。反馈信息的来源渠道可以是直播平台上的评论、私信及在线客服，也包括预热的时候在新闻媒体、社交平台上所收到的反馈信息。

反馈的内容可以放到问题改进那块儿，划出一个分类来记录，也可以单独记录，但一定要有解决方案，并且跟进解决。

思政空间

在直播带货中，如何界定主播的责任？"不敢承诺做到百分之百无假货"能否成为主播免责的挡箭牌？主播在直播间兜售"三无"产品、假冒伪劣产品等，均涉及合同违约、消费欺诈等问题。"主播作为广告代言人应该使用过所代言的产品，作为广告发布者应该审查广告内容的真假与合法性，否则要对此承担连带责任。"

直播带货是一种与时俱进的尝试，更是一场意义非凡的挑战。在这场挑战中，主播要带的"货"是坚定信念、崇高道德和社会责任，是广博知识、健全人格和健康体魄。希望在我们的共同努力下，无论身处何地，遇到何种困难，都能坚守初心、砥砺前行。

 同步测试

一、选择题

1. 淘宝直播中粉丝等级分为几个？（　　）

A. 5个　　　　B. 4个　　　　C. 3个　　　　D. 2个

2. 专业主播为商家进行主播带货通常采用什么样的合作方式？（   ）

A. 佣金+提点　　　B. 服务费　　　　C. 技术费用　　　D. 提成

3. 对于直播订单，我们建议发货时间为（   ）。

A. 48 小时　　　　B. 12 小时　　　　C. 36 小时　　　　D. 24 小时

4. 复盘的八个具体项目中，第八个是（   ）。

A. 总结规律　　　B. 众人设问　　　C. 复盘归档　　　D. 自我剖析

二、简答题

1. 按状态划分订单分为哪几类？

2. 复盘的四个步骤是什么？

3. 直播间数据跟踪中，关于互动选项一般需要跟踪哪些数据？

三、技能训练题

1. 进行一场直播并组织小组成员进行数据分析与直播复盘，提交复盘报告。

2. 当某场直播中，之前的用户对已经过了退货期的产品在直播间里吵闹，说质量不好，请问这种情况怎么处理？请说明你的处理思路。

项目五同步测试答案

模块二
案例篇

项目六　电商类数字直播营销

【知识目标】

1. 了解淘宝直播的用户画像、优势和相关案例；
2. 了解快手直播的用户画像、优势和相关案例；
3. 了解抖音直播的用户画像、优势和相关案例。

【技能目标】

1. 了解三大典型平台的数字直播营销用户群体；
2. 能够运用三大典型平台进行数字直播营销。

【素质目标】

1. 增强学生的分析和解决问题的能力；
2. 提高学生的创新创业意识；
3. 运用所学知识进行文明直播。

思维导图

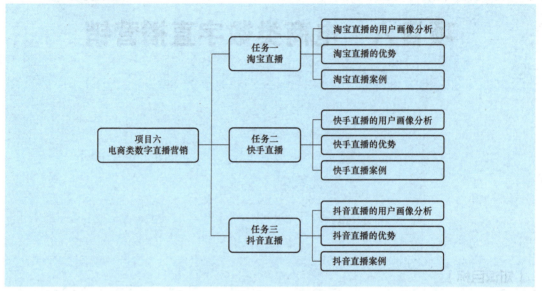

直播电商已经成为当下的风口行业。早在 2016 年，淘宝、蘑菇街等电商平台率先入局"直播+电商"领域。随后在"电商+直播"的红利之下，直播平台也开始加入"直播+电商"战局。2018 年，抖音、快手先后通过自建平台和接入电商平台的方式试水电商领域。同年 8 月，虎牙直播、斗鱼直播和花椒直播开始牵手网易考拉海购，探索"直播+电商"的新领域。此外，还有一类新兴的直播电商平台，从成立之初就是希望能够在直播电商领域发展，主要通过吸引新人主播、网红等获得流量和广告费用，但目前这类平台的影响力无法与头部直播带货平台匹敌。图 6-1 为直播电商平台分类。

图 6-1 直播电商平台分类

总体来看，在众多直播电商平台中，淘宝直播发展最快，快手和抖音紧跟其后。在"猫快抖"的示范作用下，其他平台也开始布局或将战略重心向直播电商转移。2020 年，淘宝与"快抖"由合作走向竞争。淘宝为了避免过度依赖外部流量、避免用户形成短视频购物习惯分流 GMV 而加快内容上的布局；抖音、快手做电商追求更高货币化率，加速自建，避免过度依赖淘宝，也寻求淘宝外供应链合作，保证流量数据始终在平台留存。图 6-2 为主要直播平台梯队分布。

项目六 电商类数字直播营销

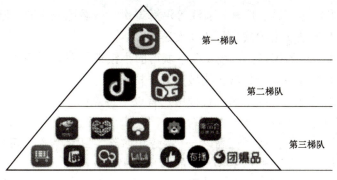

图 6-2 主要直播平台梯队分布

任务一 淘宝直播

在 2016 年直播元年，大部分人只知道花椒、映客平台，很少有人知道淘宝也上线了直播板块，那时，淘宝直播板块的位置还在手机淘宝 App 的第四屏，即打开手机淘宝后，要用手往下滑四下，才能看到入口。那时的淘宝直播机构也很少，第一批仅有 30 家，到 2017 年年底，机构数量被严格控制，基本上维持在 170 家。

2018 年 3 月 30 日以后，淘宝直播板块的位置移到了淘宝 App 第一屏的位置，流量一下子从百万级上升到了千万级，较早入驻的机构纷纷获益。同时，机构和商家直播都被放开了限制，只要商家有 MCN 模式运营经验，都可以申请开通淘宝直播。据统计，2018 年，淘宝直播在淘宝站内引导成交量达到 1 000 亿元。

2020 年 2 月 17 日，淘宝发布了两份《淘宝经济暖报》，这两份暖报的上线预示着：疫情期间，企业复工不是梦！根据相关数据统计，2 月以来，大约有 3 万人首次在淘宝开店，新开店数量的前三名省份为广东、浙江和江苏。

"街上没人，不代表没人逛街"，数据显示，淘宝直播"云卖方"已吸引 200 万人观看；明星开淘宝"云演唱会"，接近 400 万人一起"嗨"；各类汽车品牌开启淘宝"云试驾"，引发众多"汽车发烧友"的追捧。

自 2020 年 2 月以来，新增的淘宝直播间数量已翻了一番，开播场次也上涨了 110%。由此可见，对于电商而言，淘宝可以算是直播平台里流量最大、品类最多的带货渠道，是众多商家促进销售、发展品牌的首选。

一、淘宝直播的用户画像分析

在 2019 年淘宝"6·18"大促活动结束后，淘榜单联合淘宝直播发布了一篇名为《天猫"6·18"淘宝直播消费者画像》的文章，文章显示，直播间的消费主力是"90 后"，同时"00 后"的消费实力也不可小觑。

据统计，"90 后""00 后"用户在直播间里购买的主要产品类型的前三名是美容护肤、女装和彩妆香水，而"60 后""70 后"的用户则更喜爱购买珠宝翡翠等。从购买区域来看，直播消费人数最多的是江苏、广东、浙江等沿海省份，虽然地域不同，但用户喜爱购买的产品大致相同，大多是女士护肤、彩妆与女装用品。

除了一、二线城市的用户，三线及以下城市的小镇青年在直播间的购买力也很强，其中，三线以下城市的直播成交量与一线城市几乎持平。

通过数据，我们可以总结出淘宝直播用户有以下特点：

第一，以25岁至35岁的青年女性为主；

第二，这部分用户群体有"三高"——高停留时长、高复购率、高客单价；

第三，淘宝直播的用户群体主要消费的产品为服饰、美妆、食品生鲜、家居百货等。

总之，如今观看淘宝直播并下单的用户呈年轻化趋势，主要是以女性用户为主。

二、淘宝直播的优势

各路达人和商家纷纷入驻淘宝直播平台，使得该平台的竞争非常激烈，那么，淘宝直播平台到底具有怎样的优势与魅力，才能受到这么多人的青睐呢？

首先，淘宝直播是商家售卖产品的辅助工具，它的目的是为平台带来额外流量，从而提升商家的产品销量。淘宝直播具有以下优势：

1. 即时性

淘宝直播的信息传达是面对面的，因此，只要主播引导得当，那么对直播期间获得的流量转化的效果是相当不错的。

2. 互动性

淘宝里的主播相当于线下导购的角色，主播可以通过淘宝直播平台解答用户的各类疑问，从而提升线下门店的转化率。

3. 直播品类多，受众广泛

在淘宝直播里，产品种类很多，既有服装饰品，又有家用百货，可谓是"应有尽有"，因此，淘宝直播的受众是很广泛的。

4. 获取渠道多

只要有无线网，智能手机、平板电脑、台式电脑都能在线收看淘宝直播的内容。

三、淘宝直播案例

宝洁新品从0到1，淘宝"双十一"直播触发流量爆点

直播作为新渠道，正在重新定义品牌营销。不少品牌也抓住"双十一"的机会，开始试水直播。花西子、完美日记，这样的国货品牌开始通过直播开始打造爆款，传统线下的美食品牌肯德基、麦当劳、必胜客都开始找起了头部主播带货，连李佳琦也开始为优衣库带货。我们可以看到，品牌通过传统渠道的改变，能够让品牌在直播时代下快速地打造爆

款,也有着出彩的带货成绩,"品牌宣传+带货效果"成为品牌最爱选择的营销模式。

"双十一"期间,宝洁公司新品——东方季道就将品牌营销的主战场放到了淘宝直播上,结合综艺类型选秀栏目,从单一渠道进行 UPGC+PGC 栏目的联合打爆,28 天的时间,30 场直播,为新品牌带来了 16 万的粉丝增长。

纵观目前电商平台的"品牌营销"形势,传统公关通过采买站外 KOL 来为店铺营销的方式难以满足新品牌触达淘宝内流量的需求,对比传统大牌"双十一"疯狂投入,新品牌需要另辟蹊径。

作为宝洁旗下的高端护肤品牌,东方季道是首个针对季节打造的高端护肤品,定位新颖且高端,与旗下的 SK-Ⅱ、OLAY 等品牌研发团队相同。而新品东方季道需要找到增加消费者认知度与品效合一的方案,就选择了将"淘宝直播"作为新品的发布渠道。

但是新生品牌起步艰难,一场直播通常只有几十到几百的观看量。那么如何才能精准地触达淘宝用户,为店铺带来人气和流量呢?东方季道找到了淘宝直播 TOP 机构蚊子会合作,将 PRODUCE101 模式创造的"直播选秀"搬上直播舞台(如图 6-3 所示),做了一次"直播+综艺"的创新性营销尝试。活动推出后,相较于活动前 200 人左右,观看量直接飙升了 40 倍,总决赛观看量更是一度超过 16 万,累积点赞量超过 103 万。为期 15 天的直播活动为东方季道品牌店铺带来了超过 16 万的粉丝数量增长,累计 75 万多的观看量,触达粉丝总数 826.81 万。店铺自播板块的表现更是指数级增长。

图 6-3 东方季道在淘宝上"直播选秀"

从 10 月 1 日至 10 月 28 日活动过程中,以销量、加购数、互动数据作为考核主播晋级的数据维度(如图 6-4 所示),经历了"13 V 13""5 V 5""东方之夜"总决赛,再加上终极五百万大奖,调动主播直播间卖货积极性,达到品效合一的目的。东方季道依托淘宝以及淘宝直播 App 进行资源曝光,一方面向全网招募主播,另一方面也提高了对东方季道品牌的曝光。

图 6-4 主播晋级

与以往的品牌直播日一个时间节点的爆发不同,这次东方季道的直播营销,将战线拉长到近一个月,有规律有节奏地将粉丝往直播间和店铺引流,完美实现了单一资源的加乘效应和全域联动。为期28天的活动,一共为东方季道品牌店铺带来了超过16万的粉丝数量增长,可以说是从0到1,全面直接触发流量爆点。

宝洁新品牌东方季道此次大获成功,意味着直播已经成为新品牌快速打开市场的一个重要的渠道,从中可以获得以下重要启示:

1. 打造品牌专属风格化直播间

对于东方季道这个新品牌而言,"中国风"的概念与"换季第一瓶的四季精华"的品牌定位显得尤为重要。

在这次的直播中,对于直播的背景特地采用背景扣绿幕的形式,整个直播间充满了和东方季道相符合的中国美;还联名汉服类目 TOP 品牌——汉尚华莲,专门为主播提供风格化着装(如图 6-5 所示);并采用中国传统卷轴的形式,诠释品牌所带来的东方理念。

图 6-5 主播风格化着装

2. 链接品牌与粉丝,淘宝直播实力加乘

"粉丝效应"的加持让东方季道的曝光量达到了高潮。除了选择有一定的粉丝数的主播给予加持,品牌代言人也成为"增粉"的关键因素。品牌代言人走进直播间有不仅有利于展现品牌形象,同时也可以赋能品牌的粉丝黏性。

东方季道的代言人周深及品牌大使夏之光以导师的身份全程参与活动,持续为自己代言的品牌发声。

3. 拒绝单纯低价引诱,全方位互动促成品效合一

本次活动,东方季道先是扩展"东方美"的品牌主题,同时匹配符合品牌特性的主播进行"种草",最后加上 UPGC 栏目的创新直播模式。

对比以往单纯地通过低价引诱和卖点宣传的直播营销,这样的栏目化品牌宣传,其实更容易触动粉丝内心,更适合于新品牌在直播渠道的粉丝心中的形象塑造,最终品牌在短时间内便累积了 16 万的粉丝。虽然没有大主播们振臂一呼粉丝增长来得快,但给品牌账号留存下来的这些粉丝可以说品牌忠诚度更高、匹配度也更高。

传统的营销模式下,广告营销需要的时效性更长,粉丝的累积更难;但是在直播场景下,通过直播间这样一个桥梁,缩小了品牌和粉丝之间的距离,加上主播详细的讲解和直播间的快速购买方式,也减少了消费的路径。这也是东方季道能够成功的一个重要因素。

网红玩转淘宝直播,突破千万带货量

当自带千万粉丝的网红、进入电商直播带货场,会产生多大的化学反应?2019年8月29日网红雪梨的淘宝直播首秀生动地诠释了这个问题(如图6-6所示)。

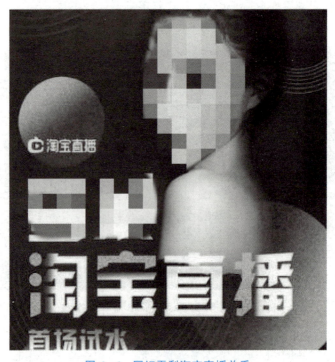

图6-6 网红雪梨淘宝直播首秀

当晚,雪梨直接卖空了27万片来自韩国的澳皙可面膜,单价1 899元的美容仪卖出5 000多台;当单价超过2 500元的海参预售款都一抢而空时,见惯了大场面的淘宝直播小二也激动地跟小榜君说:"爆了,这场又要爆了!还有超划算的美心月饼,快去抢。"

8月30日凌晨2点,雪梨直播首秀的战果最终定格在了6 100万元,再次破了淘宝直播网红带货的记录。

2019年,直播不仅仅成为电商的标配,也成为网红实现商业价值的重要通路。众所周知,大多数网红都有自己的店铺,并在过往探索商业化的过程中证实了自己的商业变现能力。但带得了自己的产品是否意味着一定也能赋能其他产品?要达到雪梨这样的成绩,是否仅靠网红的粉丝影响力就能百战百胜?

据淘榜单了解,雪梨这场直播首秀已经筹备了整整一个月,在多个平台提前预热,并且选品极其严格,从几百件产品中挑选出了这次直播的 40 多款产品。可以说,网红影响力叠加多方面的因素才有了这样的战绩。一起来看看,雪梨直播中有哪些值得借鉴的地方。

1. 多平台预热,多平台造势

8 月 29 日直播首秀前,雪梨团队就在多个平台进行了直播预热。不仅在淘宝直播平台进行预热,雪梨也在自己的微博上发文十多条进行"种草",其中一款日本复活草面膜在前期的预热过程中就已经有了 2 万多的评论(如图 6-7 所示)。这样的提前"种草"模式,才能够促成单品的引爆。当天,复活草面膜的销售额达到了 550 万元。

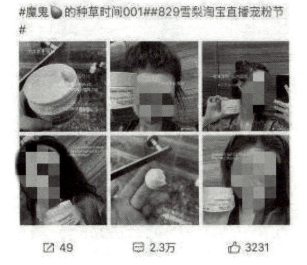

图 6-7 雪梨微博发文进行直播预热

雪梨带货直播首秀当天最大的一个特色,是淘宝直播和一直播共同开播,两个平台累计观看人数达 1 亿多人次。

2. 结合自身定位,精准选品

网红做直播带货,一个相对明显的优势就是粉丝的高信任度和模仿效应。换句话说,就是粉丝很愿意购买自己喜欢的网红正在用的产品。当天,雪梨就准备了自己一直在吃的海参、一直在用的牙膏,以及生娃后拯救脱发的霸王洗发水等。

和粉丝分享变美心得,本来就是雪梨微博的日常,美妆产品在雪梨直播间也显得十分受欢迎。雅诗兰黛 DW 粉底液卖出 6 500 瓶,霸王洗发水售出 10 万瓶,还有 1.8 万只 DPC气垫,2 万只 MAC 口红,等等。

3. 极致低价与福利，依然是王道

宠粉被称为第一直播要素。直播美容仪时，为了给粉丝更大力度的优惠，在直播间现场，雪梨的老公亲自为粉丝补贴每个产品100元的优惠券（如图6-8所示）。当款产品卖出5 000件，相当于自掏腰包50万元。这样的"亲测+宠粉"行为，才能获得粉丝的认可。

图6-8 直播送福利

没有谁能够随随便便成功。在一夜6 100万元背后，我们应该看到雪梨在前期的筹备和预热，长达6小时的认真专业讲解，甚至还有后期的互动。直播过后，微博上很快就有粉丝晒出了当晚直播间购买的产品，还得到了雪梨亲自点赞。

任务二　快手直播

依靠短视频发展起来的快手，在拥有了大量的用户群体后，又找到了新的发展方向：将互联网电商和互联网直播两个行业聚合到一起，通过不断优化，慢慢走上了直播电商的路。

与淘宝、京东合作后，快手直播平台有接近1 600万个主播直播带货并从中获利，比如快手达人"散打哥",在快手直播时,同时在线人数突破100万,3个小时成交5 000万元的销售额,一天带货1.6亿元。2019年12月,快手大数据研究院发布了《2019快手直播生态报告》,报告显示,目前快手直播日活跃人数已经突破1亿。

在人人都说互联网流量红利殆尽、直播行业进入红海状态的背景下,快手的直播依然得到了快速发展。1亿DAU,这并不是一个小数字,证明了直播赛道仍有机会。与单一的直播平台不同,快手具有"短视频+直播"的完整闭环,这使它在内容和社交链条上的完整性更有优势。以快手为代表的短视频平台所延伸出的直播生态成为内容平台的新增量,它为更多用户提供了看见、分享多样生活的可能性,为公会、主播、普通人提供了新的变现渠道。

与其他直播平台相比,快手直播存在哪些优势呢?

一、快手直播的用户画像分析

快手直播"出世"的时间比淘宝直播要早一些,大概是在2017年年初,这背后的主要原因是快手对直播板块没有进行过多的上线测试,直接推出并帮助达人变现。所以,大家会发现,在快手做直播带货的达人,货卖得好的就那么几个,且大部分是在平台的扶持下火起来的,即靠的是平台提供的流量。

在快手做直播,过程较为简单,比如,如果想做垂直内容的直播,那么就先养号,等用户到了5 000人,接着开直播,开通"快手小店",开始销售低客单价的产品(价格在几十元左右的产品),然后再通过一些引流手段引导用户关注微信个人号,再进一步转化。

《2019快手内容生态报告》显示,截至2019年6月,快手的日活跃人数达到2亿,月活跃人数达到4亿。在这些活跃群体中,80%的用户是来自三、四线以下城市高中学历以下的用户。快手的用户所在地更加下沉——以乡镇为主。观看快手直播内容,会发现以农村题材、乡镇生活题材等反映社会真实生活的内容居多。

二、快手直播的优势

尽管快手直播的内容品质较低,但是对于相应的用户群体来说,其平台还是具有一定的优势的,具体有以下4个方面:

1. 巨大的日活用户数量

《2019快手内容生态报告》显示,截至2019年6月,快手的日活跃人数达到2亿,DAU(日活跃用户数量)较2017年相比,上涨了1亿。在快手上,用户最爱购买的产品类目为美妆、农副产品、男女服饰、健身用品。

在快手上做电商的收益颇多,比如2018年丑苹果在快手上的销售额为3亿元,柿饼的销售额为2.7亿元,软籽石榴的销售额为3.3亿元。

由此可见,快手直播平台上巨大的日活用户数量,可以为商家或个人提供流量支持,帮助这些商家或个人有效触达自己的目标用户。

2. "普惠式"算法

快手创建之初,其团队就一直秉承着"内容公平分发以及让每一个普通人都能被看见"这样的初衷。有很多快手达人反映,在其他平台上建立自己的用户流量池时,都没有快手上那种"用户是自己的"体验，获得有效沉淀和数据提升的机会较少。

这种现象的产生其实与快手的"普惠式"算法有关，这种算法给很多做电商的商家或个人提供了更大的流量与算法支持，不会让任何一个直播石沉大海。

正是因为快手内容分发的算法逻辑和整体运营的思路，达人在快手直播平台上直播时才拥有了超强的带货能力。

3. 快手直播的平台配置

2018年6月，快手联合淘宝和有赞，推出"快手小店"和"电商服务市场"，这意味着快手上的每个主播都可以凭借身份证明，来申请"快手小店"的开通资格，店铺开通后商家可以直接将淘宝或有赞店铺中的产品放到"快手小店"里，然后通过发布视频或直播，引导用户购买。

2019年3月，快手电商发布了《快手小店经营违规管理规则》《快手小店商品推广管理规则》《快手小店售后服务管理规则》《快手小店发货管理规则》等四项店铺运营规则，使快手电商市场秩序得到规范。

在用户打开快手后，首先看到的就是快手的直播界面，由此可见，快手对于直播平台的配置与打造十分重视。

总之，快手也是目前带货转化率较高的平台，相信拥有相同价值观与需求的商家或个人，通过快手都能实现自身价值并获得的相应的回报。

4. "老铁经济"的内容信任

很多人将快手火爆的原因归结于"老铁经济"，之所以这样取名，是因为很多人都觉得快手上的主播像一位"老朋友"，虽然以前彼此不认识，但听其聊了几句后，就会觉得很亲切，如果对有些内容感到喜欢与好奇，用户就会愿意继续听下去。

比如快手达人"胡颜雪学姐优选"，她做快手内容的主要方法就是"用真心换真心"，为了卖自己公司的美妆产品，她采取"日更+直播"的方式，每天与自己的用户互动聊天，如果要去外地出差，她也会采购一些纪念品回馈给用户。

再比如，另一个快手达人"保定府磊哥"，为了在快手上卖出自家产的瓜子和零食，他通过在快手上直播向用户讲述自己创业的艰辛历程，引发用户的同理心，搭建了品牌与用户之间的信任桥梁。

快手是一个能将陌生人转变为老朋友的直播平台，主播基于这种"老铁经济"建立与用户之间的信任关系，其带货的转化率自然会提升。

三、快手直播案例

案例一

央视+快手强强联合，直播带货创下6 100万销售新纪录！

近几个月，媒体直播带货很火！

1月12日，大河报联手快手等平台同步策划了"我为河南两会来带货"特别报道，邀请代表、委员带货，推广扶贫产品。

3月19日，安徽广播电视台新闻中心推出"助农战'疫'公益行动"，通过电视新闻报道推广农产品。

4月，"小朱配琦"直播带货、人民日报新媒体邀请"直播女王"薇娅直播带货。

媒体直播带货的名单还很长。从表层看，众多主流媒体搞直播带货，是公益慈善活动，但从媒体融合的角度来看，这并不是网红直播秀场，而是转型发展的一种尝试。

湖北解封后，经济的复苏正在受到全民关注和支持。4月12日20点，央视新闻联合快手发起"谢谢你为湖北拼单"活动（如图6-9所示），通过直播的方式宣传、推广、销售湖北地区商品，欧阳夏丹、王祖蓝、蔡明等明星相继上线为湖北特产带货，湖北十堰市副市长王晓也通过连麦为当地特产"代言"，有赞全程提供技术支持和货源支持。

据悉，本场直播总共推荐11款产品，其中6款产品来自有赞商家，包括武汉热干面、汉口二厂汽水，还有产自天门的手工小麻花、产自荆州的乳酸菌饮品、产自襄阳的麻辣锅巴、产自钟祥的红枣葛根粉，如图6-10所示。

图6-9 央视新闻联合快手发起直播活动

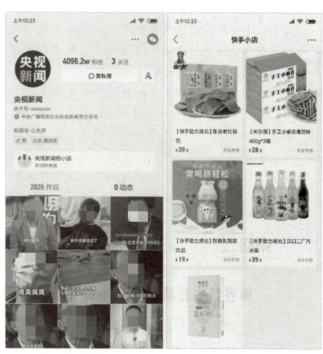

图6-10 直播产品

直播开场后，主持人王祖蓝推荐的第一款产品就是麻辣锅巴，这款来自湖北襄阳的地道零食，本身就是一款网红锅巴，在同类产品中销量连续位居第一。此后王祖蓝又相继推荐了汉口二厂汽水、武汉热干面等正宗湖北美食。

"没机会为湖北拼命，但可以为湖北拼单！""信不信把湖北农副产品买断货"……主播卖力为湖北带货，网友则纷纷在直播间发表拼单"誓言"。逗趣留言的背后，是全国网友对湖北毫无保留的支持。在网友的热情拼单下，有赞商家刚上架的热干面、锅巴、乳酸菌等产品都瞬间售罄，于是加紧补货。其中，锅巴补货2次，热干面补货3次。

4月12日的这场直播带货，是强强联合。央视总台作为媒体国家队，是中国最权威的电视媒体；欧阳夏丹是《新闻联播》的主持人，也是新"国脸"的代表；快手作为短视频平台，有超3亿日活跃用户，是国民级的应用。

此次直播带货是央视新闻第一次在快手开通小店、第一次在快手直播带货，更是《新闻联播》主持人第一次直播带货。快手也是继淘宝之后第二家与央视合作的电商平台，并且是第一家与《新闻联播》主持人合作的平台，规格目前为最高，并且开创了央视与短视频平台联合卖货的新纪录。

央视权威品牌，《新闻联播》主播自带网红带货能力，快手亿级用户体量且私域流量好、用户黏性高，三者联合让带货力量得以爆发。根据快手官方数据，最终本场直播在快手累计观看人次达到1.27亿，累计点赞1.41亿次，明星嘉宾与66位快手达人合计帮助湖北地区商家成交6100万元，创下为湖北公益直播卖货的新纪录。

这些数字一方面反映出主流媒体主持人的影响力和号召力，另一方面也反映出快手平台的带货实力。主播、平台、媒体的多方联动，资源的有机组合，用户的有效运营，为成功带货奠定了基础。

如今，借着短视频、直播的风口，媒体电商走向与社交媒体平台联姻，试水直播带货之路，也意味着传统媒体电商化的进一步探索。央视主播+快手平台，这两个看起来没有直接关联的概念，实现这种联合让网民感到十分新鲜，这也是一种创新。谁都无法"祖蓝"我"夏丹"中，严肃的央视《新闻联播》主持人在新媒体平台、新媒体语境下出镜，与网民互动，是两个媒体和舆论场的融合。

主流媒体联手社交媒体平台做电商带货，可以优势互补、协同作战。前者，发挥权威媒体的公信力和号召力作用，以及央视主播自带网红带货感召力；后者发挥互联网平台用户规模优势和无远弗届的社会化传播优势。这种优势不仅能在特殊节点以公益活动的形式表现出来，或许可以有更多场景。

柳岩快手直播首秀2小时涨粉120万，明星直播成绩亮眼

开播1秒，在线人数即超10万；

开播1分钟，点赞数超100万；

开播5分钟，在线人数超100万；

2分钟，25 000单防脱生发水售罄；

直播2小时，涨粉120万；

18款产品，初步估算销售额1 500万元……

这亮眼的成绩，是明星柳岩在快手直播首秀（如图6-11所示）的部分成绩。

据悉，6月30日晚8点整，已注册快手2年的柳岩，迎来了直播处女秀，主题为"岩值爆表·宠粉节"。

在长达3个多小时的直播中，柳岩给粉丝们带来了18款超高性价比产品：原价599

元的吸尘器只卖 139 元，原价 69.9 元一瓶的防脱洗发液 29.9 元卖三瓶，原价 69.9 元一支新西兰进口牙膏到手价 39.9 元 3 支……

这 18 款产品，品类涵盖吐司、辣条、阿胶糕等食品，榨汁机、吸尘器、剃须刀等小家电，牙膏、面膜、洗面奶、洗发液等个护产品，还包括口红等美妆产品。

"岩姐给各位老铁承诺，如果购物过程中有任何不对，退货岩姐买单。"在当晚 3 个多小时的直播间里，柳岩反复强调这句话，以向粉丝们表达她的满满诚意。而粉丝们也相当给力，几乎每款产品都被秒光，甚至不断要求加单。

其中，原价 69.9 元一瓶的洗发水，柳岩直播间 29.9 元卖三瓶还送一个吹风机，不到 2 分钟，便卖出 2.5 万单。面对女神"秃如其来"的宠幸，粉丝们也是够拼，售罄后还在评论区要求加单。

粉丝的热情也体现在柳岩的粉丝数上。开播前，柳岩近 450 万粉丝（如图 6-12 所示）；直播结束后，柳岩粉丝数已达到 580 万。

图 6-11　明星柳岩快手直播首秀

图 6-12　柳岩开播前粉丝数

直播预告 3 小时 200 万播放

"6月 30 日晚上 8 点整，一定要来我的快手直播间首秀哦。"发布短短 3 小时，柳岩的这条 90 秒直播预告播放量超 205 万。

在国内女明星中，柳岩是较早一批入驻快手的。快手作品显示，她的第一条宣布入驻作品发布于 2017 年 6 月 12 日，目前播放量已 1 411 万。

入驻虽早，两年来，柳岩更新密度并不算高。两年来，她共发布作品 24 个，除了第一个作品，其余 23 个作品均密集更新于近一个月。

2019 年 5 月 30 日以来，柳岩开始以近乎日更的速度与粉丝互动。而同期，她在个人微博上只发布了 13 条微博。比起微博上多以个人写真图片为主，她在快手上晒的都是自己日常生活工作的视频。

比如，下班后回家给朋友煮胡椒鸡火锅，在视频里，她展现了熟练的刀工和精湛的厨艺，这条视频播放量超过 556 万。网友在评论区纷纷留言，说"看得我都饿了""进得了厨房，出得了厅堂"。

除了做美食，她还晒了自己赶高铁、逛商场等日常生活状态，让粉丝大呼"柳岩也太接地气了吧"。当然，除了生活，柳岩还晒了许多工作背后的场景，比如片场拍摄休息、彩排准备等。

"真实"，是柳岩的快手视频给粉丝的最大感受。她不再是电影电视中那个高冷性感女神，不再是一张张静态的写真图片，在快手上，她是一个活灵活现、有趣可爱、爱玩的邻家大女孩。

比如，她也和普通人一样，爱拍魔法表情。6 月 2 日，她拍摄了一个当时风靡快手的魔表"京剧贵妃"，看完后，有粉丝在评论区下问："这魔表是快手官方给你定制的吧？你简直就是贵妃本妃了！"

拍视频、玩魔表，面对快手老铁"你到底啥时候开直播"的热切呼唤，柳岩终于给出了答案：6 月 30 日晚 8 点整。

明星在快手直播成绩亮眼

资料显示，柳岩并非第一个在快手上开直播的明星；但相同的是，明星们在快手直播，取得的成绩都很亮眼。

2018 年 8 月 5 日，王祖蓝直播开场，3 分钟直播间人气突破 100 万。有媒体从快手官方内部人士处获悉，王祖蓝直播当晚平均在线人数 120 万左右。网友根据刷礼物榜单计算，王祖蓝当晚直播收入高达 300 多万元。

直播打赏收入如此之高，这也难怪为何近期越来越多明星入驻快手。有短视频行业观察人士表示，近期刷快手，经常看到黄渤、谢娜、孙俪、王媛可、谢霆锋等大牌明星，以及郭冬临、潘长江等老牌明星。

此前，快手被互联网观察人士潘乱称为"世界最大直播公司"，还有短视频领域的观察者评价，"快手直播的粉丝黏性之高超出其他任何平台"。

这一点，从明星入驻后的涨粉速度上就可看出：喜剧表演艺术家潘长江，入驻快手后，曾创下 1 分钟获 30 万粉丝纪录；首批入驻快手的明星王祖蓝，入驻当天曾疯狂涨粉一千多万。而这也是明星们爱在快手上开直播的原因。

2019 年 2 月 3 日晚 8 点 40 分，黄渤在快手上开启了自己的直播首秀（如图 6-13 所示）。他在直播间为快手的老铁们发红包，并送出新年祝福，直播间瞬间破 10 万人气，点心数突破 100 万。据网友初步统计，榜五累计打赏超 40 万元。

除了直播间发红包、比拼等，快手直播玩法还有很多，比如用直播卖货来做扶贫。快手直播卖货的魅力，许多互联网从业人员都曾听说过：快手第一大V散打哥，曾在2018年"双十一"创下一天卖货1.6亿元的纪录。而彼时，快手刚刚开始试水电商。

2019年5月19日，潘长江专程来到革命老区沂蒙山费县，以直播卖货的形式帮助贫困山区农户。借助快手电商平台，潘长江向直播间的数百万快手用户介绍了10款扶贫助农产品，数款产品均在几分钟内售罄，远超厂家线上店铺在2018年的销售额。潘长江还把直播中获得的48.7万元，全部捐赠给覆盖多个贫困村的费县城北小学。

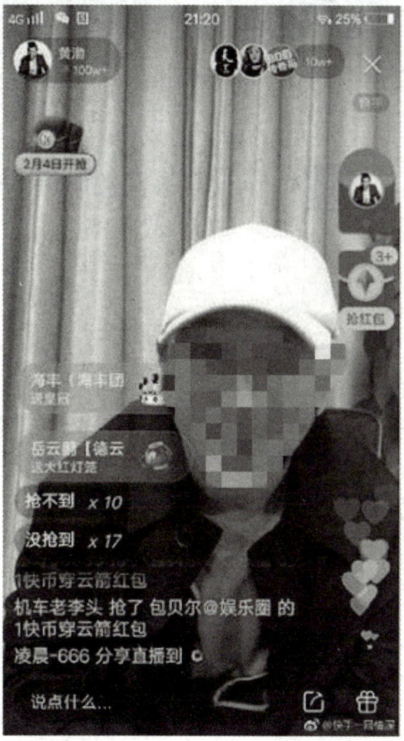

快手相关人士透露，这些明星的入驻仅是一个开端，随着黄渤、谢娜等明星在快手上人气越走越高，现在已有越来越多的明星经纪人甚至明星本人都开始和平台主动联系要求入驻。

或许，正如快手的口号所说，无论是普通人的生活，还是网红的生活，又或者是明星的生活，快手都在尝试着越来越丰富的记录和分享。

图6-13 明星黄渤的快手直播首秀

目前，头部明星纷纷加入，整个娱乐圈都走进直播间带货。在日趋白热化的竞争大盘之下，为了在直播带货这片红海中另辟蹊径，比拼的已经不是电商平台整个直播生态和精细化运营，更是明星的控场和专业知识能力大考。

在快手的直播过程里很少遇到明星翻车事故，这与整个平台的直播生态不无关系。快手最独特的优势在于，它拥有最多优质主播，占据了直播电商行业ToP50主播榜的半壁江山，主播的带货金额直接碾压顶流明星。所以，在近一年多超频次的明星直播中，快手积累并形成了自己的独特风格——"明星+主播"混搭模式，私域流量+明星加持。这是一个双赢机制。

如今，带货能力成为检验明星商业价值的重要标准，但除了明星的个人魅力，它更是由背后的平台基础、用户消费力、选品逻辑、供应链能力和客户服务等外力合力促成。作为直播电商的开创与引领者，快手超3亿的日活跃用户，用户黏性、平台补贴、完善的产业链支撑，都成就了它在这一领域的超强竞争力。

任务三 抖音直播

抖音的带货能力是大家有目共睹的，薄饼锅、妖娆花音箱、手表遥控、奶油拍脸机、小猪佩奇三件套等一大批网红产品在抖音的带动下，掀起了用户的购买热潮。而伴随着2018年抖音购物车功能的正式开通和抖音购物联盟的强势推出，用户在抖音平台上购物也变得更为简单、便捷。

或许正是瞅准了抖音强大的变现能力，如今，无数的品牌商家纷纷在抖音这个巨大的流量池中开通了"电商"功能。这也预示着，抖音直播电商时代已经到来，通过电商变现正成为抖音流量变现的最好方式之一。

一、抖音直播的用户画像分析

2020 年 2 月，抖音发起了"线上不打烊"的活动，在抖音 3 亿流量的扶持下，不少线下商城、普通门店、销售人员纷纷加入抖音直播平台。

比如南京弘阳商业广场与株洲王府井百货先后在抖音上进行直播带货，通过抖音平台，南京弘阳商业广场的两场直播的销售额分别为 8 万元和 75 万元，而株洲王府井百货更是在抖音直播取得了 240 万元的销售成绩。除了商家，个人主播的带货数据表现也很亮眼，比如抖音主播"韩饭饭"在直播间带货美妆产品，7 天的总销售额达到 622.1 万元。

事实上，同为短视频平台，抖音的用户群体和快手的用户群体不同，抖音的用户群体主要集中在一、二线城市，用户文化程度在大专学历以上，以女性偏多，并且抖音的内容设计及呈现方式更高端，更专注城市品质生活。

二、抖音直播的优势

自从 2017 年抖音开通直播功能后，抖音上就出现了很多"抖商"（即依靠抖音赚钱的人），很多"抖商"通过自己的精心运营，也获得了巨大的收益。在众多直播平台的竞争下，抖音直播也没有丧失其流量地位，这是因为对于很多商家或个人而言，抖音直播具有很大的带货优势。

1. 投入成本较低

商家或个人在抖音平台上直播带货的门槛较低，无须投入大量资金，只要其开通带货权限后，就可以在直播间里添加产品，这个功能和淘宝直播相同，用户只需要点击直播间里的购物袋，就可以查看抖音主播带货的产品。

2. 发展空间较大

当下，发展抖音直播带货的时机非常好，但是目前只有美妆这一个类别的产品吸引的用户比较多，其他类别的产品对用户的吸引能力正逐步提升，所以在抖音平台，不管是运营账号还是带货，机会都非常大。

目前，抖音直播平台刚搭建不久，平台还需要一段时间优化整个产品和运营体系，它不具备如阿里巴巴一样深厚的电商运营经验，所以优化的速度会慢一些，但现在的时间就是窗口期，看大家能不能把握得住。比如，知名自媒体"老爸评测"就已经开始在抖音上做直播电商，每期直播的互动率很高，结合短视频整合运营，后续将形成长尾效应。

2020 年 3 月，抖音的语音直播功能也已经上线，这意味着主播可自行选择语音直播，无须另外申请直播权限。

抖音作为一个原生流量平台，不管是产品量级还是平台调性都非常不错，"抖音直播＋电商"的营销模式不仅给抖音达人们提供了一种全新的变现渠道，同时也给广大的抖音用户提供了一种全新的购物体验。

3. 流量大，长尾效应大

虽然淘宝和快手的用户流量很大，但目前来看，它们和抖音相比还是稍逊一筹。

与传统的直播相比，抖音直播并没有采取某些运作套路，如支持主播依靠用户刷礼物来上榜的模式，抖音认为这会使得达人和用户都很疲惫，失去直播互动原本的意义，在这个模式下，主播只会和付费用户互动，其他用户会失去存在感。

抖音直播带货的模式是通过建立起用户对达人魅力的认可来进行带货，因此，抖音直播带货是在内容之上衍生出来的购物需求，既有商业化性质也有社交化性质，这种模式对于用户而言，是一种相对对等的沟通方式，对于利用抖音直播带货的商家而言，直播的长尾效应也会更大。

 三、抖音直播案例

"直播菜鸟"初上抖音，单场销售1 400万元

快时尚男装品牌HX的CEO胡轩做了19年纯线下渠道服装，疫情来了，400多家门店要暂时关门歇业，3 000多名员工陷入了迷茫。胡轩称："当时门店里囤了2亿的货，门店租金、员工薪资，每月大几千万的开销，逼着我找出路活下去。"

4月1日，胡轩正式在抖音发布第一条内容视频，涨粉数万；4月11日，胡轩（主播姓名与抖音账号昵称同名）开启了第一场抖音直播带货，当天单场销售超过100万元；4月17日，胡轩参加抖音花城万店开播计划——广州春季时尚带货节（如图6-14所示），以抖音直播单场销售额超230万元的成绩，位列时尚男装销售第一名；4月25日，胡轩联手网络红人开播，单场直播销售超过1 400万元……

除了抖音流量大、内容调性健康、平台用户特征与品牌目标人群画像吻合等因素，胡轩选择抖音的另一原因是"抖音网红多、达人多"。

胡轩表示，他在抖音上开播后发现，十几万粉丝单场直播带货超过200万元，部分百万级、千万级粉丝的抖音达人单场直播带货也只是一两百万，少的只有几十万。他分析："达人热度高、直播在线人数也多，但销售额却不理想，原因出自直播间的产品供应链不够强大。"

在此认知的基础上，4月25日，胡轩与抖音达人联手开播，当场销售破1 400万元，刷新抖音服饰单场直播时尚男装销售纪录。

胡轩的极致供应链体现在哪里？胡轩解释道："单比品质好、设计好、价格优，好的供应链很多，重要的是三者同时做到，即同品质下价格更优。此外，疫情期间，有现货尤其重要，直播卖了货但不能及时发货，或者卖预售订单，退货率就会成倍增长。"

据他介绍，传统品牌一个款式的衣服一般做2 000件左右，这样容易造成工厂采购面料无法控制成本，但HX则选择一次性采购几十万件衣服的面料，将其生产出5～15个款式。"这样做能够解决供应链效率的问题，减少工厂损耗，便于控制成本。此外，HX还将

图6-14 快时尚男装品牌CEO胡轩进行抖音直播

同类服装样式交给同一个工厂做（如A工厂负责Polo衫，B工厂负责西装衬衫），以此提升效率。"

他补充道："疫情期间，由于国内订单减少、国外订单取消，服装面料工厂、扎染厂、制衣工厂等上游工厂现金流短缺，大多是满负荷生产。"

对此，HX改变了过往的付款方式，胡轩打了个比方，"如果以前都是60天与工厂结款，今年我们就提快两倍，即20天内全部结款，甚至对于部分供应商直接先打钱（先付70%的货款），20天全部交付货品之后全部结清。"

他坦言："当我们做到打款快、付现金、订单量还大的时候，我们与供应链工厂的合作就有话语权，能够从众多供应链中挑选出最优质的、最具有性价比的工厂。"

对于这种结款方式给HX带来的库存及现金流压力，胡轩表示："本来开实体店就需要备1亿~2亿现货，而且直播出货量较大，这方面压力较小。"他指出，有现货大大降低了HX的退货率，保持在10%左右，低于一般服装大盘20%~30%的退货率。

胡轩告诉亿邦动力，尝试直播时，他也踩过一些坑，比如不熟悉后台不会开播、客服回复不够及时、订单暴涨后物流未能及时跟上等，但事后，他有针对性地提出了解决方案。以提高物流效率为例，HX与第三方物流平台合作，建立"云仓"，即品牌提前将货品仓储在快递公司仓库，同时打通品牌方销售信息系统与快递公司物流配送订单系统的接口，实时传输订单，由快递公司负责发货、配送。

在胡轩的规划中，其5月份直播销售额目标是5 000万元，下半年冬季直播单场目标破亿元。他还表示，自己旗下包括HX、HX1985等在内五大品牌愿意提供一个供应链平台，为有流量但困于变现的网红提供货品支持。

案例二

要直播销量 更要线上线下一体化

与案例一的 HX 转型做直播不同,服装品牌——她之蝶在疫情前就在抖音等平台有所布局(如图 6—15 所示):300 多家门店中有 160 家门店以抖音蓝 V 矩阵号的形式开播(以门店店长、导购为主播)。单店单场直播销售额占店铺总销售额的 1/3～1/4(几万元到十几万元不等),疫情期间门店客流锐挫的情况下,直播销售额占 50%以上。

图 6—15 服装品牌她之蝶做抖音直播

据了解,在超级芦淞服饰节(2020 年 4 月 10 日—2020 年 4 月 19 日)活动期间,她之蝶蓝 V 主播新增粉丝量超过 1 万,直播观众总数达 5 万人,订单成交量 2 000 单,销售总额达 100 万元以上,同时在线观众人数最高达 5 000 人以上。她之蝶 CEO 刘丹表示,相比去年同期,她之蝶在闭店情况下,业绩不减反增 50%。

对主播进行专业培训、直播间场景搭建、根据主播人设选品、话术及脚本设计等直播日常运营是她之蝶早已熟练掌握的。以讲解话术为例,除了衣服颜色、长度、大小等基本信息,她之蝶的主播还会在直播间分享一些知识,比如布料详解、工艺解读、质检报告解读、成分解析等,甚至包括教顾客识别货品质量、看商品细节。

刘丹还提到了直播间流量的问题,在他看来,她之蝶直播间最初的流量源于微信公众号、老客社群(约 1 600 万社群用户)、员工朋友圈引流,在此基础上,还会通过拍摄抖音短视频并投放"DOU+"进行引流。一个拍摄引流短视频的小技巧是,以店主或者老板娘的人设吸引消费者，接地气、真实地展现商品，使得消费者能够感受到双向沟通。

他强调，直播带货最关键的在于货品够不够好及性价比，而像她之蝶这类能开上百家实体店的品牌，大都有自己的工厂供应链，商品质量过硬，货品端问题解决好，其他环节就比较容易了。

据其介绍，与她之蝶同属湖南株洲服装产业带的连锁实体商家有很多，都在疫情期间受到重挫，希望通过直播谋求转型，但大多却不熟悉直播这类新兴商业模式。对此，刘丹有一个"大胆的想法"：租下了2 500平方米办公区，打造了一个株洲芦淞区的共享直播基地。

刘丹还说，"实体店商家不是不想开直播，是不会：不懂各大直播平台，不了解账号运作，更不会直播运营。共享直播基地实际充当了一个代播服务商或者MCN机构的角色，为商家们提供直播间场地、主播培训、优质主播、选品运营、后台管理、短视频拍摄等一系列服务。"

在刘丹眼中，她之蝶传媒相较其他的服务机构最大的优势在于：不止关注在线上怎么能卖更好，更懂得如何帮商家线上线下一体化、差异化运营。他认为，她之蝶本身的路径，就为商家设立了标杆：

（1）她之蝶在抖音直播上战绩初显后，将进一步推动全员直播，争取100%门店开播。

（2）调整线上线下业务占比。疫情前，她之蝶曾规划2020年开设更多实体门店；受疫情影响，公司决定将这部分预算调整到投放抖音直播的项目中。

（3）线下经营策略调整。进行门店选址的迁移，将节约下来的门店租金投放至直播领域，投入产出比会更进一步放大。

（4）线上线下差异化运营。货品端，门店销售70%线上款，30%线下专属款，线上款定价略低；策略端，线下门店"收割"区域周边消费者，同时起到体验作用，增强信任背书，线上直播承担"种草"、转化等更大责任。

购物中心的抖音直播逆袭：首场卖8万元，到第二场卖75万元

"三天，我们完成了所有的谈判，入驻了小店，开了抖音直播，第一场卖了8万元，第二场卖了75万元。"弘阳商业集团品牌总经理张玉婷这么描述这场"直播时速赛"。

之前没做过直播、没接触过直播平台、转化效果未知等重重困难摆在眼前，即使内心忐忑，弘阳商业集团也不得不行动起来。受疫情影响，客流锐减、入驻品牌商销售额受挫已成事实，弘阳商业集团需要把握住每一个渠道的增量，包括直播。

让人惊喜的是初战即告捷，弘阳商业集团第一场抖音直播（常州弘阳广场）的观看人数达5.2万，交易200多笔，销售总额破8万元，次日第二场直播（南京弘阳广场）观看人数破22万，交易笔数超1 600，销售总额达75万元，在24小时内完成了近乎10倍的销售额逆袭。这是如何做到的呢？

一、抖音双引流渠道：短视频推荐+同城页

将线下门店的营销阵地转移到线上，获客是最关键一环也是主要目的。这是弘阳商业集团选择与抖音合作的原因之一，同时也是 24 小时销售额逆袭的重要因素。弘阳商业集团说："抖音平台用户优势，以及对新入驻商家的开放度，即不依赖于原有粉丝数，而是对优质内容直接进行流量扶持（抖音"线上不打烊"3 亿流量扶持），这两点对于我们有很大的吸引力。"

据了解，抖音"线上不打烊"活动是抖音中小企业护航计划的一部分，主要是为商场（包括百货和 Shopping Mall）、线下连锁商家（比如完美日记）、中小企业（单个门店）提供线上团购预售（针对餐饮、休闲娱乐等到店服务的商家支持套餐券、抵扣券等预售行为）、直播商品分享（针对服装、美妆、家居等零售企业）等转型线上的渠道。据悉，弘阳商业集团为首批次入驻"小店"并开启直播的商业集团。

抖音官方说："3 亿流量扶持并不是普惠性的发放，而是以符合平台规则、符合平台营销活动节奏的商家为侧重点。"前者是指，抖音官方按照短视频和直播的内容优质程度（有趣、有用）、用户在平台上的核心行为与内容的匹配程度，定向地把内容推荐给可能感兴趣的用户，进行流量扶持。后者，比如商场开播活动期间对商场类的流量激励会更大，帮助其从 0 到 1 的冷启动。

同时，抖音官方也解释道："发一条短视频或开一场直播，本身就有应该获取到的流量，而 3 亿的扶持流量则是以活动激励的形式进行的，在原本的流量基础上给予奖励流量。"

抖音直播间引流包含了短视频推荐流、直播推荐流、关注页、同城页等多个方面。其中，短视频推荐流和同城页推荐是弘阳商业集团直播间的两大主要渠道。

如图 6-16 所示，在弘阳商业集团的抖音账号下，可以看到其发布的多条短视频，内容基本是直播预告短视频、直播花絮短视频等。虽然这些花絮短视频相比抖音上的创意类短视频略显"粗糙"，但可以直接传递给用户有价值的信息。

花絮短视频（带有商品链接）的核心还在于告诉用户"我现在在直播中"，用户在短视频里感受到讲的内容还不错，就更有机会点击去直播间进行观看。这是给直播间导流的很好方式，也是消费者愿意接受的一种方式。

这与大热门、大爆款短视频的逻辑是不一样的，这种短视频对于弘阳商业集团来说是在短时间内能做到的、成本可控范围之内的最优形式。

同时，关注页展示、关注页滑动也能看到直播间，同城页也给同城用户推荐直播间。"比如弘阳，拿到了同城页比较多的流量。抖音官方表示，同城页的用户更可能是这个商城的目标消费群体，并且商家在做直播的同时，能够对它的目标用户群体进行全方位的沟通和制定策略，在线上会刷到它的抖音，在线下能够体会到商场的现场服务等。

除此之外，直播推荐流（抖音直播间上下滑动的行为）也有一定的引流效果。抖音官方表示："上下滑动的关系和是否关注了主播或者企业账号并不是必要条件，关注了会更容易看到，没有关注的也能够有机会看到。"

二、购物中心的"新身份"

"价格和库存，这是购物中心入驻的品牌方需要操心的两件事，其他的弘阳来解决。"弘阳商业集团表示，从选品、主播筛选、订单追踪、客服再到直播分工、运营等一系列的后台工作都是弘阳商业集团来帮助解决的，"类似于充当了入驻品牌的 MCN 服务商，解决

除了商品端的其他一揽子问题。"

在选品方面，"这个时代是'95后'的，甚至是'00后'的，这些群体感兴趣什么，我们就在直播间提供什么。"据了解，当下流行款、单品爆款、明星同款是弘阳商业集团直播间的首选。不仅是单品出售，弘阳商业集团也会提前选择性地准备出搭配好的套装出售，省去消费者思考穿搭的一环，缩短决定购买的链路。

在主播筛选上，优先选择公司内部年轻员工（如图6-17所示）。"一方面，年轻员工对于这种创新尝试的意愿较强，另一方面，员工更加了解弘阳的核心价值观和产品。"在正式开播前，要求备选主播们录制短视频，甚至是试着直播一场，进行一轮筛选，最后择优录取。

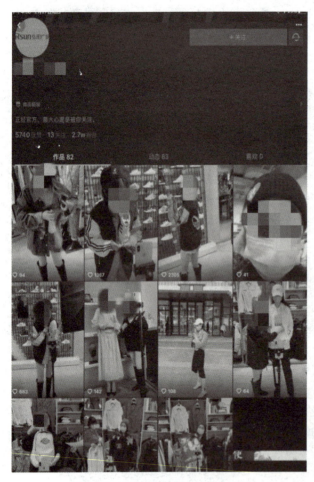

图6-16 弘阳商业集团的抖音账号

图6-17 弘阳商业集团的抖音直播

在直播间讲解方面，"主播要会灵活地在直播间里做各种各样的产品展示、产品介绍、产品比对，同时与直播间粉丝进行互动。"以直播间互动为例，弘阳2月22日首次开播时，主播在互动时常常会跑偏，忘记介绍产品，导致新进入直播间的观众体验不佳，而后在第二日进行调整后，被带跑偏的问题基本得到了解决。

从8万元到75万元，这背后是直播话术、直播货品、直播导流的全面升级。"22日是我们首次进行直播带货,直播模式、功能、商品推荐等细节都是初次尝试跑通。23日则是在22日的基础上,话术升级、用户分析、商品利益点总结、渠道引流、互动节奏、时段把控等方面都吸取了经验。"

此外,在直播运营过程中,抖音官方在开通小店、直播间封面设计、直播预告发布、介绍产品、营造直播间气氛、带动观众情绪、策划直播内容、直播间流量扶持等多个方面提供了帮助。

三、多渠道找增量

除了牵头旗下各个在营购物中心入驻"小店"开设抖音直播,弘阳商业集团还在社群营销、小程序团购、微商城等多个线上营销渠道为品牌商户弥补销售。

例如,弘阳商业集团发起了"线上弘阳,爱不打烊"活动,连续五天组织近200家品牌按品类建微信群售卖产品,店长在群内推荐特价爆款,群内展开惊喜红包、特价秒杀等活动。

此外,弘阳商业集团还透露,弘阳接下来将借助自有平台"弘阳商业"小程序,在会员的增值服务、商城营销等多个方面进行提升。同时,快速地整合商户的货品及服务资源,充实线上商城的品类,并通过系统内数字化社群运营模块,更加精准地识别、运营社群内的粉丝,实现高效的转化。

弘阳商业集团表示,在疫情期间快速响应,帮助商户稳定经营,拓宽线上渠道,直播可以说是一种急救手段。但从长远角度而言,商场直播也是一种长期可持续经营的方式,它为用户提供了更加便捷的购物通道,也为商场和品牌商铺提供了更加真实、自然地向消费者展示自己的通道。今后,商场直播纷纷上线,是线下实体商业兼顾线上的一种创新模式,也是商业多样性、包容性的良好体现。

"对于购物中心来说,在这个非常时期,或将再次重构人、货、场的'新常态'。"

除此之外,弘阳商业集团旗下的商场在2月20日已恢复线下营业,并针对商场电梯、扶手、卫生间、大门、走廊、室外空间、餐饮及休息区等高频率接触的公共区域,采取了严格的消毒措施,包括各个电梯按钮、玻璃大门门把手、客服台、电子导视屏,进行每小时一次的清洁消毒;同时对进场人员及车辆严格把控,顾客进场测量体温,佩戴口罩,以及车辆进行车身消毒、车牌及随车人员登记。焦虑不安并不能解决问题,只有回归理性,快速启动新策略,才能掌握主动权。疫情期间的营销,对于弘阳和品牌而言,借助抖音等平台的活动流量扶持,转型线上,既是考验,也是一次证明自己"免疫力"的机遇。

案例四

抖音爆款IP营销炼成记

随着Z世代逐渐成为消费主力,用户交流和体验愈发个性化,品牌也在寻找与年轻消费力保持统一战线的新路径。尤其是经历短暂"休整期"、消费者"补偿性消费"势头萌发的当下,奢侈品企业应该如何把握新型消费孕育的短暂市场机会,为自己赢得一席之地?

近期,全球高端奢侈品先锋LVMH集团旗下唯一专业彩妆品牌Make Up For Ever(简称 MUFE),在抖音平台打造出一系列创新直播内容和高阶互动玩法,全面卷入用户群体参与,精准击中"不施粉黛"已久的美妆消费主力军心智,呈现了一场声量和效果俱佳的美妆消费复兴浪潮。

此次 LVMH 与抖音商业化强强联合的营销大事件,在成功引领 MUFE 品牌先锋前卫风范的同时,也为激烈竞争环境下的奢侈品及美妆行业,提供了全面快速掌握抖音营销技能、实现品效突围的良方。

一、蓄势期:打造首个线上彩妆学院,强势"种草"沉淀私域流量

在商场等线下美妆消费场景"暂停营业"的特殊时期,探索线上消费场景成为每个品牌的必修课。MUFE 作为国际美妆先锋,将全球殿堂级彩妆学院"搬到"抖音平台,利用原有彩妆师资源,让专业的线下试装教学场景以"直播"形式展现,为消费者带来"云逛街"的全新体验。

从 3 月 8 日"女王节"起,彩妆学院的@Ada、@花伦小哥哥、@朱朱侠等资深彩妆师化身"美妆直播达人",在@MakeUpForEver 中国抖音品牌号开启持续两个月的接力直播(如图 6-18 所示),每月 10 场 3 小时以上,涵盖线下探访、彩妆教学、产品测评、在线猎奇等丰富内容,紧随当下流行趋势,全面满足消费者群体的花式美妆需求,受到大量用户追捧,无形中完成了对品牌产品的强烈"种草"。同时,基于推荐流、Live Feeds、直播间等抖音直播全链路营销资源,用户群体可以实现从浏览到点击再到购买、分享和回顾的消费全流程,进一步促成 MUFE 品牌粉丝沉淀。

图 6-18 MUFE 的直播预告

值得一提的是,在账号初建、暂未引入明星的前提下,MUFE 通过彩妆师接力直播成功完成品牌增粉、品牌 IP 建立、直播带货等目标，成为首个高 ROI 转化的国际美妆 BA 直播项目，为后续的持续走高"博得头彩"。仅 3 月 8 日到 15 日抖音直播第一周，曝光量即达到 312 万次，访问量达 28 万，评论 3.6 万次，涨粉 9 421 人，增幅高达 855%。

二、爆发期：超级挑战赛造势+明星达人引领，全民共创引爆声量

抖音挑战赛作为打造爆款内容的营销利器，是品牌引流不可或缺的技能。MUFE 前期完成种子用户积累后，在抖音发起"花式不脱妆"超级挑战赛，开创新颖的创意互动玩法，借助"明星+达人"的粉丝效应，引发全民跟拍创作热潮，助推品牌频频霸榜热搜。

MUFE 基于中国区品牌大使、青春偶像黄明昊的号召力和影响力，借助抖音 TopView 第一眼震撼视觉冲击，通过 IDOL 趣味定制素材和代言官方素材配合，兼顾互动和转化，锁定达人粉丝群体、爱好时尚潮流的美妆客群，多维度定向投放，为挑战赛引流。同时，从挑战赛主题衍生出抖音定制黄明昊"吃火锅不脱妆"和"跳舞不脱妆"话题，首创视频弹幕形式，营造"实时围观"的热度效果；联动蓝 V 主题定制文字链、蓝 V 主页下拉、星粉通自定义磁铁等落地页资源，增强明星粉丝间的互动体验氛围，为挑战赛预热做足势能。

"花式不脱妆"超级挑战赛为用户提供火锅场景特效贴纸、明星 IDOL 合拍、自创花式定妆法 3 种互动玩法，形象化展示品牌定妆实力和"菲"凡魅力，既最大化发挥粉丝效应，又充分激发用户的脑洞创意，促进大量 UGC 内容涌现，有效传递品牌活动理念。

此外，MUFE 邀请@仙姆 Sam Chak、@莓子哥哥、@骆王宇、@毛光光、@爱化妆的晓晓等多位知名美妆博主，通过美妆实验、教程、讲解、剧情等不同风格的带购物车视频示范，迅速引爆挑战赛全网声量，实现营销收割。

三、转化期：国际美妆首个小店开业，打通转化链路效果拔群

作为抖音生态系统中的一环，小店能有效帮助商家拓宽变现渠道，提升流量价值。MUFE 经过充足准备后，快速开通小店，协同多方资源制造"开业直播最强音"。

在关键选品环节，MUFE 通过丰富、定制的彩妆产品体系和独家折扣优惠福利在第一时间"吊足胃口"。基于优质选品保障，MUFE 集结已经具有丰富直播经验的专业彩妆大师，在 5 月 8 日小店开业之时，进行 11 小时的连续霸屏直播，迅速聚拢用户强势围观（如图 6-19 所示）。其间，彩妆师还与拥有千万量级粉丝的美妆博主仙姆 Sam Chak 连麦互动，充分调动直播间的气氛，全面激活用户群体抢购热潮。

不仅如此，太古里门店探店、海报特效等线上场景的精心布局，有效拉近了用户群体"身临其境"的参与感，无形中促进"拔草"转化。

高性价比、便捷流畅的购物通道的构建，帮助 MUFE 大大短缩消费路径，形成高效"拔草"的营销闭环。在 MUFE 官方抖音账号粉丝基础、达人粉丝强势聚集和抖音流量扶持三方力量汇聚下，品牌热度一路高涨，流量转化效果"拔群"。"彩妆师+达人"的超长直播，带来 1 000 万的曝光量，总下单金额突破 430 万元，远超预期 3 倍。其中，主推明星单品小散粉 20 小时售罄 1.7 万件，登顶人气好物第一名。

线上营销已成为各大品牌的重要发力点，LVMH 集团顺势而为，抢占聚集年轻时尚人群的抖音营销高地，基于平台高流量、高活跃度及顶尖的资源整合能力，助力 MUFE 品牌升维线上整合营销路径，构建线上彩妆学院、超级挑战赛和明星达人互动、小店沉浸体验的一体化营销链路，在极短时间内实现"从 0 到 1"的突破，有效强化了品牌的认知度和好感度,也为后续品牌营销布局和长效运营奠定了基石。未来,抖音线上"云生态"营销模式将成为品牌营销新常态,助力更多行业和品牌全面开花。

图6-19 小店开业直播预告

项目七　发布会类数字直播营销

【知识目标】

1. 了解发布会数字直播营销的发展趋势；
2. 熟悉发布会数字直播营销的主要特点；
3. 掌握不同行业发布会数字直播营销的差异。

【技能目标】

1. 能判断发布会数字直播营销对企业的意义；
2. 能进行发布会数字直播营销的整体设计和项目分析；
3. 能灵活组合发布会数字直播营销中的不同策略。

【素质目标】

1. 提升学生敬业爱岗的职业素养；
2. 增强学生良好的人际沟通素养；
3. 培训学生的团队互助合作精神；
4. 培育电商助农的数字直播营销人才。

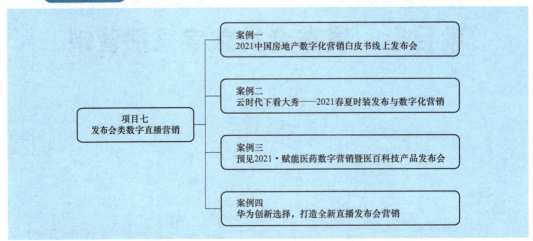

在线发布会需求激增　直播助力企业转型线上逆市营销

2020年年初，疫情拐点迟迟未至，各行各业线下活动、正常复工生产一再推迟。一方面，全球最大通信展——2020世界移动通信大会取消，2020中国家电及消费电子博览会延期，全国数以百计场展会活动取消或延迟；另一方面，以钉钉、企业微信、微吼等在线办公、在线直播工具和平台，以免费使用、公益赠送的形式助力企业转型线上。在此背景下，在线直播形式的线上研讨会、新品发布会等营销活动成为众多企业的首选，一时间成为"爆款"。

近期，众多原定的线下活动纷纷被迁移线上，仅2月24日一天时间，就有华为、索尼、Realme三家企业选择在线上发布新品。企业级视频直播营销平台微吼的数据显示，2月以来，以在线发布会、企业内外训、在线研讨会为主的企业直播需求暴涨。

虽然在线发布会概念火热，但很多人对于线上发布会的认知，仍停留在是线下发布会的线上延展，也就是线上直播的形式将线下发布会的信息照搬线上输出。而事实上，经过多年打磨沉淀，直播在技术上和玩法上都早已突破了大众的固有认知。可以说，做好线上营销对于目前的企业而言，将成为转危为机的关键点。

以深耕企业直播领域十年的微吼为例，目前已经为超过30万的企业客户提供了超过500万次企业直播服务，覆盖医疗、教育、金融、互联网、汽车等数十个垂直行业，应用场景包括企业内外训、教育培训、峰会、网络问政等，用户覆盖2亿商务人群。根据《2017—2018中国在线直播行业研究报告》，微吼占据了企业直播领域73%的市场份额。

从微吼的发展轨迹不难看出，事实上，在疫情爆发之前，企业在线直播、在线营销的需求就已经呈现出持续上升的趋势，尤其是在消费红利见顶、产业互联网到来之际。而得益于 5G、AI、直播技术的不断精进和直播营销模式、功能的不断丰富，视频直播也成为众多企业转型数字化智能化的重要手段。以微吼建立的数字化直播营销体系为例，以视频直播为中心，将前期精准推广服务、直播营销策划及数据分析三大能力集为一体，可以帮助企业寻找精准潜客，提升留存率和转化率。

在玩法上，线上的互动和趣味性远超线下。前期引流阶段，帮助企业进行包括媒体、社交平台、EDM、邮件、微信公众号等全平台的定制渠道推广，实现无上限的触达。在直播期间，提供邀请卡、红包雨、抽奖、聊天、商品推荐位、调查问卷等近百种丰富的互动功能，调动用户情绪以促进购买，并刺激社交媒体的二次传播。在直播结束后，用户旅途、标签分组等功能，不仅可以完整记录用户轨迹，形成关于直播活动的详尽的数据报告，从多种维度对直播活动进行评分，帮助企业进一步调整营销策略，还可以打破数据孤岛，通过 RFE 模型对用户智能标签及分组，便于企业后续策划有针对性的营销内容，实现有效输出、良性循环。

在用户管理层面，可以帮助企业实现从用户线索收集、用户激活、用户转化，到用户池沉淀以及用户持续运营的完整用户生命周期的管理。一方面获取更多优质销售线索以及加速线上转化，另一方面通过对用户的收集及深度洞察，清晰用户画像，指导市场策略。在数据层面，基于"AI+大数据"技术，从数据采集、数据激活到数据分析，并且通过持续的用户运营及数据清洗，实现企业数据资产的积累。

2 月以来，在微吼平台上可以看到各行各业的企业通过直播举办了发布会等活动。平安银行在线举办了 2019 年业绩发布会，成为首家披露 2019 年业绩的上市银行，历时 3 个多小时，境内外投资者、媒体等逾 27 万人参加；"PAT2020 爱光伏一生一世先进技术研讨会"进行了全球直播，首创了中国光伏技术研讨暨新品发布"纯线上会议"形式，2 小时观看人数达 140 万；科技类企业如华为、微软、Adobe，搭建了企业专属直播间，在线进行研讨会、对外培训等活动；电商类企业如碧水源，在疫情期间在线销售净水机，并普及了健康水的价值。

业内人士认为，相较于线下发布会，线上发布会不仅能对产品信息进行输出，打造在线购买闭环，还可以帮助企业构建私域流量，实现精细化的用户运营管理。疫情在一定程度上刺激了我国在线办公市场加速增长，推动在线直播行业也再迎风口，助力企业线上办公的同时，进一步实现数字化转型。

企业数字化转型成为必然趋势

12 月 10 日—11 日，2020 数字化转型世界论坛在北京召开。该活动汇聚了众多企业 CIO、CTO、CDO 等信息技术主管与 IT 决策人群，全面覆盖金融、电信、医疗、政府、能源和公共事业、媒体与营销、零售、交通、物流等数字化转型重点行业，展示领先的数字化转型技术与解决方案，交流各行业数字化转型成功经验与实践，推动数字化转型与数字经济发展进程。

数字化转型的浪潮已至，尤其是在受疫情影响的 2020 年，数字化转型从"必要"转变为"必须"。目前众多企业面临业务增长"系统性"的困局，主要体现在触点、转化、交付和留存等环节，企业的数字化转型已然成为一种必然趋势。艾媒咨询发布的《2020 年中国企业直播应用专题研究报告》显示，74.1%的中国受访企业用户重点关注营销推广场景。可以说营销推广是企业用户目前和将来应用最多的直播场景。

与此同时，发布会类产业数字化运营亦开始同步蓬勃发展，如何做一场成功的线上发布会或直播发布会，也成了数字直播的一大挑战。

首先，不同于传统发布会的主持人，发布会类在线直播发布方需要有极强的自娱精神和互联网思维。试想，若一位不知名的企业代表在直播中正襟危坐，无法应答自如，那还会有网民买账吗？其次，产品的可看性也是一大限制。当然，在人人追逐的热潮中，企业只有在自己的生产体系下，结合公司、自身及产品条件，深耕新型商业模式，保持冷静思考，这种发布形式才是真正有价值的。

（资料来源：http://ad.163.com/20/0304/11/F6SC5UDJ000189DG.html）

任务一　2021中国房地产数字化营销白皮书线上发布会

随着大数据、人工智能、云计算、5G等技术的加速发展，各个行业也迎来了空前的产业革命。数字化正用其特有的方式重构所有行业，房地产作为中国经济的重要支柱之一，在产业数字化发展的浪潮中亟须转型升级。

2月3日，房地产数字化研究院联合空白研究院发布《2021中国房地产数字化营销白皮书》（以下简称"白皮书"）（如图7-1所示），从市场端、行业端、开发商端以及未来趋势与建议方面进行了全面解析，全景呈现对未来房地产营销的机会和数字化升级路径的洞察。

图7-1　《2021中国房地产数字化营销白皮书》正式发布

作为行业首份数字化迭代趋势的研究报告，白皮书指出，受政策、市场以及疫情环境影响，2020年，房地产开发企业都已积极参与到数字化转型的进程中。随着各行业电商化时代到来，消费者线上行为的变迁、消费习惯的进一步稳固，对线上渠道的深度依赖及线上关键行为数据的聚合，房产行业的数字化营销正在飞速发展。

数字化营销势在必行

在消费结构的改变、政策的约束、科技的崛起等多重因素推动下，整个市场环境发生了巨大变化。如果说过去几年中国房地产市场发生的一个深刻变化是渠道的崛起，那么未来几年即将发生的下一个重大变化将会是渠道的重构。

空白研究院创始人杨现领博士在发布会上指出，渠道平台正在全面占领新房交易。渠道渗透率持续上升，绝大部分城市已经超过50%，渠道成交占比已提升至20%左右。与此同时，渠道费率一路走高，开发商渠道与中介渠道、平台渠道之间，既合作又博弈的关系将成为常态。在这个过程中，围绕渠道各个参与者的价值重构与生态再平衡将不可避免。

"为了降低对平台的依赖、加大自身的去化能力，开发商将会在渠道能力构建和数字化能力上进行全方位的投入，短期而言，营销的数字化将成为开发商不可回避的重要命题。"杨现领表示。

白皮书提及基于开发商销售增速下降、获客难度增大、转化效率低、渠道依赖度持续上升，且渠道去化效率及效果无法保证、多项成本上升导致盈利水平下行等六大痛点，目前，多家房企已开始进行数据化和在线化探索。2020年六成Top50房企数字化营销投入持续增长，投入资金规模超1亿元、具备百人以上数字化团队的房企占比达18%，如碧桂园、万科、龙湖等；投入规模超过5 000万元、具备30人以上专职团队的房企占比达到58%，如蓝光、中海、新城等。

头部房企在数字化领域的持续投入，将加速推进房地产营销线上获客、数据化、信息化的进程。另外，除了目前的恒大、恒信、万科等，未来还将会有越来越多的房企通过自建、并购、股权置换等方式构建自身渠道力量。为化解诸多挑战，房企仍将依托自身在信息、资源、内容创造等方面的优势，发挥团队和组织力量，打造互联网营销的能力，构建未来可持续发展的数字化新生态。

房地产数字化营销"四个在线"

"在产业互联网春天来临之际，我们清晰看到房地产营销面临着在与消费者连接的三大主要场景即'线上揽客''渠道推客''案场刹客'数字化的突破，这将为房地产营销的降本增效和客户体验提升带来显著变化。"房地产数字化研究院院长李建成在发布会上表示。要从这三个房地产营销主要场景中实现数字化破局，解决之道在于开发商的营销团队通过在持续做强自身数据中台的同时，自建或采购适合移动互联网的SaaS工具，实现"四个在线"——客户在线、渠道在线、案场在线和营销成本在线，满足在渠道自建、客户连接和流量转化上的营销需求，用数字化营销推动增长提效，如图7-2所示。

"客户在线"是指售楼处能通过公域和私域流量，在线获客并进行营销。

"渠道在线"是指通过高效的线上售楼处直连经纪门店的移动互联网系统，打通经纪人资源池，最终快速在线启动和运营项目。

"案场在线"指的是开发商为新房项目搭建在线营销阵地，销售人员可反复触达意向客户，在线完成下订单。

"营销成本在线"包括营销成本的运营线上化、激励过程化及供应链金融服务的结合，达到优化成本模型、提升资金利用率的目的。

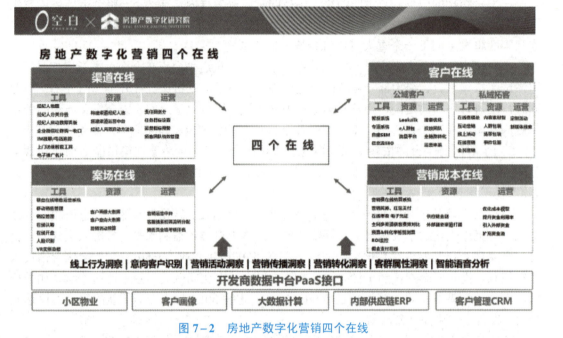

图7-2 房地产数字化营销四个在线

白皮书指出，四个在线既是房地产数字化营销的目标，也是发展水平的衡量标尺。从业务过程到组织能力建设，四个在线环环相扣，绝非简单一蹴而就。只要房企组织上下意识到数字化营销转型的必要性与重要性，愿意持续投入建设数据中台，愿意在前端营销工具上进行自主研发或引入行业优秀的产品以及合作伙伴团队，不断共同迭代发展，完全有机会掌控数字化营销的主动权，实现降本增效、提升购房者体验的最终目标。

群策群力，让行业数字化发展更好

值得一提的是，作为白皮书的发起方之一，今日也是房多多孵化的房地产数字化研究院首次对外亮相，和空白研究院共同打造的白皮书，系统性地阐述了房地产行业数字化营销方法论，彰显了房地产数字化研究院的专业、深度和先进性。

对于发起成立国内首家针对房地产行业进行数字化转型研究的机构，李建成表示："房地产数字化研究院旨在帮助更多上游地产开发商、下游经纪服务者及消费者，通过数字化，享受移动互联网带来的红利，让开发商的营销更高效，让服务者的品质更优，让消费者的体验更好。帮助行业实现全链路的数字化，是房地产数字化研究院成立的意义所在。"

据悉，依托平台近10年在科技化SaaS产品、线下经纪人渠道、线上客户交易数据和数字化营销运营服务四大核心能力上的沉淀，房多多已正式推出房云科技的房产数字化营销SaaS解决方案，帮助产业上游的房地产开发企业解决营销数字化难题。

坚持耕耘房地产数字化一直是房多多这些年不变的探索与追求，而今日成立的房地产数字化研究院也将秉持客观走访调研、翔实数据分析、优质案例分享的原则，洞悉行业数字化转型趋势，关注购房者、优秀的开发商、效率与体验至上的经纪品牌，记录全产业数字化的进程，为行业提供数字化转型的思考模式和最佳范本。

"房多多作为居住服务领域领先的互联网公司，始终坚持通过科技创新赋能房地产交易服务，秉承开放、平权、利他的理念，邀请行业里更多思想者、创新者、实践者一起，借助房地产数字化研究院在房地产数字化的浪潮中不断激荡，共同分享、启发与进步，以推动中国房地产数字化转型向更广、更深发展。"李建成表示。

（资料来源 http://news.xhby.net/qyzx/202102/t20210204_6971150.shtml）

【案例讨论】

1. 基于哪些现实背景，房地产行业选择以直播形式发布《2021 中国房地产数字化营销白皮书》？
2. 房地产行业的发布会类数字直播营销的意义有哪些？

任务二　云时代下看大秀——2021 春夏时装发布与数字化营销

数字技术，如电脑图像（CG）、扩展现实（XR）、虚拟现实（VR）、增强现实（AR）等，改变了 Z 世代的人际沟通、娱乐、购物和生活方式（如图 7-3 所示），它在时尚圈的运用也已有了许多案例。

图 7-3　服装设计师要下岗了吗？虚拟技术入侵时尚界

总结起来主要有：

① 虚拟秀场，如图 7-4 所示。

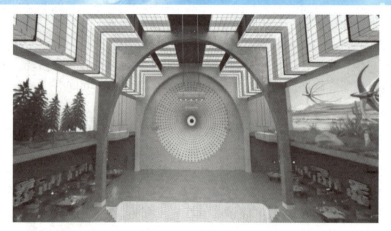

图 7-4 虚拟秀场

② 数字服饰，如图 7-5 所示。

图 7-5 数字服饰

③ 虚拟试穿，如图 7-6 所示。

图 7-6 虚拟试穿

CHANEL SS2021 多平台直播+明星引流

CHANEL5月的早春度假系列由于疫情关系只能通过视频和图片在ins和YouTube上发布,发布后的点击量与观看量不尽人意,一部分原因是当时人们的注意力都被社会议题所吸引,另一部分原因是网络引流不够到位。10月,春夏系列发布前一天,CHANEL释出了一支由荷兰摄影双人组Inez & Vinoodh指导的预告片,如图7-7所示。

图7-7 CHANEL春夏系列预告片

短片强烈的黑白质感,经典的好莱坞标志,以及三位法国新浪潮时代经典的荧幕形象,经由网络时尚博主的齐齐发布,一下在网络上扩散开来,引起人们的期待,如图7-8所示。

图7-8 网络时尚博主发布预告片

发布当天,CHANEL邀请品牌大使、挚友们发出云上看秀的宣传微博,同时在微博、腾讯视频进行直播,这两个平台的播放量已经到达1 500万。发布结束后,CHANEL又发起"Impressions from×××"的系列访谈活动,对来自不同国家有着不同文化背景的品牌大使们进行一对一访谈,也是赚足了讨论,如图7-9所示。

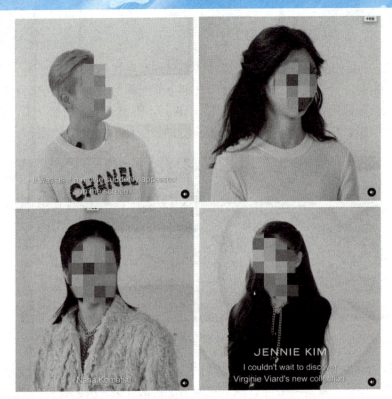

图 7-9 CHANEL 与品牌大使访谈活动

实体活动线上发布已经不是新鲜事情，但如何在线上引流，让更多的用户参与是需要精心策划的。

CHANEL 借助"平台直播+线下观秀活动+特别观秀策划"的方式，从而实现了传播品牌价值的同时，获取到用户激活的目的。

（资料来源：Fashion.Art.Education）

【案例讨论】

1. 数字技术与服装发布的有效结合，带来了哪些全新的体验？为企业带来了哪些新的增长点？

2. 服装行业发布的形式是否具有一定的局限？你有其他形式的建议吗？

任务三　预见2021·赋能医药数字营销暨医百科技产品发布会

1月27日，由医百科技、赛柏蓝、思齐圈三大平台联合举办的线上沙龙会——"预见2021·赋能医药数字营销暨医百科技产品发布会"圆满落幕。医药营销和政策研究知名专家耿洪武老师、医百科技联合创始人 COO 曲坛女士、甘李药业中央市场部总监刘春玲女士、远大医药第二事业部市场医学总监刘竞先生、中新药业集团销售公司推广副总监丁毅先生在直播间参与了本次会议的分享与讨论，线上参与用户达 5 000 余人次，如图 7-10 所示。

图 7-10　预见 2021·赋能医药数字营销暨医百科技产品发布会线上直播

2021 年药械行业政策热点及趋势预判

耿洪武老师首先公布了一组数据:"过去的'十三五'期间,医药行业出台的政策文件达 7 400 多个。在这些政策当中,影响医药企业和医疗器械企业最大的两个政策,一个是集中带量采购,第二个就是医保新机制所带来的一系列的变化,建立常态化的集中招标采购将是未来的趋势。"耿洪武老师对这两个政策进行了重点解析,深入浅出,干货满满。

耿洪武老师用 6 个关键词概括了 2021 年的行业主题:降价、控费、集采、合规、创新、数字化。在过去的 3 轮 4 批政策后,平均降价 54%,最大降幅达到 98.72%,创造了过去 20 年集中招标采购降价幅度最大的历史。数字化已经渗透到医药行业的方方面面,企业在进行新的探索和尝试的过程中,如何避免跌坑,如何能找到一条更加便捷的路径,是企业首先要思考的。耿洪武老师提醒,"数字化营销的转型,不是技术问题,而是思维转型的问题。"真正的思维转型,第一,要建立战略思想,要以客户作为驱动,以患者为中心,建立企业未来营销的战略方向;第二,要实现模式的思维转型,就要把业务进行数字化,把运营进行数据化,把人才和技能按照数字化的要求进行重新的管理;第三,在组织架构上、企业文化的构建过程中,用互联网思维,用数字化思维,这样才是真正实现数字化营销的根本。

医百科技 2021 年度产品发布会

作为服务 600 多家医药企业,百余家行业学/协会的数字化营销服务提供商——医百科技在 2020 年服务了海量的客户。医百科技联合创始人曲坛首先对药械行业数字化营销转型趋势进行了分析,她重点提到了医百科技一站式数字化营销解决方案的战略思维以及经典数字化营销案例。

曲坛表示:"在疫情的前中后期,通过医百落地服务的项目,我们看到了行业背后的巨大的数据变化，2020年医百累计帮助医药企业搭建专属数字化营销平台260多个，帮助企业完成了780多场次的病例征集活动，累计服务的医生数量170余万，浏览次数达2 182万人次。

曲坛强调，数字化营销最大的价值不单单是眼前的降本增效，从长远看，医药行业的数字化转型会帮助行业积累大量的数据、内容、行为画像，海量的数字化将会成为企业最宝贵的数字化资产，而这些数字化资产将从数据层的角度去赋能企业未来的精准营销。医百的战略架构其实是在帮助行业进行整合的一站式的数字化营销服务的过程中，从用户层到平台层到业务层到产品层以及未来的数据层做充分战略布局。曲坛同时介绍了医百目前服务的30多个应用场景，包括医百代表工作台及虚拟会议等前瞻性项目。

在互动环节，甘李药业中央市场部总监刘春玲女士、远大医药第二事业部市场医学总监刘竞先生、中新药业集团销售公司推广副总监丁毅先生，分别就各自企业数字化的发展情况及未来数字化战略进行了分享，给业内带来高瞻远瞩和可落地的实践经验。

圆 桌 讨 论

远大制药企业总部在武汉，所以受疫情的阻断影响更加深刻。远大医药第二事业部市场医学总监刘竞介绍，"与其说政策倒逼企业转型，不如说企业也一直在探索属于自己的数字化发展之路。远大在2020年1月份做好数字化平台的搭建，2月份正式推出，后面赶上疫情，所以前面的准备工作对后期工作的推进影响深远。"

截止到当下，有两个产品的线上学术活动已达150余场，与医百的合作今年也增加了病例征集的项目。刘竞表示，"整个数字化营销其实是一个系统，而不是通过APP或者线上工具的使用就叫线上工具，它背后有强大的数据支撑。我们期待随着每一年的迭代，最后变成一个数字化的营销体系，这部分数据的积淀对于未来策略的制定，一直是我们在探索的。"

"数字化转型已经深刻切入整个医疗健康行业当中的各个环节，包括数字化平台的运营。对于医药企业来说，是一个巨大的变化和改革。"甘李药业中央市场部总监刘春玲介绍。甘李与医百的合作始于2020年，企业从单业务的尝试到后期的线上直播、病例征集、学术会议等进行了多元化数字探索，曲坛高度肯定了甘李药业在数字化营销上的投入力度与执行力度。

对于未来数字化的管理模式，刘春玲介绍，企业分为内部运营体系的管理及外部市场管理体系两大体系的建设。2021、2022两年，患教体系将成为非常重要的一个模块。

中新药业在对于客户的服务上，有很多创新型探索。"企业进行数字化营销的前提首先要拥有数字化思维。"中新药业集团销售公司推广副总监丁毅表示。他介绍，企业在2020年进行了多方面的数字化营销尝试，比如某一款复合产品，在数字化营销模块的推广上，通过选择不同媒体渠道进行发声，带领受众进行初步的品牌认知；随着传播的覆盖，逐渐聚焦在目标客户上，再通过樊登读书会等平台进行跨界合作，更加精准地接近目标客户，从而达到品效合一的效果。

（资料来源：医百头条）

【案例讨论】
1. 数字化营销给医药行业带来的价值体现在哪些？
2. 医疗健康行业在哪些方面实现了数字转型？

任务四　华为创新选择，打造全新直播发布会营销

2020年10月30日14:30，华为举办了线上发布会，推出全新旗舰华为Mate40系列（如图7-11所示），新品固然惊艳，而营销人却被此次直播平台的选择所吸引。

图7-11　华为线上发布会推出Mate 40系列

发布会全新平台，营销全新角度

华为选择视频号乍一看是意料之外，仔细想想却是情理之中。首先，微信平台拥有强大的用户基础，可以保证发布会消息覆盖足够大的范围。在现在这样一个电子通信社交时代，微信早已成为装机必备，在微信功能中的视频号举行手机发布会既保证了足够广泛的受众，又免去了二次下载App的网速、内存负担，提高了隐藏受众的挖掘力。

曾经也许只有数码爱好者和华为忠诚老用户会关注发布会，而现在发布会入口就在自己的朋友圈，吸引了更多"随手点"进来的弱兴趣者，受众转化率得到大幅提高。

另外，视频号直播支持悬浮窗播放，可以边看直播边聊天，有效提高了受众主动传播和互动的热情。就像是我们有了好消息想第一时间分享给自己的好朋友，华为利用视频号，让对新品感兴趣的人得以进行实时互动，为发布会结束后的话题持续提前积累了讨论力量，传播效率比起传统直播更高更有效。

忙碌的生活早已把时间切成碎末，能坐下来看几个小时发布会的人越来越少，视频号直播发布会便是华为想出的对策之一。随时可回复消息的直播悬浮窗让观众没有了该不该退出直播窗口回复消息的隐性焦虑和压力，无形中增强了观众的观看忠诚度。

从营销的角度看，华为选择视频号，从一开始就赚足了眼球，原本有计划收看发布会的传统受众，相比之前，有了更方便的选择；而没有专门计划观看的受众，又可能因为在

数字直播营销

朋友圈刷到直播预告而产生"反正在微信看,也不麻烦,那就看看"的心理,持续关注发布会动态。视频号直播的三大入口——朋友圈"卡片"、微信聊天界面悬浮窗和视频号"关注页"信息流,正是这一心理的实用端口。足够广的受众群加上更加便捷的直播入口,挖掘出了许多潜在受众,也让老粉丝有新鲜感,进一步提高了受众黏性。

此外,还有一点值得注意,前期的积累与悬浮窗的实时互动,不仅提高了传播效率和影响力,也为后期发布会结束后的话题热度保持提供了契机,有关新产品的讨论也会持续升温,无疑是一次完美的二次宣传。

这才是成功的发布会营销

不论是此前的苹果 iPhone12 发布会,还是此次华为的线上直播发布会,其目的都离不开为品牌造势、为新产品做推广、向广大受众展示自己的企业形象三点目的,从这个角度出发,也就不难理解为什么华为这次选择了视频号。

不论是造势、推广还是展示形象,依托微信的视频号都有其自身独特的优势,是一次成功的探索和尝试。对于视频号来说,之前主要满足于个人内容创作者的分享需求,发出端主要集中在手机。而华为却首次尝试将线下发布会搬进视频号直播,为创作者呈现更多样的直播形式。第一次的成功也必然会有越来越多的品牌提出合作直播,视频号也由此获得了未来更多广告入驻的机会,可谓漂亮的双赢。

回顾此次视频号直播发布会,华为让更多人见到了自己在社交媒体上的先锋性和创造性。不仅从产品特性、发布会内容体现自己创新的精神,更是从直播平台就体现出了创新,不仅为自己赢得了成功的宣传,也为视频号和未来的发布会形式提供的新的想象。

（资料来源：聚网营销志）

【案例讨论】
1. 与 iPhone12 发布会相比,华为 Mate40 的此次发布有哪些差异?
2. 发布会类数字直播营销的成功取决于哪些因素?

 思政空间

随着大数据技术的发展,"大数据＋电商"精准扶贫的技术实现已基本成熟。直播已然成为帮助农民打造农产品营销的新利器,成为推动"互联网＋助农扶贫"的新模式。"直播带货"作为一种线上新型消费模式,展示了"互联网＋消费扶贫"模式的广阔前景,直播助农是大势所趋。如何直播助农,成为交给营销人的时代考卷。

同步测试

尝试搜集和整理其他行业有关"发布会类数字直播营销"的相关案例,并分析相关案例成功和失败的原因。

项目七同步测试答案

·196·

项目八　互动营销类数字直播营销

【知识目标】

1. 了解数字直播营销+互动营销的基本模式；
2. 掌握数字直播营销的基本方案设计；
3. 熟悉数字直播营销内容设计的基本模式。

【技能目标】

1. 能根据市场要求定制数字直播营销模式和内容；
2. 学会数字直播营销创意设计的基本模式；
3. 能够利用流量明星和网红设计数字直播营销组合。

【素质目标】

1. 提高学生对道德底线与法律底线的掌握；
2. 增强学生对网络内容有效分辨的能力；
3. 运用所学知识进行正能量网络直播活动。

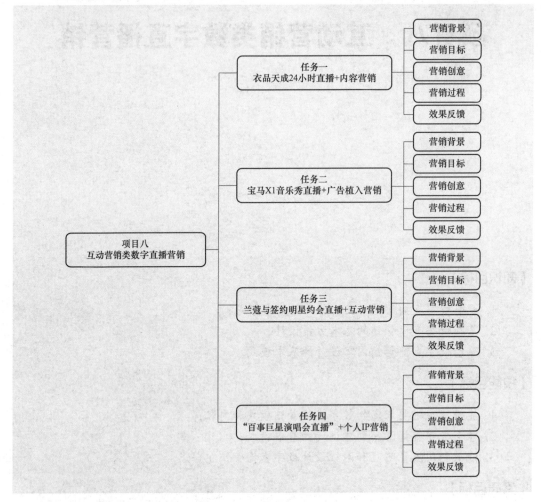

任务一　衣品天成 24 小时直播+内容营销

案例导入

2016 年，一场在全球时尚地标广州"小蛮腰"的 24 小时试衣间直播，以 3 500 万人次的观看成为中国直播史上的里程碑之作。而距离这场 24 小时试衣间直播过去不到两个月，这场直播的"始作俑者"——衣品天成集团又用直播开启了持续整个十月的粉丝节狂欢。

与其他直播不同的是，持续整个十月的粉丝节狂欢直播的所有主播都是来自衣品天成集团的九大品牌主理人，他们也正是衣品天成集团超越其他品牌的"杀手锏"。据了解，衣品天成集团的品牌主理人在淘宝直播上拥有非常高的人气，衣品天成男装主理人 UNA 两个小时的直播就有近 20 000 人观看，这个数据几乎完全"秒杀"任何同类品牌的直播。

同步于衣品天成集团的粉丝狂欢月，由衣品天成集团五位明星首席时尚官——国民女神 Angelabay、当红小男神吴磊、气质女王宋佳、国际超模杜鹃、影视新星唐艺昕亲自为粉丝们挑选，代表 2016 年冬季流行的五大明星同款冬装也正式发布。而 10 月 6 日、10 月 7 日、10 月 8 日，衣品天成集团旗下衣品天成男装主理人 UNA、衣品天成女装主理人小塔、对白主理人攀攀、米莱达主理人 OMi、盛放主理人 Tammy 将在每天晚上 7 点详细地为粉丝解析五位明星首席时尚官为何选择这些冬装同款。究竟 Angelababy、吴磊、宋佳、杜鹃、唐艺昕是怎样理解 2016 年的冬装流行时尚，谜底很快就会揭晓了。

"无福利，不直播"，粉丝节直播也成为衣品天成集团答谢粉丝，为粉丝送福利的狂欢时间。据衣品天成运营负责人透露，本次粉丝节，衣品天成集团以让用户"看爽、买爽、拿爽"为宗旨，准备了明星画册，超给力优惠券等多重好礼。

除了让粉丝开心，衣品天成集团还为粉丝准备一顿品质大餐——"品质之旅"，衣品天成集团 CEO 和衣品天成集团 9 大品牌主理人带粉丝一起，了解 8 年来衣品天成集团和粉丝们成长的点点滴滴，首次公开公司及物流基地的"秘密"，解析衣品天成集团对于品质的严格管控以及如何将粉丝购买的货品快速送到粉丝手上。套用衣品天成集团 CEO 杜立江的一句话："对用户最好的用心，唯有品质的坚持。"运用直播这种新的形式，衣品天成集团进一步拉近了与粉丝间的距离。

直播作为自媒体的更高阶形式，已经成为品牌进行内容创造的途径，衣品天成集团把这种形式运营到了极致，为品牌企业进行更大的拓展开启了不一样的视界。

数字直播营销时代，是内容为王的时代。本任务以衣品天成 24 小时试衣间直播活动为例，对数字直播营销的内容设计进行学习。通过对衣品天成数字直播的创意、设计等全过程的剖析学习，能够达成对优质创意直播内容进行设计策划，完成营销目标和互动效果的能力。

 一、营销背景

电子商务迅猛发展的大时代背景下，各大服装品牌都在打"时尚""款式""价格"牌，常规的新品发布已难以吸引消费者，因此决定尝试电商直播，在内容及互动上寻求突破。衣品天成作为电商领域的新军，通过签约吴磊、Anglebaby 等明星为代言人的方式获得了良好销量。

 二、营销目标

本次数字直播营销，目标直指提升衣品天成品牌知名度，同时为其品牌秋季新品预热并引流卖货。

三、营销创意

本次活动以热词"试衣间"作为关键词，用数字直播作为展现形式，综合打造一场有影响力的传播事件,输出"我有风格,给你好看"的主题口号,为品牌秋季上新制造热度。

(一)史上第一"24 小时"

活动策划出在线时间最长的创意,采用 24 小时试衣间直播的方式霸占最长直播时间,同时做到数字直播平台全覆盖。平台包括一直播、花椒、淘宝直播、映客、美拍、繁星、KK 唱响,七大平台同时对此次活动进行直播;乐视、土豆、腾讯三大视频网站第一时间报道;南方都市报、新快报、门户垂直网站对此次活动进行主动报道,对此次活动进行二次传播。

(二)模特换衣赚眼球

"观看人数最多"、活动挑战"试衣间"的热门话题,借助广州地标"小蛮腰"和 50 多位模特的影响力提升观看热度(如图 8-1 所示)。24 个小时试衣间直播,邀请超过 50 名网红、模特进行现场直播、展示。每个网红直播两个小时左右,人手一个台本加一个助手辅助,24 小时不间断接力。把模特身上的衣服主动送到消费者面前,拉近了 T 台和观众的距离。平均每个小时至少两个美女(或帅哥)入镜,和观众交流对衣服的看法和搭配心得。模特身上的明星同款,现场观众可以通过 30 台真人售卖机进行试穿,固定时间还可以以旧换新免费拿走新款衣服。

图 8-1 换衣直播模特

四、营销过程

直播时代,内容为王。一场能带来品牌曝光量、销售转化的直播,很大程度上是由"内容"决定。而内容则取决于三大要素 PGC、UGC、BGC 三者的有机融合。

(一)专业生产内容(PGC)

PGC 即围绕话题性人物来产生内容。这里主要指三类:明星、网红、名人。本次衣品天成集团的明星代言人(如图 8-2 所示)因档期问题,并未如约抵达现场进行互动,喜邑互动则使用了网红资源作为引爆点。然而,网红的影响力毕竟不如明星,因此采用"人海战术",即批量化地请网红进行同一主题的不同内容直播,以提升品牌曝光量和销售转化量。模特在试衣间现场换装,成功抓住无数网民的眼球。

图8-2 衣品天成明星团

(二)品牌生产内容(BGC)

企业直播营销的 BGC,重要的作用是展现品牌的价值观、文化、内涵等。和以往新品发布会不同,直播以试衣间为核心,喜邑互动邀请了 50 名网红、模特对衣服进行现场展示衣品天成集团秋装新品的时尚(如图 8-3 所示),平均每个小时至少两个美女(或帅哥)入镜,和观众交流对衣服的看法和搭配心得。模特身上的明星同款,现场观众可以通过 30 台真人售卖机进行试穿,固定时间还可以旧换新免费拿走新款衣服。"你敢脱,我就敢送",留下旧衣服可免费获得新品。

图8-3 模特试衣现场

(三)用户生产内容

用户参与度是直播的核心要素。喜邑互动启用了聚划算口令红包新技术,通过直播网红的引导,网友打开手机淘宝客户端进入聚划算喊出红包口令,就能获得聚划算衣品天成集团各品牌专场红包。8月10日当天,数十万网友通过手机淘宝疯抢衣品天成集团聚划算口令红包,仅仅通过喊出有趣的口令,用户无须任何烦琐操作就能完成整个购物体验。此外,现场还加入了"直男改造"的环节,邀请现场男观众进行实际体验。

拓展案例

时装数字直播互动营销方案

一、直播目的

(1)通过主播,直接引流消费者,推广店铺。(主播可以在线查找,也可以是店主自己)

(2)重点推荐店铺口碑较好的几款产品,渲染店铺品牌、产品的优点。

(3)直播中,要求主播穿插讲述产品的特殊卖点、高性价比、高质量、优良的售后服务等。

二、直播方式

(1)直播形式:专场直播。

(2)直播场次:视商家需求安排。

(3)直播时间:商家安排。

三、直播实施方案

1. 预热

(1)做好直播预热工作,直播标题和图片要处理好。开场秀可以借助热点或才艺,快速吸引人观看。如果是专业主播,也可以由主播自行决定如何引流。

(2)主播对直播产品特别是对于材质、款式等信息要熟悉,能熟练口播。

(3)设计好互动环节,游戏互动、点赞发红包(送产品)等,等人气上涨。

2. 直播

(1)按产品链接介绍产品特性,全方位展示产品的外观,详细介绍产品的特点,核心是让更多的 UV 进店咨询,商家客服必须跟得上。

(2)然后试用(穿),展示具体的产品细节,产品的材质、大小、手感等,将产品卖点和特点融入进去。

(3)介绍产品的保养、清洁的知识。

(4)和粉丝积极互动,解答疑问,同时提醒福利。

注意全程口播和福利,根据时长合理设置。

3. 收尾

(1)时间允许的情况下,将最热播的产品再推一次。此时观看人数已经很多了,这个时候需要主播做最后的产品推广和导流。

(2)持续互动,压轴大奖。

(3)持续吸粉、点赞,达到一定数量,进行才艺表演。

四、人员分工

(1)主播:需在直播前进行充分有效沟通。

(2)店主自播:

团队成员 1：准备道具，布置场地及现场客服。

团队成员 2：梳理产品特点，准备口播要点及现场客服。

团队成员 3：准备直播封面（直播主题、直播时间、直播产品名、主播），测试直播账号及现场准备。

团队成员 4：场控及现场准备。

五、时间节点（发福利）

（1）主播：2 小时。如点赞数达到 30 000（这需要根据主播的粉丝量来给定），发第一波福利；如点赞数达到 60 000（这需要根据主播的粉丝量来给定），发第二波福利。以此类推，也可由主播自行决定节奏。

（2）店主自播：1~2 小时。如开播时间半小时或关注数量达到一定数量发福利。

 ### 五、效果反馈

本次超长数字直播最终超过 30 万人在线观看，三天的聚划算活动销量超过 6 万件，同比增长近 30%，列同类电商品牌销量首位。

数字直播对于品牌来说有强大的导流能力，可实现效果营销，而媒体更乐意将直播当作获取受众的新兴渠道。对于明星和网红而言，直播是与粉丝互动，让粉丝了解自己另一面的新方式。喜邑互动以"试衣间"直播作为切入点，探索与网友互动式消费的新玩法，实现营销到销售的转化，兼具品牌传播和效果营销双重价值。但是仍然有以下问题需要修正：

问题一：网络畅通度不够。

数字直播的基本应用条件是畅通的网络。活动当晚 10 点左右，淘宝平台直播同步在线观看人数已经超过 4 万，点赞数超过 60 万，但由于网络原因，直播中途挂断，4 万粉丝瞬间为零。

问题二：主持人设置不合理。

从早上 10 点开始，五大平台同时直播，相对其他平台两个小时换一名主持人的设置，在淘宝直播的平台上只有两位主持人轮换直播，每场接近两个小时，中途女主持人一直不停喝药保护嗓子。虽然主持人激情满满，但在直播后期，主持人仍然在镜头前难以掩饰一脸倦容。

不可否认，24 小时不间断的直播富有开创性，但从另一层面也提醒接下去要做长时间直播的商家，需要重点考虑人员设置的合理性。

问题三：营销打法须突破。

在阵容上超过一般网络直播的衣品天成，此次打法略微淡薄。在有限的场地和资源下，虽然新用户不断涌入，但对于一直观看的用户来说会略显单调。模特 T 台走秀、试衣间现场换衣、主持人互动抽奖是 24 小时直播的三个主要环节，虽然中间设置了多个高潮点，但总体丰富度还需提升。

任务二 宝马X1音乐秀直播+广告植入营销

案例导入

现场的线上感+线上的现场感,最酷炫的感受等你体验。

"一个人要走多少路,才能成为真正的自己?别停下来,走下去!"全新 BMW X1 和 TA 的朋友们"敢作敢为"年度音乐大秀将于 2016 年 5 月 20 日 20 点在西双版纳举办,由腾讯视频独家直播,全程见证。本次活动联动现场和线上,打造成为一场最互动、最创新的年度音乐大事件。

音乐秀会场(如图 8-4 所示)设置包围式信息屏,线上千万用户与线下用户共享音乐时刻。共同跳动澎湃音乐之心,点击代表关注热度的音乐心脏逐步变红跳动,当心的红色扩散到全场时,X1 隆重登场,引爆全场,音乐秀正式开始。活得自由、勇敢、执着、好奇,这是敢作敢为的态度。开篇以开阔、自由、壮美的旷野、河流、田野作为视觉基调,表达一种拥抱人生新境界的自由奔放的胸怀,《此时此刻》的许巍弹着吉他幻想自己的《世外桃源》。接下来到了富于力量感的情绪重点,以高山为视觉基调,歌手谭维维、袁娅维、朴树、黑豹等通过歌曲及 VCR 表达他们曾勇敢执着不顾一切地忠于自己内心、找到自我存在的价值。还有酷酷的少女窦靖童,帅得我一个猝不及防。接下来 Ending X1 秀,将激情推向顶峰。夜拍发布会当晚实时分会场,利用云南实名认证进行最强挑战。烟火发射、穿越雷区的短片惊险刺激的同时又展现全新 BWM X1 的超强性能。最后主屏和信息屏再次出现心脏,线上线下用户共同参与,启动 520 键,通过点赞再掀活动高潮。

图 8-4 宝马 X1 音乐秀会场

本次任务对世界著名汽车企业宝马汽车音乐数字直播发布会的案例进行全面剖析,了解 VR 数字直播的新模式,有效将社交、音乐、视频、OTT、VR 等多维度进行组合,产生营销的多维合力,达成品牌广告效应与数字直播的有机结合的营销模式。

一、营销背景

汽车已经由奢侈品定位逐渐转移为必需品,宝马汽车作为世界知名汽车企业,对中国市场十分重视。X1 系列是宝马车身最为紧凑的 SUV 车型,2016 年 5 月 20 日,宝马新款 X1 进行发布,锁定的是 25～35 岁的全新中坚力量,这部分人群追求的不是简单的兴奋和满足,而是迎合其内心世界的理想生活方式。因此,本次活动的上市关键词设定为"Live Real(敢作敢为)",以传播产品精神。

以音乐为承载的新车发布,在线上获得最大限度的关注并传达全新 X1 的品牌态度,进而和年轻人群进行深度沟通,成为本次活动的关键点。

二、营销目标

本次数字直播营销,宝马公司目标市场定位"70 后""80 后""90 后"的社会白领精英,预期通过该人群音乐素养及欣赏品位与宝马 X1 产品的特性与宣传产生强烈共鸣,产生强烈的营销效果。

让全新 X1 可以实现非同以往的发布亮相,让车型得到充分曝光的同时,"敢作敢为"的品牌理念得以巧妙展现。具体数据要求:在曝光方面,希望本次发布可以获得 500 万以上的曝光,同时能够收集 2 000 个以上的销售线索。

三、营销创意

本次活动以音乐秀作为内容载体,携手能够诠释"Live Real"的代表歌手,通过全渠道直播和在线实时互动,创新实现一场超越时空界限的新车创新发布秀,让 X1 上市成为热点。

(一)VR 直播全新体验

本次活动首次实现品牌音乐剧情秀 VR 直播,即使不亲临现场,也可以通过微信朋友圈、腾讯视频进入页面,点击 X1 启动引擎,感受到音乐秀的激情和炽热,全新技术给用户带来身临其境的 VIP 感受(如图 8-5 所示)。在直播页面为偶像留言,为喜欢的评论点赞、实时评论,精彩留言现场线上共同呈现,你的真情随 TA 的登台共同绽放。最贴心的还是可以定制专属好友聊天室,创造没有外界干扰的专属音乐会。

图 8-5 VR 环绕视觉体验

(二)音乐载体强烈共鸣

1. 内容层面

宝马公司邀请了 70、80、90 年代的音乐代表人物许巍、黑豹乐队、谭维维、朴树、袁娅维、窦靖童等参与演出,通过音乐从多个角度对"Live Real"进行解读,用"Live Free""LiveBold""Live Curious""Live Deep"四个章节进行串联。

2. 传播层面

发布会前一周,借助视频与音乐平台,寻找对音乐秀有兴趣的年轻用户,通过歌词海报互动、X1 音乐歌单定制、预约直播功能的开放,实现活动最大限度的预告与曝光。直播当天,X1 通过社交、音乐、视频、OTT、VR 平台五路信号共同组成数字直播生态链,实现了发布会的全面直播。

3. 品牌层面

X1 作为整场音乐秀的关键角色,作为象征"敢作敢为"精神的符号,在现场自然融入每段音乐故事中,并且通过线上线下的交互,也向线上用户充分展现车型卖点和特色(如图 8-6 所示)。

图 8-6 宝马品牌展示

(三)民族文化深度融合

"傣秀剧场"是由万达文化产业集团斥巨资,邀请伦敦奥运会开闭幕式艺术总监——马克·费舍先生亲自担纲设计打造的国际顶级现代科技剧院。其折叠斜屋顶的设计灵感源于棕榈叶几何形状的艺术创意表现,同时又与当地傣族建筑的折叠斜顶风格呼应(如图 8-7 所示)。大厅屋顶结构融入管状元素,是对传统傣族竹楼材质的现代解读。独特的设计语言,极具个性的民族文化,与全新 BMW X1 的探索者精神十分契合。本次全新 BMW X1 音乐秀,场地和舞美充分借鉴了由国际顶尖艺术大师弗兰克·德贡设计的傣秀演出舞台元素,保持浓郁民族风情的同时,充分展示了全新 BMW X1 的多样性格。尤其是精选并特别改良的傣秀表演中的精彩舞美,为当晚明星歌手的演出效果增色。

本场音乐秀是为全新 BMW X1 量身定制,充分利用了"互联网+数字营销"的概念和思维,是国内首个在微信朋友圈进行直播的汽车品牌活动,在汽车营销领域是一次大胆的创新和尝试。概括地说,这场音乐秀成功地让线上的逾千万朋友感受到非常真实的现场感,同时也让现场来宾体验到强烈的线上参与感。音乐秀的前期推广就是史无前例的,在腾讯全频道进行,充分实现了广而告之的目的,为音乐秀现场直播吸引了大批歌迷、车迷的关注。

图 8-7 傣族风格会场

 四、营销过程

2016 年 5 月 20 日，作为全新 BMW X1 现场发布会，在西双版纳举办的宝马"敢作敢为"音乐秀瞬间点爆了整个互联网。用数字直播营销模式，借助于联动腾讯大平台，此次发布会吸引了全网超过千万人的观看，为品牌呈现了最大化的传播效果，其打造的直播与现有社群相结合模式造就了堪称教科书式的数字直播营销案例。

（一）摇一摇激情开唱

发布会前一周，根据音乐秀的内容特征，借助视频与音乐平台，寻找对音乐秀有兴趣的年轻用户，用内容切入，进行提前预热。通过歌词海报定制、X1 歌单推送欣赏、直播预约等板块（如图 8-8 所示）实现最大限度的预告和曝光。超过百万人参与歌词海报制作与好友互动，数百万人预约了直播，年轻用户在演出开始前对此次发布会翘首以盼。

图 8-8 宝马 X1 演唱会 App 入口

音乐会的开场预热极具创意,采用了最前沿的 iBeacon 技术,通过微信摇一摇即可进入活动页面,点击屏幕启动全新 BMW X1 的引擎。现场大屏幕呈现的是一颗由火焰组成的巨大心形标识,伴随线上点赞人数的快速增加,火焰变得愈加浓艳,配合现场隆隆的巨鼓之声,摄人心脾,撼动心灵,一场前所未有的全面应用社交媒体互动及直播的 X1 音乐秀由此拉开序幕。

(二)实时互动评论+幸运抽奖福利

宝马音乐秀在观看的同时还组织多种形式的话题互动和抽奖活动,伴随着直播随时都可能出现,幸运的人可能还能和偶像同步出现,期待值一路飙升。现场的信息屏也同时显示在线指数(在线观看数、评论数、性别、星座、年龄层),让线上的观众感受到自己贡献的力量。酷炫、华丽、疯狂,成为本次发布会活动的高光词。全新 BMW X1 上市发布会当晚,西南边陲小城景洪,傣秀剧场人声鼎沸,火爆异常,数字直播音乐会大获成功。

(三)明星讲述宝马故事

本次全新 BMW X1 "敢作敢为"音乐秀的另一大创新是一众歌坛明星的"角色化"演绎,突破性地开创了新的音乐秀形式。所有参与活动的明星并不仅仅是"歌手"的常规献艺,他们都是全新 BMW X1 的朋友,与大家分享各自与 BMW X1 相通的精神世界。通过歌声、现场画外音以及视频展示的生活片段,和大家分享了他们对自由、执着、好奇以及敢作敢为等精神的理解和感悟(如图 8-9 所示)。

图 8-9　明星讲述音乐故事

五、效果反馈

本次 X1 音乐秀可以说是宝马品牌营销的又一大创举,实现了包括电视、网络、微信、微博等在内的全媒体覆盖。尤其 VR 直播活动在国内豪华汽车品牌中尚属首次,观众在家中即可使用 VR 设备亲身体验音乐会现场最真实的感受。腾讯在线直播室和企鹅 TV 加入全程现场直播更是史无前例，公众关注度空前高涨。据不完全统计，全国共有超过一千万网民通过各种不同渠道关注或收看了当晚的 X1 音乐秀（如图 8-10 所示）。通过现场与线上的无缝连接、完美互动，宝马成功打造了一场可谓年度最具创新精神的音乐与上市新车型相结合的饕餮盛宴。

图 8-10　音乐秀粉丝留言反馈

（一）以品牌调性为依托，抓紧年轻人的心

炫酷的灯光和舞台效果，令人尖叫的出场明星，处于癫狂的现场观众，如果你是年轻人，一定会被这个场景所深深吸引，而这正是宝马想要呈现出来的效果。基于"敢作敢为"的品牌调性，宝马选择了以音乐秀的方式，通过邀请年轻人喜爱的嘉宾，以年轻人爱玩的直播形式，来让产品与品牌进行更深度的传播（如图 8-11 所示）。

作为 X 家族中最年轻的产品，宝马 X1 的目标消费人群定位在 25 岁到 35 岁之间，这与受众年轻化的腾讯平台有着极高的契合度。与此同时，BMW X1 身上所诠释的精神也正是当下年轻人热衷追逐的生活态度，双方在用户属性和品牌调性上高度匹配，这为此次发布会掀起传播热潮奠定了坚实的基础。

图 8-11　粉丝互动

（二）让创意落地，实现线上线下无缝对接

除了新颖的创意，宝马 X1 发布会上所呈现出来的创新技术表现形式是此次活动成功落地的关键所在。在这场发布会直播中，腾讯视频提供了最高规格的技术支持，用以实现 PC、手机全平台 VR 直播，PC 以腾讯视频全景 360 Live 形式呈现，手机通过腾讯炫境 App 观看。通过直播和 VR 技术，宝马 X1 联合腾讯为网民带来了一场别开生面的发布会，观众在家中即可使用 VR 设备亲身体验现场最真实的感受，这在国内豪华汽车品牌中尚属首次。

为了最大限度呈现发布会的直播效果，腾讯还打通了腾讯视频、QQ 音乐、微信以及互联网电视平台等直播矩阵，微信朋友圈甚至将第一次提供直播入口，让用户可以在音频、视频、电视和微信之间无缝切换。借助于腾讯线上平台的社交优势，此次发布会在实现浅层用户覆盖的同时，还将线下活动实时发酵成线上事件，大幅度提升用户在线下和线上的多元参与感。

（三）借助内容生态，多维度放大营销效果

大多数企业对直播的理解仅仅停留在渠道层面，对他们来说直播只不过是多了一个内容出口而已，殊不知内容生态才是营销传播能否取得成功的最重要因素。宝马 X1 不是第一个做直播营销的品牌，却是为数不多的能够打造教科书般成功案例的品牌之一，其根本原因就在于其背后依托的腾讯大平台。

在拥有海量用户群体的基础上，通过"PC+移动"的多渠道曝光，腾讯内容生态为整个发布会活动打造了多平台、多形式、广覆盖、利社交的事件营销矩阵效应，而非单一的直播内容出口。通过投票、直播等多样化的互动参与方式激发了公众的行动力，并将每个个体转化为潜在的传播节点，多维放大，实现营销效果的几何级递增。

基于对品牌需求的准确把握和国内互联网环境的深刻洞察，在充分了解受众需求的前提下，借助于符合调性的腾讯大平台，宝马 X1 精准地捕捉到了直播营销的风口，创新性地将一场本该中规中矩的新车发布会打造成了里程碑式的直播营销盛宴。

任务三　兰蔻与签约明星约会直播+互动营销

案例导入

2016 年春，兰蔻倾情臻献两款全新产品，让一切从"轻"出发——兰蔻全新"轻呼吸"防护露 SPF30+PA+++，无与伦比的净化防护功效，让肌肤自在呼吸；兰蔻升级气垫 CC 霜，极致轻盈的突破性配方，成就史上最"轻"的底妆产品。

秉承兰蔻"轻呼吸"防护露 SPF30+PA+++和气垫 CC 霜的"轻"哲学，兰蔻此次诚邀风靡亚洲的超人气偶像鹿晗担任兰蔻"轻使者"，倡导从紧凑忙碌中找到生活的轻盈之道，享受每一刻的自己。清新自然的独特气质、如阳光般和煦的温暖笑容，作为新生代

明星的杰出代表，鹿晗始终令人倍感轻松、舒心与快乐，这正与兰蔻所追寻的"轻"哲学不谋而合。一直以来，鹿晗身体力行地诠释着生活中的"轻"盈之道：做一个拥有充满幸福美梦的快乐的人，享受简单而美好的生活，平常心面对一切。由鹿晗担任"轻使者"，正是对兰蔻"轻"哲学最完美的诠释。

本次任务对著名化妆品牌兰蔻的签约明星互动直播营销活动进行全面剖析，充分了解企业如何利用明星效应在多平台联合推动下，以数字直播的形式，让签约明星与用户高效互动，达成产品影响力、产品理念输送，并完成营销活动。

 一、营销背景

兰蔻属于较高端的日化品牌，在邀请鹿晗代言之后，希望借助明星的号召力让粉丝参与到与兰蔻的互动中来并关注兰蔻品牌。

2016年，"兰蔻和鹿晗有个约会"直播营销，除了提升品牌，主打的两款产品"UV防护乳"与"气垫CC霜"需要将"轻"与"保护"的产品理念传递给消费者。因此，活动需要优雅浪漫地做好直播互动，同时传递品牌格调与产品概念。

 二、营销目标

通过直播深化代言人鹿晗与兰蔻品牌的连接并传递新品"轻"和"保护"的产品理念，以植入广告扩大营销影响力。

 三、营销创意

本次活动让粉丝与鹿晗来一次"轻"约会，在约会中感受兰蔻与鹿晗的"双重保护"与浪漫情调。"假直播，真互动"的模式，也可以让粉丝在享受高品质内容的同时，降低在现场执行、网络带宽、明星档期三方面的门槛，实现"用小投入产生大回报"的目标。

（一）深入洞察年轻女粉丝"约会"明星的渴望

借助丰富的交互形式深入满足年轻女粉丝"约会"明星的渴望；科技的发展产生了更丰富的交互形式，也激发了粉丝与明星更深层互动的愿望。点播视频时代，我们看明星；SNS时代，我们与明星聊天，用语言"调戏"明星；直播时代，我们看明星但更想要和明星"约会"。

（二）在约会氛围中将兰蔻的"轻妆防护"与鹿晗对"女友"的保护融合

约会中，聊的轻松话题让粉丝感受与男友约会的日常，配合约会"壁咚"等情节，传递被"保护"的兰蔻心动体验。

（三）通过预热了解粉丝渴望并定制化预录内容，打造"约会"互动效果

预热中预埋粉丝投票环节，在直播中实现"被鹿晗壁咚""看鹿晗踢球"的少女恋爱体验。

四、营销过程

（一）精准覆盖粉丝群体，并广泛曝光提高声量

本次活动在 QQ 兴趣部落中有 700 万名粉丝建起鹿晗部落，在这里预热会提高吸引粉丝预约的效率；同时，主办方采用腾讯视频、腾讯新闻、AIO 等优质曝光资源，吸引广泛的关注与传播（如图 8-12 所示）。

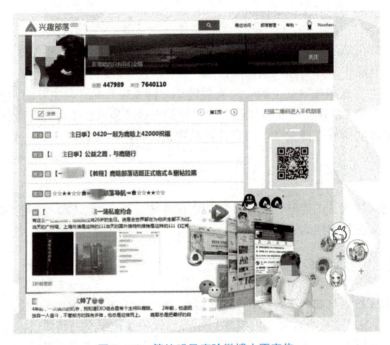

图 8-12 签约明星鹿晗微博主页宣传

（二）以"兰蔻为粉丝实现约会愿望"的形式在约会中代入品牌与产品概念

从整体布置到采访话题，全程都有兰蔻陪伴的设计。鹿晗对着镜头说"让我保护你"，将"保护"的体验转变成为粉丝尖叫的记忆点（如图 8-13 所示）。

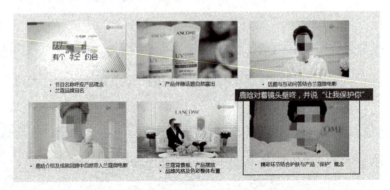

图 8-13 鹿晗与兰蔻产品

（三）粉丝通过赠送兰蔻道具、发送弹幕互动来表达约会心情

在弹幕中，用户可以借助兰蔻道具自发表白（如图 8-14 所示）。

图 8-14　鹿晗直播

拓展案例

美妆直播方案——兰蔻

一、直播日期

3月8日。

二、直播时长

初定两个小时。

1. 第一阶段 19:00—19:10

（1）主播进行开场白，自我介绍。

（2）介绍今天直播的主题和流程。

（3）介绍关注主播的福利。

2. 第二阶段 19:10—19:40

（1）日常护肤的过程。

（2）提出关注主播的福利。

我们从化妆的第一步护肤开始，要求主播素颜或者淡妆出镜。

用客户提供的品牌进行最基础的保养，配合其他品牌一起使用，让广告不经意间进入观众的耳朵，停留在观众的心里，产生购买欲望。

同时加入自己对基础保养的心得，给观众正确的护肤知识，得到持续关注。

3. 第三阶段 19:40—20:30

（1）化妆直播，一边化妆一边回答观众的提问。

（2）告知观众，节目结束前 20 分钟会进行抽奖，请大家继续关注！

4. 第四阶段 20:30—20:40

（1）如何选取与妆容更搭配的配饰。

（2）与观众互动和抽奖。

妆容好了之后，主播根据妆容搭配相关配饰。如果点赞在10万次以上主播进行抽奖活动。

5. 第五阶段 20:40—21:00

（1）观众互动。

（2）回顾直播重点内容，在此无形中植入化妆品的使用心得。

（3）告知观众第二天播出的时间，请大家持续关注！

五、效果反馈

基于网红经济的网络直播营销，只有主播本身带有一定的粉丝基础，才能获得大量潜在的消费者。虽然明星的代言费用高昂，但偶尔邀请明星助阵可以说是锦上添花。明星本身就拥有较高的知名度，且粉丝数量十分可观，以明星为"卖点"，加上网络直播的高互动性，能够最大化地将流量变现。李佳琦的直播间就曾经邀请过杨幂、唐嫣、Angelababy、小S、朱亚文、高晓松、胡歌等众多明星做客，吸引了大量粉丝的同时也"炒"高了直播间的热度，有利于产品的销售。

本次直播活动平均每分钟出现对兰蔻表白的弹幕3次、兰蔻道具325个，直播气氛非常热烈（如图8-15所示）。

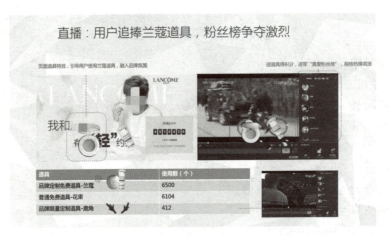

图8-15 直播气氛非常热烈

任务四 "百事巨星演唱会"直播+个人IP营销

案例导入

2019年，百事（Pepsi）在全球推出了全新的营销平台及品牌主张（Tagline）。新主张"For the Love of It"将在全球100多个市场取代之前的"Live for Now"（渴望就现在，如图8-16所示）。

项目八　互动营销类数字直播营销

图 8-16　Live for Now

百事对于此次品牌主张的发布表示，这是品牌 7 年来最重大的改革，新的品牌主张旨在强化可乐这一产品带给人们的流行感知和气泡呈现出的激爽感受。

百事公司（PepsiCo）营销部高级副总裁 Roberto Rios 评论道："经此变化，我们非常自信地想要宣称，我们是一个充满着娱乐与流行基因的品牌，同时我们在全世界拥有无数的可乐爱好者伙伴，'For the Love Of It'会切实成为我们的一句口号，其表达出了我们为了自己的热爱，展现出的激情与兴趣，同这种激情情感一致的便是，我们要在生活中放肆地去享受我们最爱的可乐。"

此前 7 年间，百事 9 大明星参与的"Live for Now"演唱会创造多场经典，让我们一起回顾最经典的 2016 年"百事巨星演唱会"。

本次任务对"百事巨星演唱会"结合明星个人 IP 的数字直播营销活动进行全面剖析，对活动的组织策划及创意实施进行深度了解，掌握主题营销活动如何与明星个人 IP 有效结合。

一、营销背景

百事可乐一直主打年轻消费市场，通过邀请明星代言的方式树立其在年轻群体中的品牌影响力。2016 年，百事可乐延续其全明星战略以及 2014 年推出的全新主题"Live For Now"，瞄准年轻人喜爱的音乐领域，期望以此与年轻消费者建立对话。

2019 年，百事可乐有了新的广告语，"For the Love of It"取代用了 7 年的"Live for Now"，和百事一贯以来的品牌传统一样，新广告语的推广依然会用娱乐化的方式，特别是和流行音乐结合。

现阶段各大品牌的营销方式越来越接地气，百事可乐的营销关键在于：通过营销活动将明星的粉丝号召力转化为品牌的影响力并促进销售，让他们"渴望就现在""为了爱"。

二、营销目标

通过营销活动有效提高百事可乐在年轻消费群体中的品牌影响力，并树立起百事可乐

· 215 ·

年轻化的品牌形象。

三、营销创意

选择中国在线演唱会第一平台腾讯视频 Live Music 作为本次合作的主要平台。Live Music 所拥有的明星演唱会资源不仅与百事可乐的全明星战略及音乐营销不谋而合，其所涵盖的粉丝受众也更多元化，既有受年轻人追捧的小鲜肉，也有"70 后""80 后"所熟知的大牌明星。

明星汇聚，精彩全年。首次为百事可乐整合全年 11 场最受年轻人欢迎的明星演唱会、2 场当下最流行的户外音乐节，再加上 1 场星光熠熠的 MTV 大赏，让百事可乐全年激发观众 Live For Now 的渴望。

（一）营销方向契合

Live Music 作为国内明星演唱会在线直播的第一平台，完美契合百事可乐期望强化其品牌音乐属性的营销策略。

（二）品牌理念契合

百事可乐为无数的粉丝提供了一个能够零时差感受明星演唱会实况的平台，让他们的追星梦即刻实现"渴望就现在"。

（三）TA 多元化

Live for Now 拥有海量的音乐版权，涵盖不同类型的演唱会及目标受众，帮助百事可乐覆盖更多年轻消费群体。

四、营销过程

（一）百事可乐明星集结，全年"Live For Now"

2016 年 4 月 13 日—12 月 30 日举办 11 场最受年轻人欢迎的明星演唱会、2 场当下最流行的户外音乐节及 1 场 MTV 大赏，将大牌明星和当红"小鲜肉"一网打尽（如图 8-17 所示）。

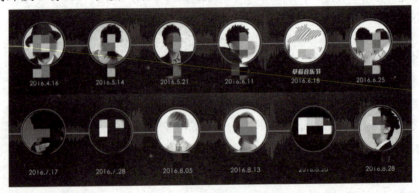

图 8-17　百事明星集结

（二）百事可乐千万粉丝关注的跨年巨献"幻乐一场"

本次活动以王菲演唱会直播收官（如图8-18所示）。直播前，百事可乐携手微博大V和微信公众号进行社交预热，并邀请孙坚、欧豪进行倒计时直播。直播中，百事可乐定制道具与粉丝一起"幻乐"狂欢，与此同时，百事可乐定制TVC更是从腾讯视频开机闪屏到视频第一贴片，全程追踪粉丝眼球。

图8-18 王菲专场

演唱会现场，无处不在的百事可乐元素点燃全场激情（如图8-19所示）。

图8-19 百事可乐元素体现

腾讯视频Live Music为百事可乐打造VR专场，以当下最火爆的黑科技，为上亿观众提供身临其境的直播观看体验，提升了年轻人的参与感。

活动期间，Live Music推出百事可乐"渴望就现在"的品牌专题页面，并整合腾讯网、QQ音乐、视频、微信、微博等跨终端平台，联合海量站外媒体资源，从资讯、社交、娱乐等不同角度进行品牌联合推广（如图8-20所示）。

除此之外，在本次合作中Live Music首开"揭盖赢惊喜"互动奖品商业化先河。活动期间，用户访问官方活动页面参与"揭盖赢惊喜"活动（以下简称"活动"）（如图8-21所示），即有机会获得线下演唱会门票、VR眼镜、专属道具、腾讯VIP会员7天激活码等奖励。

图 8-20 百事推介会

图 8-21 "揭盖赢惊喜"活动

本次活动共吸引 374 万用户参与互动,将明星的粉丝号召力有效地转化为粉丝对百事可乐的品牌好感度。

五、效果反馈

2016 年全年,百事可乐"Live For Now"明星演唱会直播共吸引近 7 亿观看人次;腾讯整合其全平台产品,并联合海量域外媒体资源,实现 21.3 亿广告曝光效果(如图 8-22 所示)。跨年晚会直播前孙坚、欧豪倒计时直播,在线观众人数达 160.8 万;王菲演唱会直播在线观看人数为 2 149.6 万;百事可乐定制道具曝光达 3 789.6 万,实现了品牌在演唱会场景下的消费者沟通。

图 8-22 多平台报道

演唱会在线直播，整合了线上与线下资源，并拥有更多如直播道具、弹幕彩蛋等多元化互动形式，能够帮助品牌在实现品牌大曝光的同时，与消费者进行零距离互动。

单一明星的演唱会影响力及覆盖人群有限，整合不同类型的明星、音乐节等内容形式，可以帮助品牌覆盖不同受众，从而扩大品牌影响力。

 思政空间

先进社会，文化现象级偶像层出不穷，很多青少年趋之若鹜，盲目崇拜。放眼众多人物评选，影视明星的票数经常出现乱象，比很多为国家做过积极贡献的科学家、教育家等知名人物要多。作为教育者，应该帮助学生端正态度，积极与家长沟通，避免误入盲目追星之歧途。同时，各位同学更要注重精神修养，崇拜那些为人民、为国家、为世界做出积极贡献，做出重大成果，拯救人类于危难的真正英雄和伟大人物。

同步测试

1. 体育明星 A、著名歌手 B、微博大号 C 都是你的校友，三个月后即将举办校庆，由你来策划校庆直播，请参照本项目内容学习，谈谈你的策划思路。

2. 请为某服装品牌设计一场直播带货。

项目八同步测试答案

参 考 文 献

[1] 蝉妈妈数据. 如何进行精准直播复盘？你需要掌握这 7 项数据 [EB/OL]. [2021-07-13]. https://www.niaogebiji.com/article-27687-1.html.

[2] 飞瓜数据. 复盘 2000+场直播后我们总结出 9 个直播间销量的关键指标 [EB/OL]. [2020-11-26]. https://www.ebrun.com/20201126/411998.shtml.

[3] 环球时报. 辛巴燕窝事件，详情披露！[EB/OL]. [2020.12.23]. https://baijiahao.baidu.com/s?id=1686872533941781586&wfr=spider&for=pc.

[4] 房地产数字化研究院联合空白研究院发布房地产数字化营销白皮书 [EB/OL]. [2021-02-04]. http://news.xhby.net/qyzx/202102/t20210204_6971150.shtml.

[5] 在线发布会需求激增 直播助力企业转型线上逆市营销 [EB/OL]. [2020-03-04]. https://www.163.com/ad/article/F6SC5UDJ000189DG.html.

[6] 房地产数字化研究院"四个在线"是房地产数字化的解决之道 [EB/OL]. [2021-02-04]. https://m.focus.cn/bj/zixun/efd904ce91270649.html.

[7] 云时代下看大秀——2021 春夏时装发布与数字化营销 [EB/OL]. [2020-11-06]. https://www.sohu.com/a/429979133_540061.

[8] 经济日报新闻客户端. 质量售后问题屡见不鲜 直播购物如何保障消费者权 [EB/OL]. [2020-09-08]. https://zhuanlan.zhihu.com/p/224643647.

[9] 郑清元. 直播就该这么做 [M]. 北京：机械工业出版社，2020.

[10] 秋叶. 直播电商实战一本通 [M]. 北京：人民邮电出版社，2020.

[11] 刘东明. 直播电商全攻略 [M]. 北京：人民邮电出版社，2020.

[12] 杨浩. 直播电商 [M]. 北京：机械工业出版社，2020.

[13] 秋叶. 直播营销 [M]. 北京：人民邮电出版社，2017.

[14] 柏承能.直播修炼手册 [M]. 北京：清华大学出版社，2020.

[15] 勾俊伟，张向南，刘勇.直播营销 [M]. 北京：人民邮电出版社，2017.

[16] 孙爱凤. 直播技巧：实力圈粉就这么简单 [M]. 北京：机械工业出版社，2019.

[17] 李科成. 直播营销与运营：盈利模式+推广技巧+经典案例 [M]. 北京：人民邮电出版社，2019.

[18] 戈旭皎. 农产品直播卖货超级口才训练 [M]. 北京：人民邮电出版社，2020.

[19] 尹宏伟. 直播营销：流量变现就这么简单 [M]. 北京：机械工业出版社，2020.

[20] 蔡余杰. 从 0 到 1 学做直播电商 [M]. 北京：中国纺织出版社，2021.

[21] 李泽清. 网络直播：从零开始学直播平台运营 [M]. 北京：电子工业出版社，2018.

[22] 魏艳. 短视频直播营销与运营 [M]. 北京：化学工业出版社，2019.

[23] 杨浩. 直播电商 2.0 [M]. 北京：机械工业出版社，2020.

［24］梁宸瑜，曹云露，马英. 直播带货，让你的流量持续低成本变现［M］. 北京：人民邮电出版社，2020.

［25］秋叶，秦阳，陈慧敏. 社群营销：方法、技巧与实践［M］. 北京：机械工业出版社，2016.

［26］余来文，洪波，苏泽尉，等. 直播变现：数字电商的流量法则［M］. 北京：企业管理出版社，2020.

［27］勾俊伟，刘勇. 新媒体营销概论［M］. 北京：人民邮电出版社，2019.

附录　直播营销策划与实施实验手册

目　录

一、课程概况 ··· 223
二、实验课程的设计目的与考核 ··· 223
　（一）实验背景 ··· 223
　（二）教学目的 ··· 223
　（三）实验对应的理论课程 ··· 223
　（四）实验特色 ··· 223
三、实验内容概述 ··· 223
　（一）实验基本流程（教师） ·· 223
　　1. 登录系统 ·· 223
　　2. 班级管理 ·· 224
　　3. 实验管理 ·· 225
　　4. 学生实验报告 ··· 226
　（二）实验基本流程（学生） ·· 227
　　1. 登录系统 ·· 227
　　2. 了解实验背景 ··· 228
　　3. 选择直播卖品 ··· 228
　　4. 制定直播目的 ··· 228
　　5. 直播宣传引流 ··· 228
　　6. 选择直播人员 ··· 228
　　7. 制定促销策略 ··· 229
　　8. 布置直播场景 ··· 229
　　9. 直播脚本撰写 ··· 229
　　10. 直播实施与执行 ·· 229
　　11. 直播内容传播 ··· 229
　　12. 复盘 ··· 230

一、课程概况

实验以一家线下电扇生产企业为背景，学生扮演的是这家公司的直播营销策划人员。公司看近年直播带货大火，希望进行一场直播营销来开辟线上渠道，学生需要策划整个直播活动，运用直播策划和实施的知识完成这场直播营销。

二、实验课程的设计目的与考核

（一）实验背景

实验以一家线下电扇生产企业为背景，学生扮演的是这家公司的直播营销策划人员。现在公司决定组织一场直播营销，学生需要跟随总裁完成一系列的决策，帮助公司顺利进行一场直播营销。

（二）教学目的

（1）让学生了解直播营销的整体思路。
（2）让学生学会直播营销中的常见技巧。
（3）让学生体验直播的策划、执行、传播发酵、复盘四个环节。

（三）实验对应的理论课程

数据化运营与直播营销对应的理论课程。

（四）实验特色

（1）知识点囊括完整，让学生能全面学习。
（2）全 3D 案例流程展示，让学习有趣味、不枯燥。
（3）内置仿真模型，动态模拟营销效果，让学生的决策有不同的反馈。
（4）从实际角度出发，让学生能够了解知识点的应用。
（5）云端移动授课，课时较短，节省时间，上手开课简单，教师省力。

 三、实验内容概述

（一）实验基本流程（教师）

1. 登录系统

单击链接：http://www.suitanglian.com/#/，进入随堂练实验教学平台，如图 1 所示；单击"登录"按钮，进入登录界面，如图 2 所示；输入登录账号、密码、验证码，进入实验教学界面，如图 3 所示。

图 1　随堂练实验教学平台界面

图 2　登录界面

图 3　实验教学界面

2. 班级管理

单击"我的班级"按钮，进入班级管理界面，如图 4 所示；单击"新增班级"按钮，填写班级名，导入班级名单，单击"提交"按钮，完成新增班级，如图 5 所示。

在图 4 中，单击"学生"按钮，可以查看学生名册；单击"修改"按钮，可以修改班级名字；单击"删除"按钮，可以删除班级。

注：学生名单必须按照规定模板导入。

图 4　班级管理界面

图 5　完成新增班级

3. 实验管理

（1）进入实验。单击"我的实验—数字营销"按钮，进入实验管理界面，如图 6 所示，本篇重点讲解基于直播营销策划与实施的营销实践。单击"直播营销策划与实施"按钮，进入本实验，单击"开始实验"按钮，对实验进行设置，如图 7 所示，在此可以选择实验班级，选择好后，单击"开始实验"按钮，进入实验界面。

图 6　实验管理界面

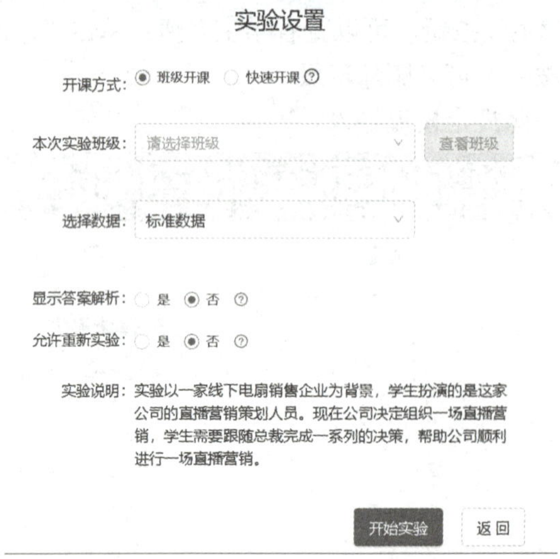

图 7　实验设置

（2）实验知识点和规则讲解。单击"实验知识点和规则"按钮，进行查看，了解相关知识点以及规则。

（3）学生实验入口。单击"实验入口"按钮，如图 8 所示，出现一个二维码，学生可以通过微信或主流浏览器扫描二维码，也可以在电脑浏览器输入以下网址：http://www.suitanglian.com：80/#/studentLogin/ydt，进入操作界面，进行实验操作。

图 8　实验入口界面

（4）教师实验管理。单击"实验进度"按钮，对学生进度进行查看，可查看学生状态以及学生当前决策环节。

（5）学生实验分析。当教师实验结束时，可以单击"实验分析"按钮，查看本次实验全班的一个统计情况。

4. 学生实验报告

实验结束后，单击"返回实验首页"按钮。单击"实验报告"按钮，进入实验报告界面，进入后可以看到教师以往的授课历史记录；单击"数据分析"按钮可以看到该次实验最后的实验分析数据；也可以单击"查看参与学生"按钮，查看该次实验当中每个参与学生的实验情况。教师可以对某个学生的实验进行打分，教师可以先单击"学生的详细数据"按钮，然后进行评分，单击"查看该学生详细数据"按钮可以看到学生每次实验的详细情况。

（二）实验基本流程（学生）

1. 登录系统

（1）手机扫码登录。学生用手机扫码后，首先出现登录界面，学生使用学号和密码进行登录，登录系统后，进入系统主界面。

（2）电脑登录。在浏览器访问网址 http://www.suitanglian.com：80/#/studentLogin/ydt，进入系统登录界面，如图 9 所示；输入学号、密码后登录，进入系统操作界面，如图 10 所示；选择"进入实验"按钮，进入实验操作界面。

图 9　学生登录界面

图 10　系统操作界面

注：手机端和电脑端的操作内容完全一致，因此后续操作步骤用电脑端进行讲解，实验报告界面只有电脑端有。

2. 了解实验背景

（1）单击界面上的"？"按钮，进入查看规则，下拉到最后，查看实验的操作步骤。

（2）界面左侧为实验步骤列表，从上到下就是整个直播营销的所有步骤，单击"下一步"按钮前往下一个操作环节。

3. 选择直播卖品

（1）单击界面下方"知识点"按钮，对直播卖品选择知识点进行学习，学习直播选品的需求、不同年龄段的商品需求特性等知识。

（2）单击界面下方"商品数据"按钮，查看自家商品的线下销售情况、淘宝同类型商品的销售资料，对比判断哪些商品更适合这次直播。

（3）单击界面下方"直播选品"按钮，界面中会把所有的商品展示出来，根据数据分析结果勾选合适的高、中、低三个客单价的商品。

（4）单击"下一步"按钮前往下一个操作环节。

4. 制定直播目的

（1）单击界面下方"知识点"按钮，对制定直播目的知识点进行学习，学习直播目的的构成、商品分析、用户分析等知识。

（2）单击界面下方"商品对比"按钮，查看三个商品的具体参数和市面上同价格的商品参数，分析自家商品的特点和优势。

（3）单击界面下方"商品分析"按钮，页面根据三个商品分成低、适中、高三个选项卡，选项卡页面由商品的关键词、商品的亮点以及目标人群的购买需求三个多选项构成，学生根据知识点和数据选择合适的选项内容。

（4）单击"下一步"按钮前往下一个操作环节。

5. 直播宣传引流

（1）单击界面下方"知识点"按钮，学习直播引流的基本方式、直播引流的注意事项等知识。

（2）单击界面下方"引流渠道信息"按钮，查看线下消费者调研数据、引流渠道数据分析、主力消费人群的时间分布和各个引流渠道的引流成本情况。

（3）单击界面下方"引流方案制定"按钮，首先会有一个"选择直播开始时间"按钮，选择完成之后开始编辑需要传播的内容。

传播内容分为视频、图文两种形式，操作界面当中会把所有可选的内容展示出来进行多选。结合知识点和渠道特性制作合适的传播内容，然后选择对应的传播渠道。

渠道分为免费，付费两种传播形式。选择付费传播则需要设置传播时间以及目标人群和推广金额。

（4）单击"下一步"按钮前往下一个操作环节。

6. 选择直播人员

（1）单击界面下方"知识点"按钮，学习数字直播营销的基本方式、数字直播营销的方式组合等知识。

（2）单击界面下方"选择主播嘉宾"按钮，页面当中会有两个大的操作框，单击"主播"或"嘉宾"的操作框之后弹出选择人物界面。

每个可选人物都由性别、年龄、整体形象、人物简介、粉丝数量、粉丝人群简介、直播邀请费用等多个数据组成，结合商品特性分析哪些人选更适合本次直播。

（3）单击"下一步"按钮前往下一个操作环节。

7. 制定促销策略

（1）单击界面下方"知识点"按钮，学习直播促销的意义、直播邀请水军的意义等知识。

（2）单击界面下方"制定策略"按钮，页面由促销手段（多选）和选择水军（单选）两道题目组成，根据知识点和商品特性选择合适的促销策略。

（3）单击"下一步"按钮前往下一个操作环节。

8. 布置直播场景

（1）单击界面下方"知识点"按钮，学习直播画面组合、直播场景布置等知识。

（2）单击界面下方"布置场景"按钮，先选择直播背景场景，有办公室、家庭、商场门店三个背景可以选择。

选择完成之后画面视角从上至下正对着背景场景。软件画面右侧会出现相机画面，学生一共有两个侧灯、一个摄像机、两个商品可以拖动旋转。学生结合知识和相机画面情况调整出最佳的直播画面。

（3）单击"下一步"按钮前往下一个操作环节。

9. 直播脚本撰写

（1）单击界面下方"知识点"按钮，学习直播脚本的作用、直播详细流程等知识。

（2）单击界面下方"撰写脚本"按钮，页面中会提供一个直播脚本表格模板，表格当中的主播介绍、活动简介、促销活动等会根据学生之前的决策自动生成。

脚本中直播详细流程需要学生选择，学生根据之前所选的主播、嘉宾、商品以及知识点等所有的决策内容，选择合适的直播环节并且排列成符合正常直播逻辑的顺序。

（3）单击"下一步"按钮前往下一个操作环节。

10. 直播实施与执行

（1）单击界面下方"知识点"按钮，学习直播特殊情况应对处理的相关知识。

（2）单击底部"开始直播"按钮，画面当中首先会有 5 秒的倒计时，之后直播开始，画面右侧为学生可以进行操作的提示按钮，分别为：提示主播转场，提示主播回答问题，提示主播答谢礼物，提示主播不要争论，提示主播引导关注。

该环节会有 15～20 分钟的直播画面，直播途中会出现 10 个决策点需要学生判断，然后进行提示操作。主播会根据学生选择的提示作出不同的反应行为。

（3）单击"下一步"按钮前往下一个操作环节。

11. 直播内容传播

（1）单击界面下方"知识点"按钮，学习视频传播、软文传播、图文传播等知识。

（2）单击界面下方"直播数据"按钮，查看直播最终数据，包括销售总额、订单量、音浪收入、销量曲线、在线人数曲线、音浪收入曲线、弹幕量曲线、三个商品的销量等数据。

（3）单击底部"传播内容与投放"按钮，页面根据三种传播形式分为三个选项卡。

① 视频传播页面有一个视频进度条，根据直播脚本撰写环节学生划分的具体环节将进度条划分成对应的长度。进度条上会有两个截取视频工具（开始位置、结束位置），进度条下方会有一个"截取"按钮，单击之后弹出一个弹窗，弹窗内容为选择视频标题，下边是几个预设的视频标题选项，单击"确定"按钮之后完成视频截取。

　　② 软文传播页面，可对软文进行编辑。先预设好一些软文，然后选择内容模块，之后软文生成在对应位置。共有三处决策可以选择软文内容。

　　③ 表情包传播页面，和视频传播页面一样有一个视频进度条，学生根据自己的策划分割进度条的模块，不同的是没有视频截取工具。预设 5 张表情包、肢体动作图片在弹幕折线图的一些顶点位置，勾选表情包。

　　（4）单击"下一步"按钮前往下一个操作环节。

12. 复盘

　　首先会播放一段学生成绩评价动画，然后单击界面底部"实验报告"按钮，学生可以查看自己的最终得分以及每个步骤的正确决策内容。

直播营销策划与实施

B2B 餐饮供应链数字营销实战